펭귄과 리바이어던

협력은 👍
어떻게 이기심을
이기는가

The Penguin and The Leviathan
The Triumph of Cooperation over Self-Interest

펭귄과
리바이어던

요차이 벤클러 지음
이현주 옮김

반비

THE PENGUIN AND THE LEVIATHAN:
The Triumph of Cooperation over Self-Interest
by Yochai Benkler

Copyright © 2011 by Yochai Benkler
All rights reserved.

Korean Translation Copyright © 2013 by ScienceBooks

This Korean edition is published by arrangement with
Yochai Benkler c/o Brockman, Inc.

이 책의 한국어 판 저작권은 Brockman, Inc.와 독점 계약한
(주)사이언스북스에 있습니다.

저작권법에 의해 한국 내에서 보호를 받는 저작물이므로
무단 전재와 무단 복제를 금합니다.

매일같이 크고 작은 행동으로

자신의 이름에 인간성을

부여하는 사람들을 위해

차례

1장 인간은 이기적인가, 이타적인가   9
리바이어던과 보이지 않는 손의 반복
이기심의 신화는 왜 그렇게 오래 지속되었을까
왜 지금 협력을 말하는가

2장 본성 대 양육, 협력의 진화론   35
'이기적' 유전자란 무엇인가
물에 빠진 형제들, 다투는 침팬지, 그리고 이솝 우화
벤 프랭클린에게서 온 편지
팀을 위해 희생하기
군인 되기 혹은 투표하기

3장 협력의 심리학적, 사회학적 근거들   65
하나의 틀로 세상을 보다
인맥, 평판, 그리고 사회적 전염

4장 공감과 연대감은 강력하다   84
연대감의 가능성과 한계
지역사회 치안 참여 프로그램의 성공 비결

5장 의사소통이 핵심이다   101
2000년 예비 선거와 본 선거
오토바이 사업가와 법적 '조정' 절차
카우치서퍼와 집카의 사업 모델

6장   공평성의 다양한 기준   118
결과의 공평성, 의도의 공평성
복권, 징병, 그리고 사람들이 줄을 서는 이유
공평한 임금의 기준

7장   도덕적인 것이 정상적인 것   138
음악 파일 다운로드는 왜 불법인가
스페인 농부들과 바닷가재 어부들
위키피디아의 중립적 시각
도덕과 원칙에 입각한 행동

8장   보상과 처벌의 효과와 한계   163
혈액에 가격 매기기
소프트웨어 개발자, 대학 교수, 천문학적 연봉을 받는 임원
처벌 시스템이 실패하는 이유

9장   협동을 기반으로 성공한 모델들   192
도요타가 바로잡은 것
오픈소스가 성공하는 이유
사운드 오브 뮤직
오바마 선거운동의 성공 비결

10장   펭귄을 기르는 법   225
협력 시스템의 구성 요소
협력은 어떻게 이기심을 이기는가

감사의 글   238

1장

인간은 이기적인가, 이타적인가

사우스웨스트항공사(Southwest Airlines), 도요타(Toyota)의 생산 공정, 시카고의 지역사회 치안 참여 프로그램(Chicago's Community Policing Program), 위키피디아(Wikipedia), 리눅스(Linux)의 공통점은 무엇일까? 바로 인센티브나 처벌, 위계적 통제보다는 협력에 의지해온 시스템이라는 점이다.

도요타는 생산 현장에서 팀워크를 중심으로 관계를 확립하고 납품업체와의 관계 역시, 공정 관리 엔지니어나 경쟁 입찰을 통한 하향식 시스템 대신 신뢰와 장기적인 협력을 기초로 한 협력적인 네트워크로 만들어갔다. 도요타 모델은 최근 곤경을 겪기 전까지 거의 20년 동안 가히 혁명적이라는 평가를 받았고, 도요타가 세계 최대의 자동차 제조업체로 부상한 주요 이유로 해석되었다. 사우스웨스트항공사 역시 상대적인 자율성과 높은 신뢰, 공평한 직원 대우에 대한 확산된 의식에 기반해 협력심을 기른 덕분에 실적 면에서 경쟁사들을 큰 격차로 따돌려왔다. 또 시카고 경찰은 강력하게 범죄를 단속하는 대신 주민과 경찰이 서로 협력하는 치안 유지 모델을 20년 동안 구축함으로써 범죄를 미연에 방지해왔다. 위키피디아는 돈을 지불하거나 편집을 통해 내용을 통제하는 대신, 누구나 시간과 지식을 기여할 수 있는 시스템을 통해 자원자들이 만든 내용에 전적으로 의지하고 있다. 오픈소스 소프트웨어인 리눅스도 자원자와 유급 기여자들의 대대적인 협력에 의지한다. 자원자와 유급 기여자 모두 자신의 프로그램을 공유하며 어느 누구도 전적으로 프로그램을 소유하지 않는다.

이 조직들이 작동하는 방식은 인간의 동기에 관해 서구 사회가 오래도록 품어왔던 주요한 가정, 즉 인간은 기본적으로 이익에 따라 움직이는 이기적인 동물이라는 생각과 정면으로 배치된다. 수십 년 동안 경제학자와 정치학자, 입법자, 기업 경영인, 엔지니어 들은 시스템과 조직을 인센티브나 보상, 처벌을 중심으로 세워야만 사람들이 공적 목표나 기업 및 지역사회의 목표를 달성하는 데 매진할 수 있는 것처럼 행동해왔다. 범죄를 줄이려면, 중범죄를 세 번 저지를 경우 무기징역을 선고하는 캘리포니아의 삼진 아웃제처럼 더욱 강력한 처벌을 제정해야 하고, 직원들을 더 열심히 일하게 만들려면 성과급 제도를 도입해 성과를 더욱 면밀히 감시해야 한다. 기업 임원들이 주주들을 위해 제대로 일하길 바란다면 연봉을 주식으로 지급해야 하고, 의사들이 환자를 더 잘 치료하기 바란다면 의료 과실 소송으로 위협하여 소송에 대한 두려움 때문에 환자들을 잘 돌보게 해야 한다. 이 모든 예에 존재하는 모델은 동일하다. 인간은 이기심에 의해 움직인다. 따라서 사람들이 잘 행동하게 만들려면, 감시하고 처벌하고 보상해야 한다.

그런데 주변을 둘러보면, 옳은 일을 하고, 정정당당하고 관대하게 행동하고 자신이 속한 팀에 마음을 쓰고 친절을 친절로 갚는 예의 바른 사람들, 남과 협력해 일하는 사람들을 쉽게 만날 수 있다. 이는 위키피디아나 리눅스가 큰 성공을 거둔 인터넷에서 가장 극명하게 드러나는 듯하다. 리눅스의 마스코트인 펭귄 턱스(Tux)는 토머스 홉스(Thomas Hobbes)의 '리바이어던'이 체현하는, 인간성에 대한 그 소름끼치는 시각을 조금씩 무너뜨리고 있다.

> 앨런 그린스펀(Alan Greenspan) 박사의 미 상원 정부개혁감독위원회 증언, 2003년 10월 23일.
> 그린스펀: 금융기관들이 이익을 위해 주주들의 주식을 보호해주리라 생각했던 사람들은(특히 나 자신) 믿을 수 없는 충격에 빠져 있습니다.
> 헨리 왁스먼(Henry Waxman) 상원의원: 다시 말해, 당신의 세계관이나 이데올로기가 잘못되었고 제대로 작동하지 않았다는 사실을 알게 되었다는 이야기군요.
> 그린스펀: 맞습니다. 바로 그 때문에 충격을 받았습니다. 40년 이상 그 모델이 훌륭히 작동하고 있다는, 무시할 수 없는 증거가 있었으니까요.

연방준비제도이사회 전(前) 의장 그린스펀이 이기심의 효능에 대해 갖고 있던 확고한 믿음은 우리 사회에서 가장 널리, 오래도록 유지되어 온 두 가지 잘못된 가정에 근거한다. 첫 번째는 홉스가 『리바이어던(The Leviathan)』을 집필한 계기가 된 것으로, 인간은 근본적으로, 일반적으로 이기적이므로 그런 인간을 다루는 유일한 방법은 그들이 이기심을 추구하는 근시안적인 생각에 빠져 서로를 해치지 않도록(혹은 서로의 삶을 비참하게 만들지 않도록) 정부가 개입하여 통제하는 것이라는 생각이다. 두 번째는 인간이 갖고 있다는 이기심에 대한 애덤 스미스(Adam Smith)의 해결책, 즉 '보이지 않는 손'이었다. 스미스는 『국부론(Wealth of Nations)』에서 인간은 본질적으로 이기적이며 비용과 편익을 합리적으로 고려하여 의사 결정을 하므로 자유 시장에서 이루어지는 인간의 행동은 공동선에 이바지하는 경향이 있다고 주장했다. 즉 사람들이 자기 이익을 추구하다 보면 서로의 요구를 충족시켜주게 되는데, 이는 서로의 행복에 마음을 써서가 아니라 그렇게 하는 것이 서로에게 이익이 되기 때문이라는 이야기이다.

두 사람의 처방은 상당히 다르지만, 근본적으로 '리바이어던'과 '보이지 않는 손'은 똑같이 인간이 이기적이라는 생각에서 출발했다. '리바이어던'은 감독과 처벌을 통해 인간의 이기적인 행동을 억제하고 통제하려 한다. '보이지 않는 손'은 사람들이 이기심 때문에 공동선에 도움이 되도록 행동할 수 있는 곳이 바로 시장이라고 생각한다.

이에 대한 주요 대안으로 서양 정치 사상에서 등장한 생각은 프랑스 철학자 장자크 루소(Jean-Jacques Rousseau)에서 시작하여 스코틀랜드 계몽주의 철학자, 데이비드 흄(David Hume)과 애덤 스미스의 또 다른 대작 『도덕 감정론(The Theory of Moral Sentiments)』을 거쳐 대표적인 무정부주의 철학자, 피에르조제프 프루동(Pierre-Joseph Proudhon)과 표트르 크로포트킨(Pyotr Kropotkin)에 이르는 다양한 사상가들의 연구를 합쳐놓은 결과물이다. 인간에게 아첨하는 듯한 이 시각은 인간에게 근본적으로 공감 능력이 있다고 주장하면서, 인간은 단순히 이익을 위해서만 행동하는 존재가 아니라, 도덕적으로 협력하고 관대하게 행동하게 만드는 감정을 지닌 존재라고 설명한다. 그렇다고 인간이 성인(聖人)이라고 주장하는 것은 아니다. 단지 인간이 선을 행할 능력이 있다는 것, 그러므로 정부의 '리바이어던'에 로봇처럼 굴복하는 노예나 시장의 '보이지 않는 손'에 끌려가는 꼭두각시, 국가에 복무하는 파시스트가 될 필요는 없다고 할 뿐이다. 리눅스의 마스코트, 턱스에 경의를 표하는 의미에서 나는 이 대안을 '펭귄'이라고 부르겠다.

리바이어던과 보이지 않는 손의 반복

근대 서구의 역사는 '리바이어던' 성향을 띠는 정치, 경제, 사회 시스템과 '보이지 않는 손'을 기초로 한 시스템 사이를 순환해왔다. 17세기와 18세기 내내 유럽의 절대왕정은 효율성이 다소 떨어지는 '리바이어던'의 형태를 띠었다.('정부' 대신 '왕정'을 대체하기만 하면 된다.) 하지만 지배의 효율성이 떨어지자, 다소 비공식적이지만 '리바이어던' 밑에서 '보이지 않는 손'과 사회적 행동을 의미하는 펭귄이 번성할 여지가 커졌다. 19세기 무렵, 산업혁명이 일어나면서 상업이 부흥하고 왕정이 쇠퇴하자, '보이지 않는 손'의 압승이 가능해졌다.(프리드리히 엥겔스[Friedrich Engels]와 찰스 디킨스[Charles Dickens]가 지나칠 정도로 상세히 묘사했듯 영국만큼 그로 인해 고통을 받은 곳도 없었다.) '보이지 않는 손'의 장기 지배는 유럽과 미국에서 19세기 내내 경제공황과 시장 붕괴에 이따금 방해받다가 결국 1929년에 대공황의 시작을 알리는 시장 붕괴가 발생하면서 갑작스럽게 끝나버렸다.

이후 진자는 격렬하게 반대 방향으로 흔들렸다. 1차대전으로 산업화에 큰 타격을 입은 독일과, 차르의 무기력한 통치에서 잔인할 정도로 효율적인 스탈린 모델로 직행하는 바람에 산업화 과정이 완전히 무시된 러시아의 '리바이어던'은 파시즘과 소련 공산주의의 탈을 쓰고 전무후무한 사악함을 보여주며 그 추악한 머리를 쳐들었다. 미국, 영국 등 자유민주주의 국가들의 '리바이어던'은 복지국가의 급성장과 (미국의 뉴딜 정책과, 그와 유사한 서유럽의 움직임에 의해 시작된) 정부 관료제의 등장을 통해 더욱 자애로운 외형을 보여주었다. 그러다 1950년대 말과 1960년대 초에 하급 관료와 통제되지 않는 자유재량권, 비효율성에 대한 우려가 높아지면서 진자는 다시 반대 방향으로 흔들리기 시작했다. 1980년대에 들어서면서 세상은 다시 자유방임의 자본주의로 완전히 되돌아갔다. 미국은 레이건(Ronald Reagan) 정부, 영국은 대처 정부(Margaret Thatcher)가 집권했고, 효율성과 자유무역에 초점을 둔 유럽공동체(EC)가 등장했다. 또한 '워싱턴 합의'(Washington Consensus, 국제통화기금과 세계은행, 미국이 미국식 시장 경제를 개발도상국의 발전 모델로 삼도록 한 합의—옮긴이)를 지지하는 세계은행(World Bank)과 국제통화기금(International Monetary Fund)이 출현했다. 빌 클린턴(Bill Clinton)과 토니 블레어(Tony Blair)가 이끄는 미국과 영국의 중도 좌파 정부들조차 복지 정책을 폐지하느라 동분서주하자, '보이지 않는 손'은 완벽한 승리를 거둔 것 같았다. 두 정부는 시장 기반 민영화로 정부 관료제를 대체하고, 뉴욕과 런던의 금융시장의 번창을 위해 규제를 풀어주었다. 국가의 힘을 약화시키고 시장에서 이기심에 길을 내주려는 욕구는 조지 부시(George W. Bush) 치하에서 다시 한 번 절정에 다다랐다. 예상대로, 인센티브와 임금을 통해 이기심을 효과적으로 이용하는 능력과 이기심의 효능을 맹목적으로 믿었던 우리는 바로 그 때문에 경제 시스템이 무너지면서 새로운 위기에 직면해 있다.

이 모든 결과로 인해 우리는 어디에 남겨졌는가? '리바이어던'의 지휘 통제 시스템도, 자유 시장의 '보이지 않는 손'도 사회를 효과적으로 다스리지 못한다면, 우리는 무엇에 의지해야 하는가? 협력을 기초로 한 시스템은 자유 운영 체계나 세계적인 온라인 백과사전 같은 유토피아적 이상이나 유쾌한 오락 외에 무엇을 제공하는가? 펭귄은 우리에게 이 악순환에서 벗어날, 더욱 탄탄한 사회 경제 시스템을 제공해줄 수 있을까?

나는 그렇다고 믿는다.

20세기를 지나오는 동안 경영학, 인류학, 심리학, 진화학, 경제학, 정치학, 법학 등 다양한 분야의 지식인들은 인간이 살아가는 시스템을 어떻게 구축할까라는 문제를 숙고해왔다. 어쨌든 우리는 직장이나 쇼

핑몰의 운영 같은 경영 시스템이나 지적 재산권, 환경 규제 등에 관한 법률 시스템, 인터넷, 고속도로, 교량 같은 기술 시스템, 행정 시스템(의료보험처럼 국가가 운영하는 시스템이 있는가 하면, 비국가 조직이 운영하는 예술 및 문화 재단도 있다.), 유치원이나 대학 같은 교육 시스템, 인맥 같은 사회적 시스템 등 수많은 시스템의 울타리 안에서 살고 있기 때문이다.

시스템의 목적이 수익을 늘리고 법률과 행정을 개선하는 것이든, 과학을 발전시키는 것이든, 아니면 단순히 사람들이 더 행복하고 나은 삶을 살게 하는 것이든, 학자들은 시스템의 디자인을 개선하려고 오래도록 애써왔다. 1900년부터 1960년대까지는 '리바이어던'이 선호되었다. 대부분의 시스템이 규모가 컸고 위계질서에 따라 면밀하게 통제되었다. 미국에서는 이 추세가 프레더릭 테일러(Frederick Taylor)가 『과학적 관리의 제원리(Principles of Scientific Management)』를 출간한 20세기 초에 기업에서 먼저 시작되었다. 테일러는 이 책에서 모든 직원들의 동작을 일일이 서술하고 시간을 측정하고 감독하는 관리 절차가 가장 효율적인 운영을 보장한다고 했다. 그런 절차를 통해 그는 모든 직원을 완벽히 통제되는 시스템의 훌륭한 부품으로 만들 생각이었다.

얼마 후 헨리 포드(Henry Ford)가 이 개념을 조립 라인에 적용했다. 노동자는 근본적으로 로봇과 비슷하다는, 즉 감시하고 관리하고 감독해야만 주어진 업무를 제대로 해내는 기계 같은 존재라는 사고방식이 작업 현장부터 임원 회의실까지 광범위한 분야와 산업으로 퍼져나갔다. 상명하달식 위계질서는 공공 영역에까지 확대되었다. 1929년의 대폭락을 야기한 무책임한 시장보다 전문 기관이 더 유능하게 계획을 세울 수 있다는 진보 시대(Progressive Era, 미국에서 1890년부터 1차대전 발발 때까지 계속된 시대. 19세기에 나타난 자본주의의 병폐와 정치적 부패를 해결하기 위한 정치 개혁 운동이 이루어진 시대를 말한다.—옮긴이)의 가정 위에 행정기관들이 설치되어 대공황을 타개할 뉴딜 정책을 실행해나간 것이다.

한편 유럽에서는 다른 방향으로 진행되었다. 지휘 통제 시스템이 (프로이센의 비스마르크[Bismarck]에 의해 시작된) 국가 관료 제도와 함께 생기기 시작해 나중에는 기업으로 확산되었기 때문이다. 순서가 어찌됐든, 1960년대 중반 무렵에는 미국을 비롯한 여러 국가에서 위계 조직이 현대의 경제와 사회를 지배하게 되었다는 사실이 명백해졌다. 사회학의 아버지 막스 베버(Max Weber)는 이미 20세기 초에 이 사실을 알고 있었다. 미래는 더 크고 세심하게 통제하는 관료주의, 즉 다양한 모습의 '리바이어던'이 물려받을 운명이었다.

이후 40년 동안 이루어진 지적 논쟁(어느 정도까지는 실천 부문에서도)을 살펴보면, 정치 부문처럼 중앙집권화된 시스템에서, 시장이나 혹은 시장을 흉내 낸 해결 방식으로 뚜렷하게 이동했음을 알 수 있다. '보이지 않는 손'이 상아탑과 워싱턴 정계뿐 아니라 기업과 사회에도 전면에 재등장했다. 시장 기반 경제와 사회주의 경제 간의 이념 전쟁인 냉전도 이런 변화의 원인이 되었다. 하지만 더 중요한 원인은 통제에 기초한 시스템이 서로 연결되면서 점점 더 복잡해지는 경제와 사회를 관리하지 못한 데에 있다. 세계 무역이 확대되고 기술이 발전하면서 무수히 많은 신흥 산업과 기업, 상품이 시장에 등장함에 따라, 위계적 시스템은 부적합해졌다. 반면, 시장 기반 시스템은 그렇게까지 면밀한 감시와 통제가 필요하지 않은 듯했다. 시장의 유효성을 믿는 사람들은 인센티브 시스템을 통해 사람들이 적합하다고 여기는 대로 상황을 관리해나갈 수 있었다. 당시에는 이 방식이 훨씬 더 저렴하고 효과적인 듯 보였고, 빠르게 인기를 얻었다. 20세기가 끝나갈 무렵, 기술 부문이 폭발적인 성장세를 보이면서 복잡해지고 빠르게 변하는 세계를 관리하는 문제가 이미 크게 늘어났다. 경제학자와 기업 들은 애덤 스미스가 제안했던 것보다 훨씬 더 이기적인 인간상을 받아들이기 시작했다. 그러면서 완벽하게 조율되는 시장에 더 많이 의지하고, 더 많은 규제 완화를 추구하여 인간의 이기심과 공공복지를 결부지으려 했다. 심지어 인간의 타고난 이기심이 기업이나 시장은 물론 사회생활과 사랑, 가족에도 적용된다고 생각하기 시작했다. 이제 경제학은 의문의 여지 없는 최고의 사회과학이 되었고, 사람들은 처벌과 인센티브에 대한 기계적이고 예측 가능한 반응이라는 관점에서 인간의 행동을 생각하기 시작했다.

하지만 20세기의 마지막 10년 동안 일어난(비록 현재의 추세는 1980년대 초에 시작했지만) 일련의 변화는 인간은 이기적이라는 이론으로부터 근본적인 이탈을 야기했다. 우선 기업들이 달라졌다. 도요타가 미국 경쟁 기업들과 달리 1980년대부터 미국 현지 공장에서 높은 생산성과 품질 향상을 구현하자 사람들은 도요타가 안겨준 교훈을 서서히 깨닫기 시작했다. 그리고 놀이터 같은 이미지로 상징되는 구글의 하이테크 산업은 상대적인 비공식성과 사회 참여, 자율성과 창의성을 강조하는 것이 중요하다고 주장했다. 엄격하게 시장에 기반하지도 않고 과

거만큼 위계적이지도 않은 조직 모델을 강조하고 실험하는 경영 대학원과 기업 또한 늘어나기 시작했다. 그 모델들은 적절한 조건이 주어진다면 사람들이 자유의지에 따라 조직의 이익을 위해 협력하고 함께 일할 거라는 가정을 중심으로 세워졌다. 더욱 급진적으로는, 자유 오픈소스 소프트웨어인 위키피디아부터 데일리 코스(Daily Kos)나 뉴스바인(Newsvine) 같은 협력적인 시민 언론 사이트, 페이스북이나 트위터 같은 소셜 네트워크에 이르기까지 인터넷에 등장한 동료 생산(peer production)이 불과 5년, 아니 10년 전에는 불가능하다고 생각했던 협력 문화를 탄생시켰다. 이런 변화는 사회 주변부에서 발생한 것이 아니었다. 실리콘밸리처럼 사회와 경제 동향의 최첨단을 정확히 대표하는 곳에서 발생했다. 마침내 기업들은 정신을 차리고 주목하기 시작했다. 자원자의 기여에 의존하는 사이트들이 엄청난 인기를 끌게 되었다.(매달 전 세계적으로 3억 건 이상의 독자적 시각이 제공되는 위키피디아는 인터넷에서 7, 8번째로 트래픽이 많은 사이트이다.) IBM처럼 일부 오래된 기업들과 구글이나 페이스북, 레드햇(Red Hat), 크레이그리스트(Craiglist) 같은 신생 기업들은 이제 이 새로운 모델을 실험할 기술을 갖추고 사람들을 통제하기보다 **참여**시킴으로써 수익을 올리는 새로운 방법을 찾아냈다. 그리고 2008년, 세계 경제가 붕괴되자 순수한 자유 시장을 지향하는 충실한 자유주의자 중에서도 시장 인센티브를 최우선으로 삼는 모델에 한계가 있음을 인정하는 사람들이 나타났다.

서로 호의를 갖고 협력 관계를 형성함으로써 생산적인 목적에 이바지하도록 개개인에게 동기를 부여할 수 있다는, 낙관적이고 인간적이며 인도적인 시각으로 이동하는 현상은 비즈니스 세계나 인터넷을 넘어서 널리 확대되고 있다. 위키피디아나 리눅스뿐 아니라 시카고의 지역사회 치안 참여 프로그램(이후 이 모델은 다른 지역에서도 널리, 적극적으로 채택되면서 1999년에는 미국 전역에서 주민이 5만 명이 넘는 지역사회의 75퍼센트 이상이 이 모델을 실행했다.)처럼 광범위한 사회 시스템이나 관계 부처 간의 협력 플랫폼인 CIA의 인텔리피디아(Intellipedia)에서도 성공 사례를 찾을 수 있다.

그토록 많은 분야에서 협력 시스템이 채택되는 현상은 사회과학 및 행동과학 연구자들이 협력의 역학에 다시 관심을 갖게 된 상황과 유사하다. 어쩌면 인간은 그렇게까지 이기적으로 타고나는 것은 아닐지도 모른다. 심리학, 조직사회학, 정치학, 실험경제학 등에서 이루어진 수백 건의 연구 덕분에, 인간은 여러 경제학자들이 과거에 추정했던 것보다 더 협력적이고 이타적으로 행동하거나 적어도 많이 이기적이지는 않다는 증거가 늘어나기 시작했다. 이론에만 그치지도 않았다. 협력 시스템이 인센티브 시스템보다 종종 더 안정되고 효과적이라는 사실이 수십 건의 현장 연구를 통해 확인되었다. 진화생물학자와 심리학자들도 협력하려는 인간의 성향에 대한 신경학적, 유전학적 증거를 찾아내고 있다. 반(反)직관적으로 들릴지 모르겠지만, 진화가 실제로 협력하고 싶어 하거나 자신을 희생하면서 남을 도우려는 사람들(과 이런 개인이 포함된 사회)을 선호한다는 증거는 많다.(이 내용은 다음 장에서 더 자세히 다룰 것이다.)

실제로 수십 개 사회의 수많은 학문 분야에서 이루어진 수백 건의 연구에서 기본적인 유형이 등장했다. 어떤 실험에서든 상당수의 소수파(대략 30퍼센트)는 일반적인 추정대로 정말로 이기적으로 행동한다. 하지만 핵심은 이것이다. **사람들 중 절반은 체계적으로, 의미심장하게, 예측 가능하게 협력적으로 행동한다.** 그들 중 일부는 조건부로 협력한다. 즉 친절은 친절로 갚고, 못된 행동은 못된 행동으로 갚는다. 하지만 희생이 따르더라도 무조건적으로 협력하는 이타주의자들도 있다. 중요한 점은 상당히 다양한 인구 집단을 대상으로 한 광범위한 실험에서 다음과 같은 연구 결과가 두드러진다는 점이다.

통제된 조건 하에서 조사한 어떠한 인간 사회에서도 과반수의 사람들은 시종일관 이타적으로 행동했다.

실험실의 연구 결과로서는 썩 괜찮은 결과이다. 그런데 이것이 실제 일상생활에서는 무엇을 의미할까? 많은 것을 의미한다. 그것은 위계적인 비즈니스 모델부터 징벌적인 법률 시스템, 교육에 대한 시장 기반의 접근 방식에 이르기까지 현존하는 인간의 사회, 경제 시스템이 종종 인간의 모습과 행동 유발 요인에 대한 잘못된 모델을 기초로 설계된다는 것을 의미한다. 그리고 인간이 욕망과 편애만을 가진 존재라며 오직 이기심의 렌즈로만 인간을 바라보는 시스템이 불필요함을 의미하기도 한다. 동기부여를 위해 당근과 채찍을 이용하는 방식은 효과적이지 않다. 사람들에게 동기를 부여하려면 참여와 의사 전달, 공동의 목적의식과 정체성에 의존하는 시스템이 필요하다. 조직은 인간이 이기심에 의해 움직인다고 추측하기보다는, 인간의 협력하려는 관대한 정서를 끌어들이고 포용할 때 더 나아질 것이다. 물질적인 보상이나 처벌같이 이기심을 기초로 시스템들을 결합하려다 부정적인 결과를 얻고 사회적 동기만 지향한 접근 방식보다 생산성이 낮은 곳도 있다.

이기심의 신화는 왜 그렇게 오래 지속되었을까

협력의 효과와 가능성을 가리키는 증거가 이토록 많다면, 왜 나는 아직도 게슴츠레한 눈으로 회의실에 앉아 무료 리눅스 운영 체계의 성공은 단순히 시장의 일시적인 불완전성을 반영하는 것이라서 가격 책정 시스템이 자리를 잡자마자 사라질 것이라고, 표와 그래프를 동원하여 설명하는 강연자들의 이야기를 듣고 있는 것일까? 그리고 독점적인 경쟁자인 마이크로소프트(Microsoft)의 엔카르타(Encarta)가 최근 문을 닫았음에도 불구하고 위키피디아는 결코 영리 목적의 이런저런 대안만큼 훌륭하지 못할 거라는 주장이 제기되는 이유는 무엇일까? 세계 경제 붕괴의 여파 속에서도 어떻게 월가의 '보이지 않는 손'은 여전히 다른 대안들보다 훌륭하다고 간주될까? **왜** 아직도 많은 사람들은 인간이 이기적인 동물이라는 이 노골적인 관점에 매달리고 있을까? 왜 우리는 반대 증거가 그렇게 많은데도 생각을 바꾸지 않을까? 왜 우리는 인간에 대해 최악의 상황만을 추측할까?

나는 네 가지 이유가 있다고 생각한다. 첫 번째는 인간의 이기심에 대한 가정이 부분적으로 옳기 때문이고, 두 번째는 역사적으로 이기심의 개념이 우리 문화에서 중요했던 시기가 있었기 때문이다. 세 번째는 자신과 세상을 단순 명료하고 우아하게 설명하려는 욕구가 있기 때문이고(비록 그 설명이 틀렸다고 해도), 네 번째는 습관의 힘이 대단하여 인간의 인식과 사고를 왜곡할 수 있기 때문이다. 이 네 이유를 하나씩 자세히 살펴보자.

부분적인 진실. 인간이 이기적이라는 근거 없는 믿음이 지속되는 한 가지 이유는 그 믿음이 **전적으로** 틀리지는 않았기 때문에, 즉 대체적으로만 틀렸기 때문이다. 다들 자신에게 좋은 일과 남에게 좋은 일 사이에서 괴로웠던 갈등의 순간을 경험했을 것이다. 그런 순간에 처한 많은 사람들이 때로는 자신의 이익에 굴복하고 말았다. 우리는 이기심에 관한 이야기 속에서 자기 자신을 발견한다. 더욱이 상당한 사람들이 때로는 이기적으로 행동하기 때문에 통계적으로 사람들이 인생의 1/3 정도는 이기적인 사람들과 서로 영향을 주고받는다는 사실을 부인할 수 없다.(그런 이기적인 행동을 통제하거나 바꿀 방법을 찾지 못하면 대개 불쾌한 결과를 얻게 된다.) 따라서 인간이 가끔 이기적으로 행동하고 우리가 관계 맺는 사람들이 상당한 시간 동안 이기적으로 행동한다면, 인간의 본성에 대해 일반화하여 전문가들이 제시하는, 인간은 이기적이라는 생각이 옳다고 추정하기 쉽다. 그러나 인간이 이기적이라는 주장은 부분적으로만 사실이다. 어떤 사람들은 이기적이지만, 항상 이기적인 사람은 그리 많지 않으며, 이기심에 따라 행동하지 않는 사람들도 분명히 존재한다. 그럼에도 이런 일반화로 인해 우리는 종종 사람들이 이타적으로 행동하고 타인들을 관대하게 대하는 경우를 고려하지 못한다. 이로 인해 세상의 모습은 더욱 복잡해지고 미묘한 차이가 생긴다. 사람들은 남에게 이용당하지 않으면서 자신의 사교성을 최대한 이용할 수 있는 방법을 고심해야 한다.

역사. 인간의 이기심이 보편적인 현상이라는 추정은 오래전에 형성되었음에도 불구하고 그 추정은 최근에 와서야 인간 행동에 대한 과학 이론을 지배하게 되었다. 그 추세는 1950년대에 미국에서 두드러졌고 이후 30년 동안 견인력을 얻었다. 즉 인간이 자유 시장 시스템의 처벌과 인센티브에만 반응할 것이라는 믿음은 냉전 기간 동안 인기를 얻었다. 냉전은 구소련과 미국 간의 권력 다툼이 자본주의와 자유 기업 대 사회주의와 집단주의 간의 이데올로기 경쟁으로 표현된 시기로, 당시에는 자유 시장 이데올로기에 반대하는 말을 소곤거리면 반역자로 몰릴 수 있었다. 서양 세계를 파괴하겠다고 위협하는 음험한 적을 편드는 공산주의자 취급을 받을 수 있었던 것이다. 적색 공포, 블랙리스트, 매카시즘, 로젠버그 부부(Ethel Rosenberg & Jolius Rosenberg, 1950년대 초에 미국이 개발한 원자폭탄 관련 기밀을 소련에 넘겼다는 이유로 사형된 미국의 정치 활동가 부부—옮긴이)의 시대에는 자본주의의 기초로 제시된, 인간의 동기와 행동에 관해 추정한 학문의 우수성에 의문을 제기하려면 상당한 용기와 매우 훌륭한 근거가 필요했다. 악의 제국(Evil Empire, 미국의 레이건 대통령이 소련을 가리켜 부른 표현—옮긴이)의 시대 내내 이에 대한 비판은 지속되었지만, 대체로 사회의 주류에서는 설 자리를 거부당했다.

단순함. 인간은 혼란스럽고 복잡한 세상을 이해하는 데 도움이 되는 단순하고 정돈된 설명을 추구하는 경향이 있다. 다수의 다양한 사실과 개념, 인식을 정리하고, 이렇게 행동할 경우 무슨 일이 일어날지, 저기 아래에서 무엇을 찾을 수 있을지 예측하는 데 도움이 되는 논리 정연한 이야기를 원한다는 뜻이다. 인지심리학의 일부 연구는 이해하고 기억하기에 간단한 것에 매달리고 기억하려는 '인지적 유창성(cognitive fluency)'이라는 성향에 기반을 두고 있다. 사람들은 해답이 간단한, 단순한 설명을 매우 선호하는 듯하고, 그런 설명을 쉽게 받아들이는 경향이 있다.(예를 들어 농사가 잘 안 되면, 하느님이 화가 난 게 분명하다고 생각한다.) 과학 이론에서조차도 아인슈타인은 다음과 같이 말한 것으로 유명하다. "모든 것이 가능한 간단해야 하지만, 너무 간단해서는 안 된다." 인간의 행동을 단순한 것으로, 즉 처벌과 인센티브에 대한 예측 가능한 반응으로 취급하여, 혼란스럽고 정신을 산란하게 만드는 행동을 쉽게 해명해주는 단순한 이론은 엄청나게 매력적이고 멋져 보인다. 하지만 사람들의 실제 경험은 그보다 훨씬 복잡하다. 영향력 있는 사회과학자인 마이클 폴라니(Michael Polanyi)가 지적했듯, 인간은 말할 수 있는 것보다 더 많이 알고 있다. 알고 있는 것에 비해 '말할 수 있는' 것을 단순화하려는 경향 때문에 항상 사람들은 너무 단순해 보이는 것, 직관적으로 아는 것과 거리가 있는 모델을 기초로 조직 전략이나 법률 및 기술 시스템을 세우게 된다.

습관. 지금까지 거의 두 세대에 해당하는 사람들이 보편적인 이기심의 관점에서 생각하도록 교육받고 사회화되었다. 인간이 근본적으로 이기적인 동물이라고 믿는지 물어볼 경우, 많은 사람들은 아프리

카에서 봉사하는 평화봉사단이나 자선단체인 유나이티드웨이(United Way), 콜카타의 빈민들을 돌본 테레사 수녀를 예로 들지 모른다. 하지만 본인이 실제로 괴로운 입장에 처하면, 이런 예외가 세상의 전반적인 방향과 어울리지 않는다는 사실을 인정할 것이다. 뉴스를 틀거나 신문을 펼칠 때마다 우리는 '인센티브'나 '보너스', '점수', '벤치마크' 같은 이야기를 듣거나 읽는다. "그게 우리에게 무슨 이익이 된다는 거지?"라는 의문이 마음속에 맨 먼저 떠오르지만 일단 특정한 방식으로 생각하는 습관이 들면, 어떤 것은 내버리고 다른 것은 강조하면서 선입견과 추정에 맞도록, 마주치고 수집한 모든 증거를 해석하는 경향이 생긴다. 인간 본성에 대한 잘못된 믿음과 사고방식은 순전히 습관의 힘 때문에 강화되고 시간이 지나면서 공고해진다.

하지만 한 가지 비밀을 이야기하면 이렇다. 우리는 인간이 항상 이기적이거나 합리적인 것은 아니라는 사실을 직관적으로 안다. 우리는 아이들에게 옳고 그른 것을 구분하고, 남에게 친절하게 대하고, 남에게 대접받고자 하는 대로 남을 대접하라는 황금률을 따라 살라고 가르친다. 사람들은 모두 다른 사람을 사랑해왔고, 사랑의 이름으로 미친 듯한 희생을 치러왔다.(심지어 경제학자들도 그래왔다. 정말이다.) 우리는 기차에서 할머니나 장애인에게 자리를 양보해왔고, 뒷사람을 위해 엘리베이터나 출입문을 붙잡아왔고, 유니세프 항아리에 1달러를 넣어왔다. 이득을 얻어서가 아니라 단순히 그것이 옳은 일임을 직관적으로 알기 때문이다. 우리는 사람들이 인간성에 대한 지배적인 시각이 주장하는 것보다 이타적이라는 사실을 알고 있음을 몸으로 증명해왔다.

이런 이타적인 행동을 어떻게 설명할 수 있을까? 공감 능력과 공평함에 대한 인식 혹은 옳은 일을 해야 한다는 타고난 의식을 어떻게 설명할까? 한 가지 답은 인간이 로봇이나 이기적인 동물이 아니라 합리적 계산과 이기심을 능가하는 도덕률을 갖춘 존재라는 것이다. 어쨌든 대다수 사람들은 수영장에 빠진 어린아이를 눈앞에 두고 양복이 망가질까 봐 주저하지는 않을 것이다. 양심이 옳은 행동을 요구하기 때문이다. 그런데 사람들은 내면의 도덕률뿐 아니라 사회의 도덕률 또한 따르려 한다. 그리고 복잡하든 단순하든 대부분의 문화에는 남을 돕고 남과 협력하는 행동이 도덕률에 포함되어 있다. 노벨상 수상자, 아마르티아 센(Amartya Sen)이 1977년에 경제학에 과감히 도전장을 내민 책 『합리적 바보(Rational Fools)』에서 지적했듯이, 실제로 사람들은 자신과 타인, 혹은 신념이나 가치에 대한 헌신을 약속한다. 그 때문에 손해를 보더라도 사람들은 의사 결정 시에 그것을 고려한다.

사람들이 이런 행동 규약에 관심을 갖는 두 번째 이유는, 간단히 말해 인간이 사회적 존재이기 때문이다. 사람들은 특정 문화의 가치관에 순응함으로써 자신이 속한 사회 속의 타인들과 잘 지내고 싶어 한다. 때때로 사람들은 단지 그것이 편리하기 때문에, 남의 비위를 맞추려고 애쓰거나 친절하고 사려 깊게 보이도록 노력한다. 사회적으로 무엇이 적절한지 확신이 서지 않을 때는 주변 사람들로부터 본능적으로 힌트를 얻기도 한다. 또 사람들은 문화적 관습이나 규범(norm, 이 책에서는 사회에 통용되는 일반적인 표준을 주로 일컫는 표현이다.—옮긴이)이 연대감이나 동질감을 부여해주기 때문에 그것을 따른다. 이런 요인들이 반복적으로 작용한 결과, 사람들은 남을 돕거나 공동의 목표에 이바지하는 행동이 자신에게 손해를 입히더라도 그렇게 행동하게 된다.

세 번째로, 사람들은 감정적인 존재라서 이타적인 행동을 한다. 인간의 요구와 욕구는 쾌락과 이득을 최대화하려는 단순한 욕구보다 훨씬 더 복잡하고 다양하다. 최근까지 이런 연구 결과는 심리학 밖에서는 대체로 무시되었다. 하지만 마침내 옳고 공평한 것에 대한 관심이나 집단에 소속되려는 욕구 같은 감정적인 동기가 다른 학문 분야에서도 관심받기 시작했다. 인간 행동을 수요와 공급 곡선이나 그래프로 이해하려는 습관이 든 경제학자들조차 감정적, 사회적, 도덕적 동기의 힘을 알아보게 되면서 현 상태에 이의를 제기하고 있다.

협력에 대한 기대는 어리석은 몽상이 아니다. 그것은 행동과학의 훌륭하고 엄격한 연구에 근거하고 있다. 나는 모든 사람이 이기심에 따라 움직인다는 시각을 극복하고 새로운 가능성에 마음을 열 수 있도록 도우려 한다. 그러고 나면 불안해질 수도 있다. 오랫동안 간직해 온 가정 중 하나가 도전받기 때문이다. 하지만 증거는 우리 편이다. 이제 우리 모두 이 증거를 인정하고 그것에 근거해 행동할 때이다.

왜 지금 협력을 말하는가

나는 우리가 이기심의 신화를 떨쳐내고 인간의 협력을 긍정적으로 작용할 강력한 힘으로 받아들일 준비가 되어 있다고 믿는다. 인간 사회는 기술과 비즈니스, 이데올로기와 과학 분야에서 대붕괴가 일어나고 있는 중이다. 사상과 시대 풍조, 생각의 습관은 시간이 지나면서 일관성을 확보하는 경향이 있다. 경제든, 국가든, 공동체든 상대적으로 안정되고 일관성 있는 시스템이 충격을 입으면 그로 인해 새로이 유연성이 생겨난다. 세상을 설명하고 삶을 준비하는 다른 방법에 마음을 여는 것이다. 이 방법을 통해 우리는 과거의 습관을 재검토하고 새로운 습관을 시도하며 주변에서 일어나는 변화에 적응하게 된다. 2008년에 경제 위기를 겪은 우리는 이기심에 기초해 세워진 경제 및 금융 시스템이 잘못될 수 있다는 사실을 받아들이려고 애쓰고 있다. 이는 (일부 우파들이 주장하듯) 우리가 모두 사회주의자가 될 예정이라는 의미가 아니라, 규제되지 않는 시장의 '보이지 않는 손'은 실제 시장과 실제 인간에 대한 불충분한 설명일 수도 있다는 가능성에 마음을 열어야 한다는 이야기일 뿐이다. 그리고 시스템에 대한 불충분한 설명을 완강히 고집하기보다는 시스템 개선에 협력과 협력을 이용하는 방법을 생각해봐야 한다는 의미이다.

세상은 번개처럼 빠르게 변화하고 있다. 지금 우리는 역사상 그 어느 때보다도 서로에게 의지하는 법을 배울 필요가 많은 시대에 살고 있다. 하지만 주변에서 일어나고 있는 대지진과도 같은 혼란이 모두 불행한 이야기인 것은 아니다. 산업혁명 이후 가장 큰 혼란을 안긴 인터넷을 생각해보자. 몇 년 전 『네트워크의 부(The Wealth of Networks)』를 집필할 때, 나는 인터넷이 근본적이고 장기적인 변화인지, 아니면 이미 이용 가능한 정보에 접근하여 그것을 공유하고 전파하는 새롭고 빠른 수단에 불과한지와 함께 만약 전자라면 왜 그런지를 500쪽이 넘는 책에 자세히 설명했다. 그리고 비시장적인 사회적 행동이 인터넷 덕분에 산업 경제의 주변부로부터, 서로 연결된 세계 정보 경제의 핵심으로 옮겨갈 수 있었음을 알아냈다. 정보와 뉴스, 지식과 문화, 컴퓨터가 매개체가 되는 사회, 경제적 상호작용은 민주주의와 세계 정의부터 비즈니스와 미디어의 최신 경향, 경제 혁신에 이르기까지 만사의 기초를 형성하고 있다. 인터넷은 사회의 지식 기반과 정보 생산 방식에 대변혁을 일으켰다.

인터넷에 사회적 생산이 출현하면서 과거 그 어느 때보다도 더 새롭고 저렴하고 쉽고 보람 있는 협력 플랫폼이 수없이 생겨났다. 사람들은 온라인에서 매일 협력적인 행동에 자발적으로 참여하고 있다. 구글에서 정보를 검색할 때 우리는 모르는 사람들에게 묻는다. 그리고 지금도 모르고 앞으로도 결코 모를 사람들에게 공짜로 답을 얻는다. 무슨 영화를 볼지, 중고 자전거는 어디서 살지, 아이가 병나면 어떻게 대처해야 하는지 등 모든 것에 대해 남과 조언을 주고받는다. 위키피디아든 블로그든 트위터든 우리는 지식과 전문적 의견을 자진해서 제공하고 답례로 아무것도 기대하지 않는다. 온라인의 익명성 덕분에 혼자서는 감당하기 힘들었을 문제들을 해결해주는 협력 모임에 편안한 마음으로 가입할 수 있고 오프라인에서는 즐기기 난처했던 관심사를 함께 즐길 사람들을 찾을 수 있다. 직업상의 인맥도 확대할 수 있고 멀리 있는 사람들과 머리를 맞대고 사회문제를 해결하거나 제약 회사들이 무시해온 질병의 치료책을 찾을 수도 있다. 즉 자발적이고 생산적인 활동을 할 수 있는 크고 작은 방법들을 일상적으로 찾아서 다른 사람들의 기여를 이용하고 키울 수 있다. 트래픽이 가장 많고 가장 많이 링크된 웹사이트의 상위 20개가 거의 모두 구글이나 야후 같은 검색 엔진이거나 페이스북 같은 소셜 네트워킹 사이트, 혹은 위키피디아, 유튜브(YouTube), 플리커(Flickr)같이 사용자들이 만드는 정보나 오락 공급처라는 사실만큼 이를 극명히 보여주는 증거는 없다. 구글 검색으로 상위 10위까지의 결과를 보더라도 검색어에 대해 최종 해답을 제공해주는 비영리단체나 개인이 많고 무료 오픈 사이트 또한 많다는 사실을 알게 될 것이다. 그리고 사회적, 협력적 상호작용을 수행하는 온라인 시스템을 실험하고 구축하는 소프트웨어 개발자나 사업가, 시민사회 조직들이 점점 증가하고 있는데 이들 또한 놀라운 성과를 올리고 있다.

물론 인터넷이 초래한 혼란은 세계화와 과학 발전을 가속화했고, 이 두 현상 모두 다수의 기업들이 단순한 효율성보다 학습과 혁신을 강조하는 것을 검토하게 만들었다. 천천히 움직이는 시장에서는 효율성만으로도 선두를 유지할 수 있었다. 그러나 내일의 경쟁 기업이 어디에서 생겨날지, 나는 모르는데 그들은 아는 것이 무엇인지 모를 때는 계속 배우고 실험해야 한다. 이런 학습과 실험은 명령과 통제나 인센티브 제도(아무리 그 제도가 훌륭하고 고상해도)로는 이루어질 수 없다. 창의성과 통찰력은 감시하고 측정하기가 불가능하기 때문이다. 그 대신 직원과 관리자들의 본질적인 동기를 이용해야 한다는 사실을 이해하게 된 기업들이 많아지고 있다. 단순히 물질적인 동기보다는 도덕적, 사회적, 감정적 동기를 이용해야 하는 것이다. 이런 변화는 직원들을 더욱 행복하고 생산적으로 만들 뿐 아니라 경쟁 기업에도 협력 시스템과 기술을 구축하고 이용하도록 자극함으로써 산업 전체에 협력의 관습을 퍼뜨린다. 나는 우리가 인간의 협력을 최대한 이용하여 기업의 수익성과 경제의 효율성을 더욱 높이고 과학의 획기적인 발전을 더욱 급진적으로 이루어 사회를 더욱 안전하고 행복하고 안정되게 만드는 작업에 착수할 정도로 성숙했다고 낙관한다. 과학 분야에서도 인간의 협력을 이용해야 할 때가 왔다. 물론 이기심도 인간의 행동을 일으키는 요인 중 하나지만, 그것이 일부분에 불과하다는 입장을 뒷받침하는 증거와 이론은 더 많으며, 그 정당성 또한 더욱 인정받고 있다. 겉으로 드러나지 않았지만 이미 우리 주변에서는 협력이 크게 진전되고 있는 것을 볼 수 있다. 드러나기를 기다리는 증거는 더욱 많다.

나는 이 책이 그 가려진 부분을 걷어내고 인간의 동기와 생각의 습관을 다시 검토하는 데 도움이 되기를 바란다. 나는 실제 세상만이 아니라 생물학과 사회과학에서 등장하고 있는 압도적인 증거도 제시함으로써 인간이 이기적이라는 생각을 극복하고 싶다. 가장 단순한 기업의 관습에서 가장 복잡한 교육 모델까지, 무선통신에서 혁신과 창의성을 통제하는 지적 재산권까지 모든 것을 지배하는 미로 같은 법률 및 기술 협정까지, 우리가 살고 있는 시스템을 구상하는 방법에 대해 새로운 생각과 사고방식을 제시하는 데 도움을 주고 싶다.

수십 년 동안 인간은, 사회에 널리 퍼진 잠재적인 부정적 영향은 고려하지 않고 이기적인 성향을 이용하는 데에만 적합한 시스템을 설계해왔다. 하지만 우리는 더 잘할 수 있다. 법률 시스템이든 기술 시스템이든, 기업이든 시민 단체든, 행정 시스템이든 상업 시스템이든, 인간성을 더욱 풍부하게 표현할 수 있는 시스템을 계획할 수 있다. 즉 인간의 노력에 대한 기대와 가능성을 과거보다 더 많이 이용하는 시스템을 세울 수 있다.

하지만 오해는 마시라. 나는 지나치게 낙관적인, 순진한 세계관을 제시하려는 것이 아니다. 분명 내가 제시하는 증거에는 일부 사람들이 이기적으로 행동할 **것이고** 얼마간은 자기 이익을 추구할 것이라는, 되풀이되어 나타나는 강력한 증거가 포함되어 있다. 더욱이 스스로를 얼마나 이타적이라고 생각하는지와 관계없이, 어떤 상황에 처하면 거의 모든 사람들이 마음속을 들여다보며 "물질적, 실질적 이익을 고려하는 게 당연해."라고 말할 것이다. 우리는 처벌과 보상이, 의도했던 행동을 일으키는 데 도움이 될 수 있음을 알고 있다. 또한 그런 처벌과 보상이 협력에 대한 내면의 동기를 억누르고 피해를 입힐 수 있다는 사실도 알고 있다. 외적이든 내적이든 동일한 인센티브가 항상 효과를 보는 것은 아니라는 사실도 알고 있다. 사람들은 다 다르다. 협력하고 싶어 해서 협력의 다양한 동인에 강력하게 반응하는 사람들이 있는가 하면, 그렇지 않은 사람들도 있다. 내 목표는 우리가 완벽하게 자기희생적인 동물인 척하는 상상 속의 세상을 묘사하려는 것이 아니다. 사람들이 어떤 때에는 협력이라는 반응을 보이고 또 다른 때에는 이기적으로 행동한다는 사실을 입증하고 최대한 협력을 장려하고 발전시키고 유지하는 시스템을 설계하는 법을 파악하도록 도울 뿐이다.

앞으로 몇 장(章)에서 나는 지난 15년 동안 인간의 행동 및 동기와 관련하여 일부 핵심적인 학문 분야가 지나온 연구의 궤적을 살펴보려 한다. 나는 사회적 관계에서 협력의 역할을 광범위하고 깊게 살펴볼 것이다. 자세히 말하면, 공감 능력과 연대감의 영향, 옳고 공평한 일을 하려는 인간의 충동과 표준에 순응하려는 인간의 욕구를 살펴볼 것이다. 진화생물학, 실험경제학, 심리학, 조직사회학, 신경과학 등 다양한 분야를 참조할 것이고, 현실 세계 또한 살펴볼 것이다. 현실 세계의 경우, 라디오헤드(Radiohead)의 온라인 가격 책정 구조에서 오바마 선거 운동의 성공 신화, 도요타나 구글 같은 기업은 물론 바닷가재 어부 집단의 가혹한 현실과 함께, 사회 정의와 수익을 동시에 추구하는 기업들이 이룬 발전 사례 등 다양한 예를 다룰 것이다. 이런 예들은 다양한 상황에서 인간의 협력을 이끌어내고 유지하는 방법에 관해 유용한 교훈을 제공한다. 자신을 어떻게 생각하느냐는 자신의 최종 모습에 중요한 역할을 한다. 자신을 이기적이라고 보는 견해는 달갑지 않을 뿐 아니라 자기실현적인 예언이 된다. 이 책은 적어도 우리 자신에 대해 균형 잡힌 시각을 되찾는 과정을 다루고 있다. 그렇다고 사람들이 모두 성인(聖人)이라는 이야기는 아니다. 이기심과 협력은 서로 배타적인 개념이 아니라 그 반대이다. 독립과 자율성, 자본주의, 개인주의를 소중하게 생각하는 사람이 자동적으로 자기중심적이고 이기적이고 무정한 사람인 것은 아니다. 협력과 이익은 공존할 수 있다. 이 이중성을 받아들이는 것, 그 바탕 위에서 사회를 재구성하는 것, 그리고 개인적, 조직적, 사회적 목표를 위해 그것을 이용하는 방법을 배우는 일은 가능한 동시에 반드시 해야 할 일이다. 그리고 그 일을 해야 할 시간이 왔다.

2장

본성 대 양육, 협력의 진화론

분별 있는 온 세상은 하느님의 손가락으로 쓴 책과 비슷하고……

개개의 창조물은 보이지 않는 하느님의 지혜를 밝히기 위해……

신의 의지로 만들어진 조각상 같은 것이다…….

겉으로 그 작품의 아름다움을 생각하는 동시에

영적 능력으로 모든 것을 판단할 수 있는 사람은

조물주의 지혜가 얼마나 놀라운지 내면으로 느낀다.

– 성 빅토르 휴, 『3일』

사람……

하느님을 믿는 사람은 정말로 사랑이었다.

창조의 최종 법칙을 사랑하라.

> 흉폭한 자연은 그의 신념에 반대하며 비명을 질렀다.
> – 알프레드, 로드 테니슨, 『A.H.H를 기리며』, 56곡

아우구스티누스 시대 이래로 과학자, 학자, 신학자 들은 너나 할 것 없이 하느님의 마음을 들여다보는 창으로 '자연이라는 책(The Book of Nature)'에 의지해왔다. 수세기 동안 이 책은 초기 근대 과학에, 종교 광신자들의 멸시나 의심을 사지 않으면서 안전하게 연구할 수 있는 은신처를 제공했다. 지난 150년 동안 인간진화생물학은 자연과학(특히 진화생물학)의 관점에서 인간에 대한 핵심적인 도덕적 문제들을 토론하는 전통을 이어왔다. 그들이 토론한 문제들은 다음과 같았다. 인간은 타고나기를 이기적인가, 이타적인가? 인생은 근본적으로 경쟁적인 제로섬 게임인가, 아니면 협력의 무대인가? 인간은 기본적으로 평등한가, 아니면 윗사람과 아랫사람으로 나뉜 계층 체계에 살고 있는가?

현대에 와서 그 논쟁은 사회다윈주의 시대에 다시 시작되었다. 사회다윈주의의 정치적 함의는 결코 미묘하지 않았다. 허버트 스펜서(Herbert Spencer)는 가장 적응을 잘한 종만이 살아남아 번식한다는 생각을 설명하기 위해 '적자생존'이라는 용어를 만들었고, 그 용어로 19세기식 가혹한 자유방임 산업자본주의를 정당화했다. 프랜시스 골턴(Francis Galton)은 인류가 선별적 번식을 해야 발전할 수 있으며 그렇게 발전해야 한다는 우생학의 기초로 그 논쟁을 이용했다. 이런 생각은 나치 독일의 몰살 정책을 정당화하는 데 사용되면서 악명을 떨쳤다. 하지만 그것은 미국을 포함한 다수의 국가에서도 '과학적'이고 '진보

적'인 정책의 기초를 형성했다. 버지니아 주가 1920년대에 '과학을 근거로' 정신 질환 여성은 불임 수술을 받아야 한다는 주장을 펼쳤을 때만큼 이를 극명히 보여주는 경우는 없었다. 미 대법원은 위대한 진보주의 판사, 올리버 웬델 홈스 주니어(Oliver Wendell Holmes, Jr.)의 의견을 받아들여 불임 수술 정책을 지지했다. 홈스 판사는 다음과 같이 지적했다. "강제 백신 접종을 지탱하는 원칙은 나팔관 절제를 포함할 정도로 광범위하다. 정신박약은 3대로 충분하다." 여성은 가정을 지켜야 한다는 생각, 하층 계급 사람들은 지능이 낮고, 유대인은 탐욕스럽고, 흑인 여성은 열등하다는 이 모든 믿음이 이 과학적 기초를 이용하여 정당화되었다. 인간의 도덕성을 생물학적 관점에서 다루는 현대의 어떤 논의도 이 역사를 잊을 수는 없다. 또한 현대 문화에서 과학이 진실을 결정하는 잣대로 승격하면서 사람들이 도덕적 판단을 너무 자주 포기하게 되었다는 사실도 무시할 수 없다. '약육강식의 자연 상태'가 인간의 신념에 반대하며 비명을 지를 때, 우리는 그것을 자연에 대한 인간의 해석을 재검토해야 한다는 의미로 받아들이지 못하고 신념에 대한 경고로만 받아들였다.

사회다윈주의가 한 세기에 걸친 본성 대 양육 논쟁에서 '본성' 쪽을 뒷받침해주었다면, '양육' 쪽을 뒷받침해준 것은 미국 인류학자, 프란츠 보아스(Franz Boas)의 연구였다. 그는 문화를 검토하여 사회와 인종별로 나타나는 인간의 차이를 설명하려 했고, 특정한 인종, 종교, 문화가 우월하다는 가정을 공격하는 새로운 과학적 근거로서 현대 인류학을 탄생시켰다. 현대 과학의 본성 대 양육 논쟁의 첫 세대는 수십 년 동안 계속되다가 나치즘의 공포에 의해서 한동안 중단되었다. 과학계와 학계는 우생학과 과학적 인종차별주의를 이용하는 나치에 배척당하다가 1950년대에 양육 쪽으로 거의 완벽하게 논쟁을 정리했다.

하지만 생물학자들이 인간의 본성과 사회성에 관한 논쟁에서 영원히 추방된 것은 아니었다. 1970년대에 동물 행동에 대한 관심이 부활하자 그들은 논쟁의 전면에 다시 등장했다. 어쨌든 찌르레기가 밤하늘로 날아 올라가거나 나그네쥐가 절벽 아래로 뛰어내리는 이유를 진화 및 유전학적 관점에서 해결해야 한다는 점은 의심의 여지가 없었다. 거기까지는 분명했다. 하지만 이런 행동을 설명하는 진화의 논리가 인간이라는 동물에게도 적용될 수 있는가?

그 질문에 대한 정답을 제시한 학자로 곤충학자인 에드워드 윌슨(Edward O. Wilson)만큼 영향력 있는 인사는 없다. 그가 1975년에 발표한 『사회생물학(Sociobiology)』은 인간 행동에 진화론을 적용하는 방식을 근본적으로 새롭게 선보였고 그것은 리처드 도킨스(Richard Dawkins)의 『이기적 유전자』(와 더욱 최근에 진화심리학에서 등장한 광범위하고 대중적인 연구)에서 더욱 대중적으로 전개되었다. 윌슨에 따르면, 유전자는 인간의 문화를 지배한다. 인간의 행동은 진화적 요인으로 설명될 수 있다. 그리고 진화적 요인은 유전적 특질에 영향을 준다. 따라서 진화에 의해 선호된 유전자가 유발하는 행동은 살아남아 확산되고 그렇지 않은 행동은 살아남지 못했다. 도킨스는 곧바로 이 주장을 취했고, 인간 본성에 대한 근본적인 의문, 즉 '인간이 선천적으로 이타적인가, 이기적인가?'를 푸는 데 그 주장을 적용했다. 도킨스의 책 제목은 그 결론을 명료하게 보여주고 있다. 이후 진화심리학의 선구자들(레다 코스미데스[Leda Cosmides], 존 투비[John Tooby], 스티븐 핑커[Steven Pinker] 같은)은 이 주장을 한층 더 발전시키고자 했다. 그들은 보편적인 언어 본능에서 짝짓기 선호도나 공격성의 성별 차이에 이르기까지, 특정한 인간 행동의 유전 정보를 지정하는 일련의 진화적 적응이 뇌에서 일어나는 것으로 인간의 심리를 설명하려 했다.

달리 말하면, 윌슨의 연구는 양육 쪽으로 기운 보아스를 정면으로 공격했다. 하지만 현대의 보아스 추종자들은 말 그대로 빠르게(공개 강연 자리에서 윌슨에게 공격을 가하고 물을 끼얹은 악명 높은 사건으로) 반격했다. 결과적으로 1980년대에 발표된 상당량의 연구 내용은 새롭게 변장한 사회다윈주의를 반박하고 부인하는 데 집중되었다. 스티븐 제이 굴드(Stephen Jay Gould)나 리처드 르원틴(Richard Lewontin) 같은 사회생물학 비판자들은 사회다윈주의자들이 적응에 대해 너무 순진하게 설명(인간의 유전자가 환경의 도전에 대처하기 위해 시간이 지나면서 적응한다는 생각)했다고 말한다. 모든 것이 복잡한 상호작용에서 발생하는 의도치 않은 부산물이 아닌, 적응 선택의 결과물이라고 너무 쉽사리 추정한 해석을 그대로 받아들였다는 것이다. 과학사가들은 사회다윈주의의 도덕적 기만을 집중적으로 다루면서 사회다윈주의가 부활할 경우 남녀 관계와 인종 관계에서 이루어진 최근의 발전이 위협받을 거라고 경고했다. 미국 전역의 대학 교정에서 그 논쟁은 정확히 이런 이유로 크게 정치화되었다. 그러나 과학이 인간 본성에 대한 근본적인 의문들을 해결할 수 있다는 가능성은 과학자, 학자, 사회 전체가 거부하기에는 너무 매력적인 것으로 드러났다.

그래서 오늘날 우리는 인간을 이해하려고 할 때 '자연이라는 책'을 계속 탐독하고 있다. 우리는 여전히 인간의 도덕성과 동기, 행동, 특히 인간이 선천적으로 협력하는 성향이 있는지에 대한 해답을 찾기 위해 유전학과 진화, 동물의 세계에 시선을 돌리고 있다. 일례로, 내가 이 책의 2장을 집필할 때 우연히 읽은 BBC의 인터넷 과학 기사는 이렇게 시작했다. "개미는 서로 협력하고, 공동체의 이익을 우선시하는 능력으로 유명하다. 하지만 새로운 연구 결과에 따르면, 개미 집단은 실제로 교활하고 이기적이고 타락한 행동의 온상이라고 한다." 인간 본성에 대한 깔끔하고 정돈된 설명에 매달린다면, 비슷한 기사 제목은 여러 간행물에서 거의 매주 발견할 수 있다. 하지만 지난 10년 동안 우리가 생물학에서 알게 된 놀라운 점은 생물학이 양육과 유전의 상호작용을 이해하는 과정에서 인간 본성과 사회적 행동에 대해 더욱 섬세한 이야기를 전해준다는 사실이다. 그리고 꼭 그만큼 중요한 사실은 생물학이 협력을 마음껏 활용한다는 점이다. 이는 적자생존을 말한 허버트 스펜서보다 1902년에 발표된 『만물은 서로 돕는다』에서 동물의 왕국에 만연한 협력 현상을 증명한 표트르 크로포트킨을 더욱 생각나게 만드는 가정에 근거한다.

'이기적' 유전자란 무엇인가

아마도 지난 30년간 인간의 도덕성 형성에 있어서 진화와 유전의 역할을 놓고 벌인 논쟁의 자취를 살펴보는 최고의 방법은 이 시기의 뛰어난 과학자 두 명이 펼친 강력한 주장을 비교하는 것일 듯싶다. 첫 번째 주장은 1976년에 발표된 리처드 도킨스의 『이기적 유전자』에서 발췌했고, 두 번째 주장은 30년 뒤에 마틴 노왁(Martin Nowak)이 《사이언스》지에 발표한 협력의 진화에 관한 논문에서 발췌했다.

> 당신도 나처럼 개인이 공동 목표를 위해 넓은 마음으로 사심 없이 협력하는 사회를 만들고자 한다면, 생물학적 본성에서는 거의 도움을 기대할 수 없다는 사실을 경계하라. 관대함과 이타주의를 **가르치도록** 애써보자. 인간은 이기적으로 태어나기 때문이다. 인간의 이기적 유전자가 무슨 일을 할지 이해하도록 하자. 이제껏 어떤 종도 마음먹은 적 없는 일이지만, 그래야 적어도 그 유전자들의 계획을 뒤집을 기회라도 갖게 될 테니까.
> - 리처드 도킨스, 『이기적 유전자』

> 아마도 진화의 가장 주목할 만한 점은 그것이 경쟁적인 세상에 협력을 일으킬 수 있다는 사실일 것이다. 따라서 우리는 진화의 기본 원칙으로 돌연변이와 자연 선택 외에 '자연 협력'을 세 번째 원칙으로 추가할 수 있다.
> - 마틴 노왁, 「협력의 진화의 5가지 법칙(Five rules for the evolution of cooperation)」 《사이언스》, 2006

이 두 주장의 극명한 차이는 어떻게 설명되는가? 지난 30년 동안 진화생물학이 그토록 많이 변했는가? 도킨스는 과학의 영향력을 과장할 뿐인가? 《사이언스》지의 편집자들은 노왁이 논문을 낼 때 집중하지 않았던 것일까? 적어도 앞의 두 질문에 대한 답은 어느 정도 '그렇다'라고 할 수 있다. 진화생물학이 달라지면서 주류 과학사에서 협력 연구에 대한 관심이 되살아났고 그 연구를 재해석하는 바람이 불었다. 특히 협력하려는 성향이 인간의 특성으로 발달해간 과정에 대해 두 가지 중심 개념이 등장했다.

첫 번째 개념은 상호주의가 협력을 구성하는 과정("당신이 내 등을 긁어주면 나도 당신 등을 긁어줄게."를 넘어)을 더욱 폭넓게 이해한 것이다. 두 번째 개념은 일부 특징이 개인에게는 나쁘더라도 그 개인이 속한 집단의 성공 가능성을 높이는 한 진화할 수 있다는 집단 선택 개념(1970년대까지는 진화론에서 폐기된 분야로 간주되었다.)이 부활하여 주류 진화론에 다시 편입된 것이다. 게다가 종종 도킨스는 다소 오해를 살 수 있는 표현으로 글을 썼다. '이기적 유전자'는 '이기적인 사람'을 의미하지 않는다. 실제로 이타적이고 협력적인 태도와 행동이 개인의 생존과 번식 가능성을 높여주는 경우라면 '이기적'이라 할 수 있다.(그러나 당시 도킨스가 사람들이 생물학적 본성의 도움을 받아 공동 목표를 위해 넓은 마음으로 이타적으로 협력할 수 있는 사회를 달성할 수 없다고 썼을 때는 단순히 자기 번식이 아니라 이기적인 행동이 유전자 자체의 결과물이라고 말했던 것처럼 보인다. 그리고 이는 매우 다른 종류의 진술이다.)

따라서 맨 먼저 우리는 진화생물학자들이 **'이기적'**과 **'이타적'**이라는 용어를 사람들이 보통 사용하는 방식과는 약간 다르게 정의한다는 사실을 이해해야 한다. 이기적인 행동은 생일 케이크의 마지막 한 조각도 나눠 먹으려 하지 않거나 수백 명의 노동자를 해고하고 회사를 망가뜨리고도 수백만 달러의 연봉을 챙기는 행동 등으로 간주할 수 있다. 하지만 실제로 진화생물학자들이 정의하는 '이기적' 행동은 자신의 유전자를 다음 세대에 물려줄 가능성을 최대한으로 높이는 행동일 뿐이다. 그 정의에 따르면, 사람들이 흔히 이타적이라고 하는 행동조차도 이기적 유전자의 관점에서는 '이기적'이 될 수 있다. 다음의 단순화된 예를 살펴보자. 사람들이 이타적인 행동을 하게 만드는 이타적 유전자(이를 AS 유전자라고 부를 것이다.)가 있다고 가정해보자. 당신이 이타적 유전자를 갖고 있어서 다른 사람에게 무조건 나눠줄 때 손익을 전혀 따지지 않고, 다른 사람들의 고통이 줄어들 때 행복을 느끼고, 타인의 행복에 삶의 많은 부분을 바치며 산다고 치자. 또한 사람들이 당신의 이런 행동을 보고 당신을 더 많이 믿고 당신에게 더 많은 기회를 부여하며 더 많은 존경심을 표현해서 당신이 좋은 부모가 될 거라고 예측할 수 있는 사회에서 살고 있다고 치자. 그렇게 되면 이런 유전자를 갖고 있는 사람들은 바람직한 배우자로 간주될 가능성이 높아서 다음 세대에 자신의 AS 유전자를 물려줄 가능성도 높아질 것이다. 그리고 다음 세대는 똑같은 장점을 갖게 될 것이다. 이 예에서 하나의 유전자는 사회적 의미에서는 확실히 '이타적'이지만 유전학적, 진화적 의미에서는 (이런 표현이 가능하다면) 명확히 '이기적'인 행동이다. 만약 유전자를 이런 식으로 생각하여 개개인이 공동의 목표를 위해 관대하고 이타적으로 협력하는 사회를 건설하고자 노력한다면, 우리는 틀림없이 생물학적 본성의 도움을 **기대할 수 있다**.

현재 진화학은 협력에 관한 새롭고 흥미로운 인식을 제공하기 시작했다. 이 학문은 협력적이거나 이타적인 행동이 유전자를 물려줄 개개인의 기회를 증가시키는 이유뿐 아니라 집단이 강력한 협력적 관습과 성향을 지닐 때 이익을 얻을 수 있는 이유를 설명하는 데까지 도움을 주고 있다. 즉 협력 행동이 문화적으로나 유전적으로 후대에 전해지는 이유를 설명하는 데 도움을 주고 있다. 진화학은 그 과정을 통해 본성 대 양육 논쟁에 흥미로운 새로운 시각을 제공한다. 협력 행동이 유전적으로 프로그램화되어 있는 것인지, 문화적으로 가르쳐지는 것인지, 혹은 둘 다에 해당하는지 분명하게 밝혀주는 연구 내용을 살펴보자.

물에 빠진 형제들, 다투는 침팬지, 그리고 이솝 우화

협력이 개개인의 유전적 적응도를 향상시킬 수 있는 이유를 설명하는 가장 단순한 이론은 W. D. 해밀턴(W. D. Hamilton)에 의해 포괄 적응도(inclusive fitness)라 불렸다가 나중에 혈연 선택(kin selection)으로 다시 불리게 된 이론이다. 이는 인간이 유전적으로 관계 있는 사람들을 돕는다는 이론이다. 이들이 자기 유전자의 일부분을 다음 세대에 물려줄 사람들이기 때문이다. 쉬운 사례를 하나 들어보자. 세 살짜리 동생이 수심이 낮은 수영장에서 물에 빠져 죽기 직전이다. 내가 상대적으로 건강해서 물에서 힘을 잃지 않을 거라고 가정한다면, 내가 동생을 구하다 죽을 위험은 매우 낮은데다 동생이 내 유전자의 절반을 똑같이 갖고 있기 때문에 내가 동생을 구할 경우 내 유전자에 돌아오는 이득은 크다. 그래서 나는 1초도 고민하지 않고 동생을 구할 가능성이 높다. 하지만 동생이 바닷물에 빠졌고 내가 수영을 못한다면 어떨까? 동생이 살 경우 내 유전자가 얻는 이득은 여전히 똑같지만, 죽을 위험은 훨씬 더 크다. 그보다 나쁘게는 어떤 이유에서인지 동생이 아이를 결코 낳지 않는다면 어떨까? 만약 동생이 입양아라 우리 둘의 유전자가 똑같지 않다면? 만약 그 아이가 내 육촌 동생이라면? 혈연 선택 이론에 따르면, 동생이 내 유전자를 물려줄 가능성이 커질수록 내가 목숨을 걸고 동생을 구할 가능성 또한 커진다. 할데인(J.B.S. Haldane)은 그리 낭만적이지 않게 이를 표현했다. "나는 물에 빠진 동생 두 명, 다시 말하면 조카 여덟 명을 구할 것이다." 동생의 생명을 구하는 이타적인 행동은 도킨스가 유전학적인 차원에서 엄격히 '이기적'이라고 설명한 행동과 쉽게 일치한다. 그런 행동은 내 유전자가 살아남을 가능성을 높여준다.

하지만 유전적으로 관계없는 사람을 도와주는 행위는 어떻게 설명할까? 이런 행위가 유전적 적응도를 어떻게 높일 수 있을까? (협력 행위는 결국 보답을 받게 될 거라는 생각인) 상호주의가 답을 준다. 가장 단순한 설명은 직접적인 상호 호혜로 리처드 도킨스, 스티븐 핑커 등 다수의 학자들에게 영감을 준 로버트 트리버스(Robert Trivers)가 처음 소개했다. 기본적으로 이 개념은 우리의 도움을 받은 다른 사람이 우리를 다시 도와줄 때, 즉 양쪽 모두 협력할 때 더 잘살 것으로 인정한다. 이 기본적인 역학 관계는 인간에게만 한정되지 않는다. 그것은 수많은 동물 연구를 통해 입증되어왔다. 가장 흥미로운 연구 중 하나는 프란스 드발(Frans de Waal)의 매력적인 책 『침팬지 폴리틱스』에서 소개되었는데, 드발은 이 책에서 권력 다툼을 하고 있는 수컷 침팬지 세 마리 사이의 변화하는 동맹 관계를 연구한 내용을 소개했다. 가장 나이가 많은 이에론과 그다음 많은 루이트, 그리고 막내 니키 중에서 니키가 상당히 영리한 것으로 드러났다. 니키는 루이트가 이에론을 쫓아내는 데 도움을 준 다음, 이에론과 동맹을 맺고 루이트를 다시 무너뜨린 뒤 결국 우두머리가 되었다.(리얼리티 TV 프로그램의 내용처럼 들리지 않는가?) 우두머리가 되어 얻은 상금은 물론 컸다. 침팬지 서열 구조에서 지위는 짝짓기 기회와 같다. 이 셋은 형제지간도, 사촌지간도 아니었다. 그저 경쟁자들이었다. 그런데도 그들은 자신의 적응도를 높여주는 협력 방식을 지속적으로 찾아냈다.

리얼리티 프로그램 「서바이버」보다는 이솝우화 쪽에 더 가까운 예를 동물의 왕국에서 하나 더 찾아보자. 이 이야기는 오소리와 코요테 우화라고 불린다. 일단의 과학자들이 와이오밍 주의 국립엘크보호구역에서 오소리와 코요테가 서로 협력하여 얼룩다람쥐를 사냥하는 모습을 관찰했다. 몸놀림이 날쌔고 서식 범위도 넓은 코요테는 다람쥐를 찾으러 다니다가 일단 다람쥐를 발견하면 오소리에게 신호를 보냈다. 막다른 굴에 먹잇감을 몰아넣어 사냥하는 오소리는 어디에 굴을 파야 하는지 안다. 결국 얼룩다람쥐들은 망치와 모루 사이에서 잡히고 만다. 오소리를 피하려고 땅 위로 올라가면 코요테에게 잡히고, 코요테를 피해 땅 속으로 몸을 피하면 오소리가 구석으로 몰아넣을 것이다. 당신이 다람쥐라면, 두 약탈자 간의 있을 법하지 않은 파트너 관계를 목격하고 크게 놀랄 것이다. 하지만 자연의 협력 관계를 연구하는 과학자라면, 협력 관계를 보여주는 다른 예를 찾기 위해 혈안이 될 것이다. 그렇다면 과학자들은 이에론과 니키, 코요테와 오소리 간의 동맹 관계를 어떻게 설명할 것인가?

동맹 관계가 어떻게 시작했든 본능적으로 협력한 동물들은 더 많은 짝짓기 기회를 얻거나 더 유능한 사냥꾼이 될 수 있었기 때문에 자손을 낳을 가능성도 더 높았다. 그리고 어떤 유전적인 특징 때문에 그런 행동이 발생하든지 간에 유전자를 다음 세대에 물려주었을 것이다. 이런 직접적인 상호주의는 세상에서 가장 간단한 거래, 즉 '눈에는 눈, 이에는 이'를 보여주는 예에 불과하다. 당신이 내 등을 긁어준다면, 혹은 내가 우두머리 수컷을 무너뜨리거나 다람쥐 잡는 것을 도와준다면, 나도 당신 등을 긁어줄 것이다.

벤 프랭클린에게서 온 편지

그렇다면 직접적인 상호 호혜를 기대할 수 없는 인간의 이타적인 행동이나 광범위한 협력 행위는 어떠한가? 어쨌든 인간 사회에서는 누가 누구를 위해 무엇을 했는지, 누가 무엇에 대해 얼마만큼 갚았는지 일

일이 추적하기가 너무 복잡할 때가 많다. 그러나 다른 동물들과 달리, 인간은 직접적인 보답을 기대할 수 없는 사람들뿐 아니라 혈연관계가 아닌 사람들과도 협력하고 그들에게 관대하다.(명백한 이득 없이 남을 위해 일한다는 의미에서 그렇다.) 우리는 길을 가다가 펑크 난 타이어를 교체 중인 사람을 보면 걸음을 멈추고 도와준다. 길 잃은 관광객에게 길을 가르쳐주기도 하고, 한 번도 본 적 없는 사람들을 돕는 자선 단체에 기부도 한다. 인터넷에서 닉네임밖에 모르는 사람에게 전문 지식을 가르쳐주는 일도 흔하다. 이런 행동에는 훨씬 더 확대된 호혜주의의 시각이 필요한데, 진화생물학자들은 이를 간접적 상호 호혜라 부른다.(리처드 알렉산더[Richard Alexander]가 20년 전 『도덕 체계의 생물학[The Biology of Moral Systems]』에서 처음 소개한 용어이다.) 내 생각에 간접적 상호 호혜를 보여주는 최고의 예는 벤 프랭클린(Ben Franklin)이 어려운 처지에 처한 벤자민 웹(Benjamin Webb)이라는 청년에게 편지를 보낸 1784년으로 거슬러 올라간다. 청년이 보낸 편지에 감동 받은 프랭클린은 그에게 약간의 돈을 보냈다. 돈을 넣은 편지에 그는 다음과 같이 썼다. "이 돈을 **주는** 체하지 않을 것이네. 나는 단지 자네에게 돈을 **빌려주는** 거야." 하지만 그 대부(貸付)는 특이한 것이었다. "자네가 비슷한 고충을 겪고 있는 정직한 사람을 만나면, 그에게 이 돈을 빌려주는 것으로 내게 진 빚을 갚아야 하네." 이 발상이 익숙하게 들린다면, 아마도 캐서린 라이언 하이드(Catherine Ryan Hyde)가 출간하여 인기를 끌었고 나중에는 케빈 스페이시(Kevin Spacey)와 헬렌 헌트(Helen Hunt) 주연으로 영화화된 「아름다운 세상을 위하여」의 주제였기 때문일 것이다. 이 영화는 다른 사람을 위해 좋은 일을 한 다음, 도움을 받은 사람이 다른 세 사람에게 받은 것을 베풀게 해 세상을 고쳐보려는 한 아이의 이야기였다. 그들이 다시 다른 세 명에게 자신이 받은 것을 베풀면, 세상 곳곳에 선행이 늘어날 터였다.

물론 이 이야기는 본질적으로 현대의 동화이다. 그것도 아주 순진한 동화이다. 하지만 매우 중요한 생각을 알려준다. 간접적 상호 호혜에 전적으로 의지하는 시스템은 오늘 베푸는 사람이 내일은 입장이 바뀌어 도움을 받는 사람이 될 수 있기 때문에 결국엔 이익이 다시 원점으로 돌아온다고 가정한다. 이는 여전히 도킨스의 표현대로 유전적 차원에서 '이기적'일 수 있다. 오늘 남에게 준 사람은 평생 동안 평균적으로 적어도 준 만큼 받는다고 가정하기 때문이다.

하지만 누군가가 선행을 받기만 하고 되갚거나 베풀지 않아서 그 고리를 깨버린다면? 벤 프랭클린이 이미 파악했듯, 그 시스템은 누군가가 그 고리를 깨기 전까지만 작동한다. 그는 웹에게 자신의 대부 행위에 대해 이렇게 설명했다. "나는 이 행위를 중단시키는 나쁜 놈이 나타나기 전까지 이 행위가 많은 사람들의 손을 거쳐 가길 바랍니다." 주변에 마음 넓고 정직한 사람들이 많은 집단이라면, 한동안은 자신이 받은 것을 다른 사람에게 베푸는 행동이 지속될 것이다. 하지만 그 집단은 받기만 하고 갚지는 않는 '나쁜 놈'이 쉽게 침범할 수 있는 곳이다. 나쁜 놈들을 알아채어 집단에 못 들어오게 하는 방법을 찾지 못한다면 그들은 쉽게 침입할 것이다.

바로 이런 이유로 대부분의 문화는 누가 협력자(프랭클린 같은 사람)

이고 누가 배반자(나쁜 놈)인지 결정하는 데 도움이 되는 다양한 시스템을 발전시켜 왔다. 가장 원시적인 것은 평판이다. 의식적이든 무의식적이든 우리는 과거의 행동에 근거해 사람들에게 평판을 부여한다. 만약 내가 자원봉사 소방관이라는 사실이 알려지면, 술집을 털다가 붙잡힌 사람일 때와는 아주 다른 종류의 평판을 얻게 될 것이다. 그리고 (동네 영웅이든 바보 같은 도둑이든) 일단 그런 평판이 나면, 주위 사람들은 내가 믿을 만한 사람인지 알아내기 위해 나를 개인적으로 알 필요가 없어지고 또 선행을 주고받을 것으로 기대할 수 있다. 결국 그들은 내 평판만 알면 된다. 생물학자인 데이비드 헤이그(David Haig)는 이를 다음과 같이 훌륭하게 설명했다. "직접적인 상호 호혜를 위해서는 얼굴이 필요하고, 간접적인 상호 호혜를 위해서는 이름이 필요하다." 하지만 간접적인 상호 호혜의 경우, 상황은 쉽게 복잡해진다.

앨리스가 밥의 컴퓨터를 해킹하여 밥의 계좌에서 찰리의 계좌로 송금하는 장면을 목격했다고 상상해보자. 그런 행동은 분명히 나쁘게 보일 것이다. 하지만 밥이 도무지 추적할 수 없고 법정에서도 결코 증명할 수 없는 방법으로 돈을 훔친 교활한 사람이라는 사실이 드러난다면 어떻겠는가? 아마도 나는 앨리스를 달리 보면서, 그녀를 로빈 후드 같은 영웅이라고 생각할 것이다. 누가 누구에게 어떤 행동을 했는지 주시하면서 자신이 본 다른 사람의 행동을 해석하는 일은 정말로 어려운 일로, 언어와 상징, 기억, 도덕적 판단 능력이 필요해진다. 오늘날 가장 뛰어난 수학생물학자에 속하는 카를 지그문트(Karl Sigmund)와 마틴 노왁은 거침없는 말투로 이렇게 지적했다. "우리는 간접적인 상호 호혜의 복잡성이 인간의 언어와 지성에 진화의 토대를 제공했다고 주장하는 바이다." 혈연 선택, 직간접적 상호 호혜 등 상대적으로 자주 만나는 인구 집단의 상호 호혜 모델(진화생물학자들이 체계 있는 인구 집단이라고 부르는 집단)을 보면, 협력이 아주 잘 이루어지는 것으로 드러난다. 산타페연구소(Santa Fe Institute)의 데이비드 크라카우어(David Krakauer)는 진화생물학이 걸어온 길에 대해 이야기하면서 협력에 관해 다음과 같이 설명했다. "과거에 우리는 협력이 매우 드물게 이루어지며 유지하기도 어렵다고 생각했다. 이제는 체계가 어느 정도 갖춰지면 협력을 유지하기가 훨씬 더 쉽기 때문에 협력이 더욱 흔하다고 생각한다."

팀을 위해 희생하기

(직간접적인) 상호 호혜는 다수의 (희생을 감수하면서도 남을 돕는다는 의미에서의) 이타적인 행동을 설명할 수 있다. 하지만 개인 차원에는 상호 호혜로 간단히 설명할 수 없는 이야기가 여전히 존재한다. 동물의 왕국에 있는 또 다른 예를 살펴보자. 이 이야기는 리얼리티 프로그램이나 동화보다는 공상과학영화 같은 느낌이 난다.

창형흡충(dicrocoelium dendriticum)은 생활사가 기이한 기생충이다. 이 기생충은 소나 양의 간에서 유성생식을 하며 한 세대를 보낸다. 이후 배설된 기생충 알은 달팽이에게 먹히고, 달팽이 몸속에 들어간 기생충은 두 세대 동안 무성생식을 한다. 무성생식을 마친 기생충은 점액 덩어리에 싸여 떼를 지어 달팽이를 탈출한 뒤 다시 개미에게 먹힌다. 점액 덩어리는 대부분 개미 몸 안에서 낭포에 둘러싸인 채 머물며 다음 주기를 기다리지만, 그중 한두 개는 개미의 신경중추인 식도하신경(食道下神經) 마디에 들어가서 개미의 행동을 사실상 조종한다. 창형흡충에 뇌를 조종당하게 된 개미는 개미 소굴로 돌아가지 않고 풀잎 끝에 매달려 밤 시간을 보낸다. 이렇게 되면 개미와 나머지 기생충은 소나 양에 먹힐 가능성이 높아진다. 이런 행동을 하게 만드는 기생충은 번식 전에 죽겠지만, 이 죽음은 대의명분을 위한 죽음이라 할 수 있다. 개미의 낭포에서 끈기 있게 기다리던 기생충들이 새로운 생활사를 시작할 수 있기 때문이다. 개미의 뇌로 간 그 이상한 기생충은 자살 특공대나 가미카제 같은 박테리아가 된다.

이 이야기를 진화 적응도의 관점에서 살펴보자. 개미의 행동을 바꾸어놓는 유전 성향을 지닌 기생충은 끝까지 살아남아 자기 유전자를 번식하지는 못한다. 그런데 뒤에 남아 이 기생충이 목숨을 희생하도록 방관한 기생충들은 자기 유전자를 **제대로** 물려준다. 이런 행동 유형은 어떻게 살아남는가? 어떠한 형태의 상호 호혜도 이를 설명해줄 수 없다. 그 개체는 제때 번식해 직간접적인 보답을 받을 때까지 살아남지 못하기 때문이다.

그 답은 이러하다. 진화는 개인의 생존 가능성에 악영향을 미칠지라도 집단 내 다른 사람들의 이익을 위해 자신을 희생하는 **집단** 차원의 행동 또한 선호할 수 있다. 집단 선택 이론 혹은 다층 선택 이론이라 불리는 이 답은 거의 30년 동안 주류 진화생물학자들에게 승인할 수 없는 답으로 간주되었다. 사실 더욱 원시적인 형태의 집단 선택(개체가 아니라 종이 살아남는다는 생각)은 1950년대와 1960년대 초에 상당히 친숙한 개념이었다. 하지만 이 의견은 광범위하게 비판받았고, 결국 1960년대 말에 자취를 감추고 말았다. 생물학자들은 개체 차원에서뿐 아니라, 도킨스로부터 이미 알게 되었듯, 유전자 차원에서도 선택이 발생한다고 주장했다. 그러나 데이비드 슬론 윌슨(David Sloan Wilson)을 비롯한 몇몇 끈질긴 학자들은 그 문제에 관심의 불씨를 이어나갔고, 결국 40년 동안 끈질기게 주장하고 새로운 증거를 제시하고 이론적인 개선(과거의 일부 증거에 대한 재해석도 포함하여)을 한 끝에 집단 선택 이론은 살아 돌아올 수 있었다. 오늘날 이 이론은 훌륭할 뿐 아니라 우리가 목격하는 다수의 협력 행동을 설명하는 데도 중요하다.

자신을 희생하는 기생충, 창형흡충(슬론 윌슨이 철학자인 엘리엇 소버[Elliott Sober]와 공동 집필한 책에서 얻어온 사례) 50마리로 이루어진 한 집단이 점액에 싸여 어느 개미의 몸에 들어갔다고 상상하자. 분명 이 집단 내에 개미의 뇌로 옮겨가서 개미에게 풀잎 끝에 살도록 지시하는 유전자가 있다는 점이 그리 부러울 일은 아니다. 그런 유전자가 있다는 것은 소의 간에 들어가서 번식하기 전에 죽는다는 의미이기 때문이다. 하지만 기생충 집단 전체의 관점에서 보면, 이야기는 달라진다. 기생충 50마리 중 10마리가 그 유전자를 갖고 있다고 치자. 그렇다면 그 유전자를 갖고 있는 기생충의 생존 가능성은 90퍼센트이다. 그 기생충이 개미의 뇌로 가서 죽었다면, 50마리 중 10마리가 아니라 49마리 중

9마리만 그 유전자를 지니는 것이다. 하지만 이 9마리는 자기희생적인 기생충이 포함되지 않은 집단의 9마리보다 소의 간에 들어가 번식할 가능성이 더 높다. 그 9마리가 번식을 하고, 그 유전자가 (유전자가 섞여서 희석되지 않는) 무성생식 단계에서 더욱 늘어나면, 다음 세대에는 이런 특징을 가진 개체가 포함된 두서너 집단을 낳을 수도 있다. 달리 말하면, 돌연변이 기생충은 **개별적으로는** 집단 내에서 적응도가 낮지만, 전체적으로 보면 그런 개체가 포함된 집단이 그렇지 않은 집단보다 적응도가 더욱 높으며 번식 가능성도 더 높다.

군인 되기 혹은 투표하기

집단 선택 이론은, 문화적 차이에 진화 모델을 적용하여 유전자와 문화 간의 상호작용을 설명하는 데 지난 25년을 보낸 인류학자 롭 보이드(Rob Boyd)와 피트 리처슨(Pete Richerson)의 획기적인 연구에 매우 생산적인 영향을 미쳤다. 그들은 문화적 특징이 어느 정도씩은 진화한다는 사실을 알아냈다. 집단의 적응도를 높여주는 문화적 관습은 살아남을 것이고 그렇지 않은 관습은 사라진다는 이야기다. 차이가 있다면 문화적 관습은 변할 수 있고 유전적 특징보다 훨씬 더 빠르고 쉽게 채택하고 모방할 수 있다는 점이다. 그 결과, 거리와 시간상 멀리 있지 않은 집단들도 서로 크게 다른 문화적 관습을 발전시킬 수 있으며, 일부 집단은 더욱 효과적으로, 혹은 대규모로 협력하는 관습을 발전시킨다. 이런 관습을 격려하는 사회나 문화가 특히 도전적인 환경에서 살아남을 가능성이 더 높다는 사실은 전혀 놀랍지 않다.

가장 확실한 예는 한 문화가 전사를 존경하는 문화적 관습을 발전시키는 경우이다.(미국에서 벌어진, 이라크전쟁에 대한 논쟁에서 '우리 군을 존경하며'라는 말이 자주 언급된 사실을 생각해보라.) 두 집단이 있다고 생각해 보자. 한 집단에서는 군 복무가 문화적으로 높이 평가받고, 다른 집단에서는 그렇지 않다. 첫 번째 집단의 사람들은 기꺼이 목숨을 걸고 집단을 위해 싸우려 하지만(싸우는 데 적합하지 않은 사람들은 무기 제조나 지식같이 특별한 재능을 바친다.) 두 번째 집단의 사람들은 그렇지 않다. 만약 이 두 집단이 전쟁을 하면, 그 결과는 너무나 자명하다. 자기희생 돌연변이가 있는 기생충 집단이 다음 세대에 자기 유전자를 물려줄 가능성이 훨씬 더 높은 것처럼, 전쟁에서 승리하는 사회는 다음 세대에 자기 사회의 문화적 관습을 물려줄 가능성이 높다. 문화적 관습이 항상 적응력이 있다거나 긍정적이라는 의미는 아니다. 문화적 관습도 통제력을 잃고 헛돌다가 불필요한 갈등을 야기할 수도 있다. 그 경우 문화는 집단 충성심과 헌신을 덜 파괴적인 형태로 만드는 방법을 찾아야만 한다. 나는 이 사실을 네덜란드 헤이그에서 거리를 걷다가 절실히 깨달았다. 당시 나는 술집이 늘어선 거리를 걷고 있었는데, 술집마다 요란한 TV 소리가 흘러나오고 있었다. 오렌지 군단을 응원하는 걸걸한 목소리의 네덜란드 국민들이 이탈리아 팀과 벌인 2008년 유로 축구 경기에 푹 빠져 시끄럽게 떠들며 열을 내고 있었다. 광장 건너편에서는 공격적이 된 민족주의가 폭력 사태로 번지지 않기를 바라며 경찰들이 한껏 긴장한 모습으로 대기하고 있었다.

도덕적 존재인 우리 인간에겐 다행스럽게도 더 잘하는 사람들이 못하는 사람들을 정복하는 경우에만 문화적 적응이 이루어지는 것은 아니다. 문화적 적응은 유전적 적응과 달리 생존과 이동뿐 아니라 모방을 통해서도 확대될 수 있다. 어느 집단이 협력을 통해 전쟁에서 이기거나, 더욱 편안하게 생활하거나, 더욱 효과적으로 굶주림을 피할 수 있다는 사실을 알게 되면, 그 문화의 여러 특징을 빌리고 모방할 수 있다. 문화가 이런 성공을 잘못 해석해서 전혀 적응할 가치가 없는 관습을 채택해 실행할 가능성도 확실히 존재하지만, 이런 실수는 유전적 진화에서 돌연변이와 똑같은 역할을 하며 가끔은 예상하지 못한 이득을 얻을 수도 있다.(유대교의 식사 계율, 카슈루트[kashruth]나 이슬람교의 할랄[halal] 같은 음식물 법규가 위생적인 음식 가공 및 보존 관습을 어떻게 탄생시켰는지 생각해보라.) 여기서 중요한 점은 문화적 특징이 유전적 특징과 비슷한(더 빠를 수도 있다.) 메커니즘에 의해 진화한다는 점이다.

하지만 적응력이 떨어지는 문화적 특징이 유전적 특징보다 더 빠르게 없어진다면, 인간 행동에 있어서 문화가 모든 일을 해낸다고 말하는 진화 이론을 찾아낸 것인가? 이 설명에서 유전자는 설 자리가 남아 있는가? 어쩌면 모든 게 본성이 아니라 양육이라는 결론이 나올 수도 있다.

문제는 '모든 게 양육'이라는 접근 방식이 모든 증거를 설명하는 데 뛰어나지 않다는 점이다. 진화의 연대표에서 너무 최근의 일이라 아직은 유전의 영향을 받지 않은 것으로 보이는 협력적인 관습인 투표를 살펴보자. 투표는 수십 년 동안 이기적인 합리적 행위자 이론(rational actor theory, 개인이나 국가 등을 단일한 합리적인 행위자로 가정하고 그들의 행위를 합리적인 선택이라고 보는 이론—옮긴이)에 한 가지 수수께끼를 안겨주었다. 기본적인 문제는 이러하다. 한 개인의 투표는 선거 결과에 영향을 미칠 확률이 미미하다. (투표소에 가는 데 드는 시간이나 버스비 등) 투표로 인한 비용은 기대되는 이득보다 높다. 하지만 전 세계 수억 명의 사람들은 협력을 소중히 여기는 문화의 승리를 보여주는 명백한 논거를 신봉하며 매년 투표한다. 그렇다면 유전자는 기껏해야 200년 된(그리고 20세기에야 전체 인구 집단에 보급된) 이 행동과 어떤 관계가 있을까? 제임스 파울러(James Fowler), 로라 베이커(Laura Baker), 크리스토퍼 도스(Christopher Dawes)는 2008년에 《미국정치학회보》에 발표한 논문에서 로스앤젤레스 지역의 일란성, 이란성 쌍둥이 400쌍의 표본을 연구했다.(연구된 모든 쌍둥이들은 함께 자랐다. 이는 연구 결과가 유년기의 양육에 영향받지 않았으며 전체적으로 그들의 사회 경제적 지위나 정치적 입장이 다르지 않았다는 의미이다.) 그 연구에 따르면, 유전적 구성은 사람들이 뽑는 인물이 아니라 투표를 할지 말지에 큰 역할을 했다. 로스앤젤레스 카운티의 실제 투표자 기록을 살펴본 이들은 일란성 쌍둥이들이 이란성보다 동일한 행동을 할 가능성이 더 높음을 알 수 있었다. **투표를 하든 안 하든** 똑같이 행동할 가능성이 컸다는 이야기이다. 실제로 연구자들은 다양한 통계 분석을 통해 50퍼센트가 넘는 행동 일치 사례가 유전적 특질 때문임을 밝혀냈다.

불과 1세기 동안 존재한 사회적 행동에 어떻게 유전적 기초가 있을 수 있을까? 100년은 진화의 레이더망에서는 한순간 깜박이는 신호에 불과하다. 투표 유전자가 그렇게 짧은 시간 안에 진화할 수는 없었을 것이다.

하지만 이기적인 충동을 억제하고 신중하게 결정하고 의무에 순종하며 행동하는 사람들의 성향 정도를 나타내는 '양심'이라는 유전적 성격 특징이 있다고 하자. 그리고 보이드와 리처슨의 이론을 이 상황에 다시 적용해보자. 또한 1000년 동안 양심적인 행동에 보상을 주고 그것을 소중하게 생각한 문화가 있었던 반면, 그렇지 않은 문화도 있었다고 생각해보자. 양심을 소중히 하는 문화에서는 양심적으로 행동하는 유전적 성향이 있는 사람들이 성공한다. 그리고 더욱 바람직한 배우자로 간주되기 때문에 번식에도 성공한다. 이는 시간이 지남에 따라 그런 사람들이 더 많아진다는 의미이다. 결과적으로 이런 문화는 협력을 더욱 효과적으로 지속시킬 수 있다. 직접 감시하고 처벌하고 보상하지 않더라도 사람들이 옳은 일을 하기 때문이다.

시간이 지날수록 그런 문화적 관습과 유전적 성향은 더욱 흔해질 것이다. 따라서 투표와 같은 새로운 행동이 가능할 뿐 아니라 문화적으로도 옳다고 해석되는 문화에서는 '양심'이라는 특징을 지닌 사람들이 (여러 방법 중에서) 투표를 통해 그 특징을 보여주리라고 추측할 수 있다. 따라서 이런 성격 특징이 유전된다고 가정하면, 아주 새로운 인간 행동이 어떻게 중요한 유전적 요소를 지닐 수 있는지 설명해주는 그럴듯한 이야기가 등장하게 된다.

여러 연구 결과에 따르면, 성격 특징('양심'은 외향성, 신경질, 친화성,

개방성과 함께 성격을 구분할 때 가장 널리 이용되는 다섯 가지 특징 중 하나이다.)은 실제로 부분적으로 유전된다. 몇 년 전, 토머스 부샤드(Thomas Bouchard), 매트 맥그(Matt McGue)는 심리 및 성격 차이에 유전이 미치는 영향을 다룬 생물학 연구 결과와 함께 쌍둥이와 입양아를 광범위하게 검토한 내용을 발표했다. 두 학자는 (가정 같은) 공유된 환경적 요인은 성격과 전혀 상관없는 반면, 성격 특징은 평균 42~57퍼센트가 유전된다고 결론 내렸다.(비슷한 맥락에서 보수적 성향이나 독실함 같은 사회적 태도도 유전된다고 주장하는 연구 결과도 있다.)

여기서 중요한 점은 투표나 종교 등의 단일 행동을 위한 유전자가 존재한다는 점이 아니라 알맞은 문화적 조건하에서라면 투표를 하거나 예배를 가거나 전쟁에서 싸우는 등 **특정 성향을 갖게 만드는** 유전자가 존재한다는 점이다. 이에 대해 도킨스는 몇 년 전 다음과 같이 지적했다. "종교 문화에 노출될 경우 종교를 믿게 되는 뇌를 발달시키는 유전자가 존재한다." 협력과 다른 친사회적 행동에 대해서도 같은 이야기를 할 수 있다.

행동생물학이 많이 알려진 덕분에 이제는 유전자가 문화와의 상호작용에서 어떤 역할을 하는지 더 잘 파악할 수 있다. 신뢰를 예로 들어보자. 신뢰 능력은 협력에서 중요한 요소이다. 이후 살펴보겠지만, 사람들은 믿지 못하는 사람들과는 힘을 합칠 가능성이 더 적다. 지난 몇 년 동안 이루어진 가장 놀라운 동물 연구 사례 중의 하나는 뇌의 화학물질인 옥시토신이 들쥐의 신뢰 형성에 미치는 영향을 살펴본 경우이다. 연구자들은 짝을 짓기 전에 암컷과 수컷이 친해지는 기간이 훨씬 더 길어야 하는 일자일웅의 들쥐와, 훨씬 더 쉽게 짝을 짓는 다혼(多婚)성의 들쥐를 비교했다. 그들은 일자일웅 들쥐의 뇌에는 다혼성 들쥐보다 옥시토신 밀도가 더 높은 수용체가 여럿 있음을 알아냈다. 달리 말하면, 더욱 신뢰하는 파트너 관계는 뇌가 옥시토신을 더 많이 흡수하는 동물 사이에서 형성되었다. 이 발견은 옥시토신이 인간에게도 비슷한 효과를 갖는지 알아내려는 연구로 이어졌다.

최근 한 연구에서 피험자들은 다음과 같이 작동하는 '신뢰 게임'에 참가했다. 피험자는 실험자에게 돈을 받고 이 돈에서 얼마를 파트너에게 줄지 결정한다. 그런 다음, 실험자는 피험자가 파트너에게 준 돈의 3배를 파트너에게 준다. 파트너는 받은 돈에서 얼마를 피험자에게 돌려줄지 결정할 수 있다. 이 게임에서는 피험자가 상대방을 믿을수록 받게 되는 총 이익이 더 **많아진다**. 하지만 파트너에게 그 이익을 자신과 나누라고 강요할 수 없기 때문에, 피험자는 파트너가 자신을 신뢰할 것이라고 믿지 못한다면 손해를 볼 수 있다.

실험경제학자들은 사람들이 그 게임을 어떻게 하는지 관찰함으로써 인간 행동에 대한 온갖 결론을 도출해냈다. 여기서 중요한 점은 일부 피험자들의 코에 옥시토신을 뿌리자 파트너에게 더 많은 액수를 떼어주며 파트너를 신뢰할 가능성이 높았다는 점이다. 달리 말하면, 남을 믿는 성향 같은 성격 특징들은 생물학적 요인을 갖고 있는 듯하며, 이는 유전적 기초를 암시하기도 한다.

이제 앞뒤가 연결되었다. 행동은 뇌의 영향을 받고, 뇌는 다시 유전자의 영향을 받는다. 문화는 개인에게 특정 행동을 따를지 선택하라고 압박하는데, 관습에 순응하는 행동은 유전적 성향에 따라 사람마다 쉽거나 어려울 수 있다. 시간이 지나면서 그렇게 하는 것이 '당연해지기 때문에' 그 문화에서 바람직하다고 간주되는 행동을 더 잘 따르게 만드는 유전자의 소유자는 더욱 많아진다. 그런 사람들이 포함되어 있고 그들의 성향을 생산적인 협력에 이용한 집단은 결국 살아남을 것이다. 보이드와 리처슨은 이를 유전자와 문화의 공진화라고 불렀다.

그렇다면 이제 우리 앞에는 유전자와 사회적 역학 관계, 문화, 진화의 영향이 결합된, 발전하는 스토리가 남는다. 물론 각각의 상대적인 영향력을 완전히 파악할 수는 없다. 그것은 '닭과 달걀' 논쟁과 비슷하다. 윌슨은 유전자가 문화에 의해 형성되는 것이 아니라 그 반대라고 믿었다. 하지만 보이드와 리처슨은 인간의 행동과 감정, 믿음이 유전자와 문화적 관습 모두에 의해 형성된다고 주장했다. 문화와 유전자는 서로 영향을 미친다는 이야기다. 그들이 보기에 유전자는 문화에 영향을 줄 수 있는 정도지만, 문화는 광범위하게 유전자의 영향력을 흔들어놓을 정도로 강력하다. 닭(문화)이 달걀(유전자)보다 먼저든 나중이든, 협력하려는 성향이 있는 사람들은 협력을 촉진하는 문화적 관습을 채택할 것이고, 진화는 그런 문화를 선호한다는 점이 중요하다. 그리고 그 결과물이 바로 우리이다.

그렇다면 이기적이고 잔인한 행동, 심지어 사악한 행동이 세상에 여전히 존재한다는 사실을 어떻게 설명할 수 있을까? 이에 대해서는 두 가지 분명한 이유가 있다. 첫 번째로는 상호 호혜 시스템이 완벽하지 않기 때문에 몇몇 사람들이 협력하는 사람들에게 피해를 입히는 이기적인 행동으로 앞서 나갈 여지가 항상 존재한다는 점이다. 이와 비슷하게, 집단 선택에 기초한 시스템이 작동하는 데에 집단 내 모든 개인이 순종할 필요는 없어서 모든 인구 집단에서 이기적인 성향을 지닌 사람들이 일정 비율로 발생할 여지가 있다.(바로 이 사실들, 즉 인간의 행동이 다양하다는 점과 더 나은 협력 시스템이 생겨날 수 있다는 점이 이 책을 쓰는 주요한 이유이다.)

두 번째 이유는 **훌륭하다**와 **협력적이다**는 그 뜻이 항상 같은 게 아니라는 점이다. 실제로 사람들이 범하는 가장 잔인하고 비인간적인 일부 행동은 '협력적인' 사람들이 저질렀다. 우리 문화에서 '협력적'이라는 것은 일반적으로 '착하다'거나 '관대하다'고 간주된다. 한마디로 '훌륭하다'는 이야기다. 이는 문화적 적응에 해당하는 행동으로, 협력을 확대하는 한 가지 방법은 규범에 호소하는 것이다. 하지만 한 사회에서 '훌륭하다'고 간주되는 행동이 다른 사회에서는 아주 다른 도덕적 의미와 형태를 띨 수 있다.

극단적인 민족주의나 폭력단끼리의 싸움을 예로 들어보자. 극단적인 민족주의가 발현되거나 갱들끼리 싸움이 붙었을 때 사람들은 집단의 목표를 위해 희생한다는 점에서 매우 협력적인 방식으로 행동할 수 있다. 하지만 그 집단 밖에서 보면, 이런 행동은 끔찍하고 잔혹한 행위를 야기할 수 있다. 목숨을 걸고 상대편 폭력단원을 죽이려는 사람이나 자살 폭탄범을 생각해보면 알 수 있다. 즉 모든 사람이 협력하려는 성향으로 인해 '훌륭해지는' 것은 아니다. 이는 자신이 속한 문화의 신호에 반응할 수 있고 주변 사람들에게 연대감과 신뢰감, 공감을 느낄 수 있다는 것일 뿐이다. 협력하려는 성향 덕분에 사람들은 **자신이 속한 특정한 문화가 정의내린 바에 따라** 시시비비에 대한 도덕적 판단을 세심하게 할 수 있다. 이런 성향이 훌륭하다고 간주되는 행동에 이용될 여부는 사회적, 문화적 신념에 따라 타인의 행동을 어떻게 해석하는가에 크게 좌우된다.

그렇다면 협력의 진화에 관한 연구는 어떻게 이해할 수 있을까? 이런 새로운 연구 결과는 중요하다. 현재 우리 모습이 어떻게 형성되었는지 이해하는 데 필요한 과학적 토대를 제공하기 때문이다. 한편, 그런 연구 결과는 간접적으로만 유용하다. 유전적, 문화적으로 가지각색인 사람들이 다양한 상황에서 보여줄 반응을 조잡한 수준으로만 예측할 수 있기 때문이다. 따라서 개개인이 공동의 이익을 위해 이타적으로 협력하는 사회를 건설하고자 한다면, 우리가 유전자가 아니라 독특한 심리 상태와 행동 반응, 문화적 관습을 가진 사람들을 위해 사회를 건설하고 있음을 기억해야 한다.

그래도 사람들은 마치 자연이라는 책을 읽듯 자연과학을 계속 검토한다. 사람들은 자신의 기원과 진정한 본성을 이해하고 살아가는 법을 알아내기 위해 계속 과학을 살펴본다. 이는 놀라운 일이 아니다. 과학은 우리 자신과 삶의 목적에 대한 핵심 문제를 처리하는 데 있어 우리가 가진 가장 유력한 도구이다. 우리는 그 포부를 버릴 수 없고, 그럴 필요도 없다. 하지만 동시에 협력의 생물학이 갖는 한계를 이해해야 한다. 협력이라는 중요한 행동을 이해하고자 한다면, 인간행동학과 사회과학, 역사, 기술, 법률, 경영에 관심을 기울여야 한다. 나는 이 모든 접근 방식들을 조금씩 이용하여 인간의 협력을 가능하게 만드는 요인을 파악할 것이다. 각 방식은 큰 그림의 특정 부분을 보여주는 동시에 기존의 신념을 확인하고 관습을 확증하려는 욕구에 약간의 제한을 가하기도 한다. 어떠한 방식도 완벽하지 않지만 더 나은 방식이 있지는 않다. 그냥 그렇게 계속해가는 수밖에 없다.

3장

협력의 심리학적, 사회학적 근거들

워싱턴스퀘어 공원에서 아이들과 놀이터에 앉아 있을 때였다. 한 무리의 아이들이 모래놀이 통에서 땅을 파며 트럭을 갖고 놀고 있었다. 그중 한 아이가 다른 아이의 트럭을 잡아당겼다. 두 아이가 트럭을 놓고 밀고 당기기를 하는 모습을 보고 한 아이 엄마가 끼어들었다. 엄마는 자기 아이에게 친구들과 장난감을 사이 좋게 같이 갖고 놀아야 한다고 참을성 있게 설명해주었다. 결국 아이는 트럭을 내주었고 다른 아이는 이를 드러내며 씩 웃었다. 아이 엄마는 만족한 듯 따뜻한 미소를 보내주었다.

나는 어리벙벙한 표정으로 그 광경을 지켜보았다. 그곳은 뉴욕 시내였다. 아이 엄마는 투자 은행가나 변호사로 보일 정도로 차림새가 훌륭했다. 하지만 행동은 지극히 뻔하고 당연했다. 그녀가 아이와 '협상'한 방식대로 연봉이나 고객의 지분을 협상했다면 완전히 일이 틀어졌을 것이다. 그 단순한 장면에는 무언가 훌륭한 것이 있었다. 그것은 사회적 상황이 타인에 대한 우리의 반응을 어떻게 형성하는지, 우리가 어떻게 사회화되고 주변 사람들을 어떻게 사회화하는지 세련되게 짚어내었다. 또한 어떤 상황에서는 지독한 이기심을 초월하면서도 또 다른 상황에서는 이익에 주의하는 능력을 유지하는 등, 사회에 잘 적응해온 정상적인 성인이라면 각기 다른 상황에서 다르게 행동할 수 있도록 어떻게 삶을 효율적으로 구분하는지도 정확히 짚어내었다.

앞 장에서 협력의 기초가 되는 진화적 요소, 즉 어떤 사회와 사람들은 살아남아 번성한 반면, 덜 협력적인 다른 사회는 그렇지 못한 이유를 설명했다면, 이번 장에서는 인간이 상황별로 얼마나 협력적으로 행동하는지를 결정하는 심리적, 사회적 요인들을 살펴볼 것이다. 일단 방금 전 놀이터에서 작용한 기본적인 요소들에 대해 생각해보자. 가장 분명한 점은 "그 트럭은 **내 거야**."라고 말하는 물리적인 자기 이익이 존재한다는 것이다. 도덕 발달에 관한 연구는 심리학에서 더 이상 '인기' 없긴 하지만, 장 피아제(Jean Piaget)와 로렌스 콜버그(Lawrence Kohlberg)의 대표 저서와 최근 연구는 아동의 성숙 과정에서 도덕성과 순응이 발달한다는 사실과 의견을 같이한다. 3, 4세 이전의 어린아이들은 자기 자신과 관련된 세상만 볼 수 있다. 피아제의 표현에 따르면, 자기중심적인 단계이다. 시간이 지나면서 아이들은 규칙을 인정하고 따르는 능력을 키우지만, 도덕성이 발달하는 것은 타인의 관점에서 세상을 보거나 옳고 그름에 대한 추상적인 개념을 이해할 수 있게 된 뒤이다.

심리학 내에서 도덕성이 **정확히** 어떻게 발달하는지(와 어떤 교육 방식이 아동의 도덕적 감수성 발달에 가장 도움이 되는지와 같은 상세한 내용)에 대해서는 의견이 엇갈리지만, 일반적인 방향에 대해서는 상당히 의견이 일치하는 듯하다. 또한 옳고 그름에 대한 추상적인 개념이 발달하더라도 그 개념들은 상황에 매우 민감하다는 점에도 상당히 의견이 일치한다. 장난감을 같이 갖고 노는 일이든, 사업이 힘든 해에 회사 이익을 위해 임금 인상이나 보너스를 희생하는 일처럼 불분명한 일이든, 상황을 어떻게 해석하는가는 인간의 협력 여부를 결정짓는 일단의 감정적, 인지적 반응을 야기한다.

이런 상황의 단서와 반응은 2장에서 설명한 진화의 요인보다 서로 훨씬 더 연관되어 있다. 위키피디아나 사회적 기업 키바(Kiva.org) 같은 기술 플랫폼이든, 기업의 경영 구조처럼 조직의 기초든, 아니면 일부 공유 자원을 관리하는 법률이든, 인간의 협력 시스템을 설계하는 작업에 관한 한 그렇다. 어쨌든 우리가 실제로 가장 알고 싶은 것은 사람들이 이기적인 방식보다는 협력적인 방식으로 대응하도록 만드는 방법이다. 그러나 이 해답에 도달하는 방법은 한 가지가 아니다. 때때로 우리는 이론에 의지하기도 하고 엄격한 실험에 의지하기도 할 것이다. 가끔은 실생활에서 얻은 성공적인 일화같이 단편적인 증거에 의지하기도 할 것이다. 적어도 지금으로서는 이보다 더 나은 방법이 없는 듯하다. 분명, 사람들이 전적으로 이익에 의해서만 움직인다고 추정하는 경제 모델은 매우 부분적으로만 작동한다. 심리학과 사회학의 모델들은 더 미묘한 차이를 담고 있지만, 덜 정확하다. 그리고 사례 연구가 항상 다른 사례에 적용 가능하거나 일반화될 수는 없다. 따라서 협력을 완벽하게 이해하려면, 이 모든 방식을 합해야 한다.

심리학은 인간의 행동을 경제학이나 경영학, 진화생물학보다 더 많이 더 폭넓게 조사한다고 많은 이들이 주장한다. 우선, 심리학은 사람들이 단순히 개인의 이익이 아니라 아주 많은 (종종 무의식적인) 욕구와 목표, 가치에 의해 움직인다는 사실을 인정한다. 또 그 욕구와 목표, 가치는 고정된 것이 아니라 상황에 따라 달라진다는 사실도 인정한다. 그리고 모든 사람이 동일한 단서와 상황에 대해 똑같이 반응하는 것은 아니라는 사실도 인정하며, 개인차와 성격의 역할 또한 파헤친다.

먼저 기본적인 동인 혹은 동기인 인간의 욕구와 목표, 가치를 살펴보자. 욕구를 다룬 가장 유명한 심리학 이론으로 에이브러햄 매슬로 (Abraham Maslow)의 단계론을 들 수 있다. 이 이론에 따르면 피라미드의 맨 밑단에 기본적인 생리적 욕구가 위치하고 그 위로 안전 욕구, 애정과 소속감 욕구, 존경 욕구, 자아실현 욕구가 뒤따른다. 욕구에 관한 또 다른 이론으로 에드워드 데시(Edward Deci)와 리처드 라이언 (Richard Ryan)의 이론이 있다. 이들의 이론은 인간에게 자율성, 역량, 소속감의 세 가지 기본 욕구가 있다고 가정한다.

목표는 인간의 행동을 일으키는 데 더욱 적극적인 역할을 한다고 여겨진다. 즉 사람들은 목표가 있을 때 더욱 의도적으로 움직인다. 동인의 가치는 더욱 사회 지향적이다. 이 주제를 다룬 샬롬 슈바르츠

(Shalom Schwartz)의 광범위한 연구에 따르면, 가치에는 자선이나 보편주의, 전통 같은 것 외에 쾌락이나 성취, 자극같이 더욱 이기적인 동기 요인도 포함된다. '가치'에는 '자극'이 포함된 반면 '욕구'에는 '타인의 존경이나 도덕성'이 포함되어 있기 때문에, 나는 가치와 욕구를 서로 교환 가능한 것으로 다룬다. 우리의 목적을 위해서는 이런 미묘한 차이가 별로 중요하지 않다. 중요한 점은 개개인은 단순히 물질적인 보상 외에 의식적인 요인 같은 다양한 요인에 의해 동기부여 된다는 사실이다. 사람들에게 동기를 부여하는 보상은 물질적일 수도 있지만(예를 들어, 배고픔이나 고통을 피하려면 돈이 필요하다.) 사회적일 수도(예를 들면, 존경을 받거나 수치심을 피하려고) 있다. 자신에게 가장 중요한 것은 상황마다 크게 다를 수 있다.

한 가지 예를 들어보겠다. 아이들을 음악 학원에 내려주고 돌아가고 있을 때였다. 내 차 앞에 어떤 아이와 엄마가 있었다. 엄마는 두세 살 정도로 보이는 아들을 차에 태우려고 아이와 입씨름을 하고 있었다. 엄마는 이렇게 말했다. "다섯을 셀 때까지 울음 그치고 차에 타지 않으면 용돈을 5센트 깎을 거야. 다섯, 넷, 셋……, 둘, 하나. 좋아, 5센트 깎였어. 지금 당장 차에 타든지, 아니면 또 한 번 5센트 깎이는 거야." 아이는 계속 발을 구르며 차 밖에 서 있었다. 아이는 용돈에 관심이 없었다. 두세 살에는 그런 이야기를 제대로 이해할 리가 없고 엄마의 요구를 따를 정도로 자기 행동을 조절할 수도 없다. 용돈이 줄어든다는 것은 아이에게 너무 난해한 개념이다.

거기는 하버드대학과 MIT가 있는 매사추세츠 주 캠브리지였다. 이 엄마는 경제학자일지도 모른다. 아니 경제학과 학생일 가능성이 더 높다. 이 엄마의 행동은 사람들이 다양한 동기 요인에 보이는 반응에 대해 지나치게 단순한 가정을 하는 모델로 인생을 관리할 때 생기는 위험을 극적으로 보여주었다. 모든 형태의 동기를 '인센티브'로 생각하면 심각한 실수를 저지를 수 있다. 욕구와 목표, 가치는 상황마다 다를 수 있기 때문이다. 그 엄마는 벌을 주겠다고 으르는 대신, "엄마는 널 사랑해. **정말로** 다 큰 아이처럼 혼자 차에 탈 수 있지?"라고 말하며 인정과 애정에 대한 아이의 욕구를 이용할 수도 있었다. 나는 이 작전이 훨씬 효과적이라고 증명해주는 수학 모델을 쉽게 제시할 수 있다. "아들은 엄마의 사랑을 소중하게 여긴다."는 매개 변수만 추가하면 된다. 하지만 그런 모델은 내가 다른 데서 배운 것을 옮겨 적는 것에 불과하다. 그것은 인간의 동기를 이해하는 데 도움이 되지 않는다. 바로 그 때문에 우리는 심리학에 의지해야 한다.

하나의 틀로 세상을 보다

이제 우리는 심리학의 두 번째 장점, 즉 심리학이 상황의 틀에 관심을 갖는다는 점을 알게 되었다. 간단하게 말해서, 틀은 어떤 상황이나 관계, 맥락, 사건에 대한 해석을 가리킨다. 우리는 어떻게 행동할지 결정할 때마다 일단 자신이 처한 상황을 해석해야 한다. 마지못한 듯하지만, 경제학자들조차 이 사실을 인정했다. 행동경제학은 이를 틀 효과

(framing effect)라고 설명한다. 행동경제학의 창시자인 아모스 트버스키(Amos Tversky)와 대니얼 카네먼(Daniel Kahneman)은 상황을 어떻게 제시하느냐에 따라 사람들이 다른 결정을 내린다고 설명한다. 예를 들어 사람들은 내기를 걸 때, 그 내기가 손실을 무릅쓰는 일이라고 설명하는지 이익을 목표로 하는 일이라고 설명하는지에 따라 다른 금액을 건다.(행동경제학자들은 사람들이 종종 '손실 혐오[loss aversion]'라 불리는 행동을 보여준다는 사실을 알게 되었다. 사람들은 손실 가능성이 있다고 설명된 내기는 거부하지만, 같은 내기라도 이익을 얻을 수 있다고 설명하면 받아들인다.) 수많은 실험에 의해 다양한 상황에서 똑같이 나타나는 강력한 틀 효과가 증명되었다.

오늘날 '틀'이 이런 '불합리한 행동'을 통해 널리 알려졌지만, 상황과 함께 사람들이 원하는 바와 그들이 할 수 있거나 해야 하는 일에 상황이 미치는 영향은 사회심리학의 오래된 구성 요소이다. 사회학자 어빙 고프먼(Erving Goffman)은 이를 틀 분석이라고 불렀다. 아주 단순한 상황에서도, 상황의 틀이 협력에 미칠 영향을 이해하기는 비교적 쉽다. 특히 단순한 한 가지 예는 월가/공동체 게임 실험이다. 심리학자 리 로스(Lee Ross)와 동료들은 피험자들을 두 집단으로 나눈 다음, 널리 알려진 죄수의 딜레마 게임을 하게 했다. 이 게임에서는 두 사람에게 다음과 같은 제의를 한다. 만약 A라는 사람이 협력하고 B는 거절할 경우, B는 10달러를 받고 A는 한 푼도 받지 못한다. 그리고 B가 협력하고 A가 거절할 경우, A는 10달러를 받고 B는 한 푼도 받지 못한다. 두 사람 모두 협력하지 않을 경우엔 둘 다 2달러를 받고, 두 사람 모두 협력할 경우엔 각각 5달러를 받는다. 두 사람은 상대가 어떻게 할지 모르는 상태에서 결정을 내려야 한다. 두 사람이 협력을 하는 경우는 둘 다 '배신'을 하는 경우보다 돈을 더 많이 받을 게 분명하다. 그러나 두 사람 모두, 상대가 협력할 것으로 믿을 수 없는 상태에서 최고의 결과를 만들기 위해 행동할 것이기 때문에, 게임 이론은 두 사람 모두 협력을 선택하여 한 푼도 못 받는 위험을 감수하는 대신 2달러라도 받기 위해 배신할 것이라고 확실히 예측한다. 하지만 실제로 많은 실험 게임에 따르면, 피험자들은 이론적인 예측보다 훨씬 더 많이 협력한다.

로스는 이 게임을 조금 변형했는데 여기서 특별한 점은 한 집단에게는 '공동체 게임'을 할 거라고 말하고 다른 집단에게는 '월가 게임'을 할 거라고 말했다는 점이다. 규칙과 지불금은 동일했다. 유일한 차이는 게임의 명칭(달리 말하면, 틀)이었다. 실험 결과에 따르면, 사람들의 협력 의향은 극적으로 달랐다. 공동체 게임을 한다고 들은 사람들은 70퍼센트 정도가 협력한 반면, 월가 게임을 한다고 들은 사람들은 33퍼센트 정도만 협력했다. 협력이나 '좋게 나눈다'를 의미하는 **공동체**나, 공격적이고 이기적인 것을 의미하는 **월가**처럼 문화적 의미가 담긴 말들을 사용하는 것만으로도 그런 성향을 이끌어내는 데 충분했다. 이런 명칭은 상대의 행동을 추측할 때 영향을 미침으로써 참가자들의 행동을 흔들어놓았을 것이다. 달리 말하면, 상대편이 지금 '공동체 게임'을 하고 있다고 믿는다는 사실을 알고 있을 경우 상대가 협력할 거라고 기대할 수 있기 때문에 본인도 위험을 무릅쓰고 협력을 도모하려는 의향이 더 커질 수 있다.(사람들은 이기적인 사람은 물론 쉽게 속는 사람으로 취급받기를 원치 않는다.) 이 결과가 문화적 함의와 관련 있든, 다른 사람들에 대한 예측과 관련 있든, 한 가지는 분명했다. 상황의 틀은 협력을 이끌어내는 정도에 커다란 차이를 야기했다. 이 실험은 미국 대학생부터 이스라엘 공군 조종사에 이르는 다양한 집단을 상대로 이루어졌는데, 결과는 동일했다.

로스는 또 다른 실험에서 피험자들의 선생님과 지휘관 들에게 이미 알고 있는 학생들의 성격을 토대로 누가 협력하고 배신할지 예측해달라고 요청했는데, 그들보다 게임의 틀을 규정짓는 방식이 사람들의 실제 행동을 훨씬 더 잘 예측해냈다. 평소에 이기적이고 자기만 아는 사람들도 단순히 이름만 바꾸어 '공동체 게임'으로 다시 실험을 하면 협력 쪽으로 태도를 바꾸었다. 그 반대도 마찬가지였다.

이제 우리는 인간을 협력적으로, 혹은 이기적으로 행동하게 만드는 요인을 이해하는 데 필요한 중요한 심리학적 특징 두 가지를 확보했다. 첫째는 인간에게 다양한 욕구와 목표가 있다는 사실이고 둘째는 행동을 유발하는(혹은 일부 심리학자들이 지적하듯, '작동시키는') 방법을 결정하는 데 있어 상황이 중요하다는 사실이다.

행동 예측 시 고려해야 할, 심리학의 세 번째 중요한 변수는 개인차, 즉 성격이다. 오늘날 사회심리학이나 인지심리학 분야의 많은 연구는 개인차보다는 '평균적인' 반응에 관심을 갖는다. 즉 **대다수**의 사람들이 특정한 상황에 어떻게 반응하는지, 그리고 어떤 반응이 평균과 다른 비정상적인 반응으로 간주되는지에 초점을 둔다. 그러나 성격 연구는 차이에 초점을 둔다. **이 사람**이 특정한 상황에서 일반적인 사람과는 달리 무엇을 할지, 어떻게 예측할지에 관심을 갖는 것이다. 욕구, 목표, 가치와 마찬가지로 성격 규정 방식에도 여러 가지가 있다. 성격 유형을 나타내는 데 가장 널리 사용되는 기준은 심리학자들이 '5대 요인(the Big Five)'이라고 말하는 개방성, 성실성, 외향성, 우호성, 신경증 성향이다. 이 요인 중 일부가 협력하려는 성향을 어떻게 예측할지는 쉽게 이해할 수 있다. 예를 들어 성실한 사람은 옳은 일이나 적절한 일에 대한 신호나 사회 규칙을 따를 가능성이 높다.(바로 그 때문에 나는 2장에서 투표 같은 현대의 협력적 관습을 설명하는 데 성격을 이용했다.) 개방적인 사람은 남을 더 믿고 남과 함께 일하려는 마음이 클 것이다. 이런 요인들은 상당히 직관적이다. 그러나 특정한 성격 특징이 협력에 미치는 영향을 구체적으로 다룬 연구 내용은 그리 많지 않다. 또한 개인 성향이 협력적인 상황이나 신호에 더 혹은 덜 반응하게 만드는 과정에 미치는 영향 또한 제대로 연구되지 않았다.

　실험을 통해 확실히 알 수 있는 내용은 사람들이 같은 상황에서 다르게 행동한다는 점이다. 어떤 사람들은 협력하지만 어떤 사람들은 그렇지 않다. 하지만 근본적으로 이기적인 사람들이 있는가 하면, 근본적으로 착하고 믿을 만하고 협력적인 사람들이 있다는 오래된 통념이 과학적으로도 유효한지 여부는 이제까지 제대로 연구되지 않았다. 직관적으로 그 통념은 그럴듯하다. 하지만 우리는 '착한 사람도 가끔 나쁜 짓을 한다'는 사실을 알고 있다. 그리고 4장에서 살펴보겠지만, 협력적인 사람들이 때로는 남에게 큰 피해를 입히는 방식으로 행동할 수도 있다. 그렇다면 사람들이 집단의 이익에 도움이 되는 방식으로 협력하도록 자극하는 시스템을 어떻게 설계할까? 우리는 심리학 이외의 분야를 살펴보면서 사람들이 집단의 이익에 도움이 되게 행동하도록 유도하는 생물학적, 사회적 요인들도 조사해야 한다.

최근 신경과학 분야에서 특정 행동이 뇌의 기능과 어떻게 연결되어 있는지에 대해 광범위한 연구가 이루어졌다. 섬세한 뇌 영상 기술을 이용하는 이 새로운 연구 분야는 생물학에 가깝고 원인과 결과를 명확히 밝혀준다. 이를테면, 피험자 코에 옥시토신을 뿌리면 남을 더욱 믿는 행동을 보여준다. 이런 연구 내용은 많은 과학적 관심을 받고 있다. 사회과학에서 경제학이 급부상한 경우처럼, 신경과학 분야의 이런 연구가 관심을 받는 것은 부분적으로는 정확하고 확고한 해답(다른 심리학 분야에서 등장한, 엉성한 이론에 비해서는)에 대한 관심과 관계 있어 보인다. 그런데 특정한 감정적 반응을 보일 때 뇌의 어떤 부분이 '밝아지는지' 아는 것은 확실히 흥미롭고 유용하지만, 제대로 기능하는 시스템을 설계할 때 이를 토대로 삼기에는 두 가지 취약점이 있다. 첫 번째는 특정한 자극이나 신호에 뇌의 **여러** 부분이 함께 반응하는 경우가 많다는 점이다. 한 유전자가 인간의 모든 행동을 일으키지는 않는 것처럼, 어떤 상황에 대한 완벽하고 풍부한 반응도 생물학적 메커니즘으로 완벽히 축소될 수는 없다. 두 번째 취약점은 뇌의 영역 대부분이 서로 다른 다양한 반응과 관련 있다는 점이다. 의식이 신체적이라는 생각과 뇌의 특정 영역에 행동이나 감정을 고정시킬 수 있다는 생각은 매력적인 동시에 확실히 생물학적 문제이다. 하지만 뇌에서 이루어지는 반응과 상호작용의 유연성은 이런 연구 결과를 효과적인 행동 계획으로 해석하는 것이 매우 불확실한 일임을 암시한다. 중독처럼 신체적으로 나타나는 사회현상이나 정신병 같은 폭력적인 질환을 연구하고 있다면, 생물학이 중요한 지식을 줄 것이다. 하지만 다양한 상황에 처한 정상적인 인간의 정상적인 기능에 초점을 맞출 경우, 생물학에서 얻을 수 있는 이익은 적다.

확실히 신경과학은 사람들이 협력할 때 유발되는 보상 회로가 존재함을 증명하는 데는 도움이 된다. 적어도 일부 사람들은, 협력할 때 기분이 좋아지기 때문에 선택이 주어질 경우, 정말로 협력하고 싶어 한다는 주장에 과학적 근거를 제공해준다. 케빈 맥카베(Kevin McCabe)와 동료들은 실제로 사람들이 타인들을 믿을 때 보상을 받는다는 사실을 입증했다. 제임스 릴링(James Rilling)과 동료들은 사람들이 컴퓨터를 할 때와 타인들과 함께 놀 때 뇌에서 각기 다른 빛이 난다고 지적했다. 하지만 인간의 행동은 매우 복잡하며 뇌에 대한 신경과학적, 생물학적 이해만으로는 행동의 정확한 유형이나 사회적 신호, 상황에 대한 정확한 반응을 완벽히 설명해내지 못한다. 진화론과 마찬가지로, 도덕성이나 행동에 관한 대부분의 문제에 적용되는 뇌생물학도 실제 사회 시스템에서 협력을 증진시키는 방법에 관해서는 구체적인 해답을 거의 주지 못한다. 인간 행동에서 공감 능력이나 도덕성의 역할에 관한 연구를 보완해주는 생산적이고 통찰력 있는 신경과학 및 생물학 연구가 존재하지만, 협력과 관련된 생물학적 뇌 기능을 정확히 지적해내는 것은 아직 요원하다.(다음번 UN 안전보장이사회 회의 때 옥시토신을 공중에 살포해보면 흥미로운 일이 생길지도 모른다. 하지만 그런 실험은 국제조약 협상보다는 자동차 대리점의 환기 장치에서 이루어질 가능성이 더 크다.)

인맥, 평판, 그리고 사회적 전염

뉴욕 시에서는 수위 일에 지원하기가 힘들다고 한다. 구인 광고도, 직위 공모도, 인터넷 원서 접수도 없다. 몇 년 전 피터 비어먼(Peter Bearman)이 지적했듯, 뉴욕에서 수위 되기는 불가능한 동시에 아주 쉽다. 뉴욕의 수위는 인맥으로만 채용된다. 믿을 수 없는 수위를 채용하는 위험이 너무 커서 전통적인 시장만으로는 그 위험을 피하기가 충분하지 않다. 사회적 인맥과 평판에 기반해 선택된 수위는 믿음이 필요한 그 자리를 악용하지 않으리라 보장할 수 있다. 적어도 뉴욕 시 공동주택과 아파트 관리자들은 그렇게 생각하는 것 같다.

평판과 인맥이 경제활동에 중요하다는 생각은 40여 년 전에 사회적 자본이라는 개념을 소개한 마크 그래노베터(Mark Granovetter)의 저서 『직업 구하기(Getting a Job)』의 기초였다. 이 생각은 단순하다. 직원이나 관리자를 더욱 소중하게 만드는 무언가가 있는데, 그것은 당사자의 학력이나 기술, 노력이 아니라 사회적 연결망과 관련 있다. 즉 아는 사람들로 가득 찬 주소록이 경제적 자산이 된다는 이야기다.

사회적 자본은 협력을 증진시키는 세 가지 주요한 사회적 원동력 중 하나로 그중 이기심 가설과 가장 비슷하다. 일자리를 구하는 데 도움을 주는 경우처럼 시간이 지나면서 이익을 증가시켜줄 수 있기 때문이다. 그런데 사회적 자본이 주는 이익은 단순한 물질적인 동기를 넘어선다. 사회적 자본은 항상 돈으로 살 수 있는 것은 아니라서 금융자본과 전적으로 다르다.

당신이 근사한 법률 회사에서 면접을 보고 있다고 치자. 당신은 합격에 도움이 되는 두 가지 수단 중에 하나를 선택할 수 있다. 첫 번째는 5만 달러가 든 봉투로, 회사의 채용 담당자에게 건넬 수 있다. 두 번째는 그 채용 담당의 법대 동기로 초창기에 검사로 함께 활동했고 요즘은 1년에 두세 번씩 사교 모임에서 얼굴을 보는 당신 삼촌의 추천서가 담긴 봉투이다. 어떤 봉투가 당신의 합격 가능성을 높여줄까? 적어도 미국에서 인정받는 대형 법률 회사라면, 답은 확실하다. 채용 담당자에게 5만 달러를 주면, 그는 그것을 '뇌물'로 간주하여 당신이 부적격자라고 생각할 것이다. 그러나 추천서를 주면, 도움이 될 가능성이 높으며, 어쩌면 채용에 결정적일 수도 있다. 중요한 점은 사회에서 이루어지는 일부 상호작용이나 교환에서는 돈보다 사회적 관계가 더 유용하고 소중하다는 사실이다. 돈으로 투표권을 사는 경우처럼 법에 어긋나기 때문에 돈이 유용하지 않을 때가 있다. 그리고 위의 사례처럼 사회적 관습이나 윤리적 규칙 때문에 돈이 유용하지 않을 때도 있다. 요컨대 사회적 관계는 자체 통화를 갖고 있다. 법률 회사에서 그것은 다음과 같이 작동할 수 있다. 삼촌은 당신의 취직에 사회적 자본을 쓰고, 채용 담당자는 당신을 채용함으로써 당신 삼촌 및 당신과의 사회적 자본을 키울 것이다. 이 자본은 사회적 자본과 비슷하게 교환되는 자원, 예를 들면 행사 초대장이나 취업 기회 소식 등으로 교환될 수 있다.

이 사례에서 사회적 자본은 개인 간에 발생하지만, 평판과 같은 간접적인 방식을 통해 교환될 수도 있다. 사람들은 친절하고 마음이 넓고 믿을 만한 사람으로 보일 때 이점이 있음을 알고 있다. 실제로 경제학 실험에서는 다른 참가자들이 자신의 행동을 보고 있다는 사실을 알고 있을 때 사람들은 더 협력적으로 행동한다. 친절하다고 알려진 사람에게 더 나은 대접을 해줄 거라고 예상하기 때문이다. 구매자가 거래에 얼마나 만족했는지에 따라 판매자 등급을 매기는 이베이(eBay) 시스템 같은 평판 메커니즘은 온라인 협력 시스템에서 널리 보급되어 있을 뿐 아니라 사람들을 정직하게 만드는 데 중요한 역할을 한다. 따라서 협력 시스템을 설계할 때, 사람들이 평판을 구축하고 그것을 보여주는 방법을 만드는 작업의 중요성을 과소평가하기는 어렵다.

하지만 평판과 사회적 자본이 협력 시스템에서 작동하는 유일한 원동력은 결코 아니다. 또 다른 중요한 요소로 사회적 학습이 있다. 많은 증거에 따르면, 어떤 상황에서든 인간의 행동은 자신이 목격한 주변 사람들의 행동에 크게 영향 받는다. 과자를 하나 더 먹을지 말지와 같이 겉으로 보기에 단순하고 개인적인 결정을 생각해보자. 그것은 정말로 개인적인 결정 같다. 사람들은 의지력을 발휘하거나 실패하고 만다. 과자를 또 먹거나 참는 것이다. 때로 다른 사람을 보며 이렇게 생각한다. "나도 저렇게 살이 안 찌는 체질이면 좋을 텐데." 나도 그런다. 그런데 만약 2007년 7월의 어느 아침에 눈을 떠서 체중과 벌이는 투쟁이 과자를 너무 많이 먹기로 한 결정 때문이 아니라는 사실을 알게 된다면 얼마나 놀랍겠는가. 실제로 비만은 친구와 형제자매, 배우자로

부터 '전염된다.' 이는 정확한 사실은 아니더라도 충분히 흥미로운 이야기이다. 니콜러스 크리스타키스(Nicholas Christakis)와 제임스 파울러(James Fowler)는 1971년부터 2003년까지 프레이밍햄 심장병 조사(Framingham Heart Study)에 참가한 1만 2000여 명의 비만 문제를 연구했다. 참가자들의 사회적 유대 관계를 살펴본 그들은 뚱뚱한 사람의 친구나 형제자매, 배우자가 뚱뚱한 편이라는 사실을 알아냈다. 이 사실은 그렇게 놀랍지 않다. 뚱뚱한 사람들끼리 뭉치는 경향이 있다고 추측할 수도 있으니까. 형제자매나 배우자처럼 식습관이 같은 사람들은 같이 뚱뚱해질 것이다. 하지만 이 연구에서 파악된 체중 증가 시기는 이것이 다가 아님을 증명해주었다. 사람들은 친구와 가족이 뚱뚱해진 **이후에** 뚱뚱해졌기 때문이다. 즉 비만은 사회적 연결망을 통해 바이러스처럼 번지고 있었다. 연구에 따르면, 친구가 뚱뚱해질 경우 본인이 뚱뚱해질 위험이 57퍼센트가 증가했고, 형제자매가 뚱뚱해질 경우에는 40퍼센트가 증가했다. 배우자가 뚱뚱해질 경우 그 위험은 37퍼센트가 커졌다. 요컨대, 사람들은 자기 주변 사람들의 먹는 행동에 '전염되고' 있었다.

사회적 학습이 먹는 음식이나 양에 영향을 미친다면 사람들이 협력하는 정도에도 영향을 미칠 것이다. 한 가지 흥미로운 예는 조세 복종에 관한 연구이다. 1986년에 세제개혁법(Tax Reform Act)이 통과된 이후, 입법자들은 회계감사나 처벌을 받을 수 있기 때문에 새로운 세법에 대한 복종이 증가할 거라고 추측했다. 하지만 그렇지 않았다. 사람들의 복종을 예측한 유일한 요인은 처벌이나 위협 정도, 체포 가능성이 아니라 법이 실행되기까지 여러 달 동안 **대화를 나눈 상대**였다. 새로운 세제개혁법에 복종할 거라고 말하는 사람들과 대화한 사람들은 나중에 자신도 복종할 생각이라고 말했다. 그 반대 또한 마찬가지였다. 비슷한 실험에서 미네소타 국세청은 일부 납세자들에게 편지를 보내 많은 시민들이 당당히 세금을 부담할 거라는 사실을 알렸는데(미국의 자발적인 복종 수준은 80퍼센트 이상으로 세계적으로 높은 수준이다), 다른 모든 기준을 고려하더라도 국세청 편지를 받은 납세자들이 약간 더 많은 소득을 신고했다는 사실을 알 수 있었다. 호주 국세청이 납세자들에게 편지를 보내 대부분의 납세자들이 지나친 세금 공제 요구가 잘못이라고 믿는다는 사실을 알리며 유사한 연구 조사를 실시했을 때도 사람들을 계속 정직하게 만드는 데는 사회적 학습이 훨씬 더 효과적임이 드러났다. 이런 결과는 부분적으로 사람들이 사회적 관습을 따르려는 것과 관련 있다. 그러려면 남들이 어떻게 하는지 알아야 한다. 사회적으로 적합한 행동이 무엇인지 관찰하고 학습할 수 있어야 하는 것이다. 그렇게 한 사람들은 대체로 그것을 좇는 경향이 있다. 즉 당신이 어울리는 사람들이 협력적이면 당신 또한 협력적일 가능성이 커진다.

협력에 작동하는 사회적 원동력은 한 가지 더 있다. 다른 사람들과 연대감을 느끼고 공동체에 소속감을 느끼고 집단의 이익을 위해 자신의 행복을 기꺼이 희생할 정도로 그 공동체나 집단에 신경 쓰는 인간의 능력이다. 이는 부분적으로 이 장을 시작하면서 언급한 몇 가지 심리적인 동기부여 원인, 특히 인간관계에 대한 기본적인 욕구와 관련 있다. 인간은 남을 필요로 하도록 만들어진 듯하다. 예민한 십 대라면 사회적 고립만큼 심신을 쇠약하게 만드는 고통스러운 처벌도 없을 거라고 말할 것이다.(감옥에서도 최고의 벌은 독방 감금이다.) 인간관계에 대한 욕구에 반응하는 행동은 협력 시스템을 설계할 때 상당히 유용할 수 있다. 5장에서 다시 살펴보겠지만, 인간관계를 수립하고 강화할 수 있게 해주는 방법을 고안해내는 것만으로도 참여를 크게 늘릴 수 있다. 나중에 협력을 촉진하기 위해 다양한 조직들이 이용하는 전략에 대해 이야기할 때, 공동체 의식과 사회적 연대감을 형성하는 작업이 가장 효과적인 전략 중 하나라는 증거가 풍부함을 알게 될 것이다. 인간은 독립적인 개인인 만큼 사회적 존재이기도 하다. 인간이 개인인 동시에 사회적 존재가 되도록 하는 시스템은 둘 중 하나만 생각하는 시스템보다 더 훌륭하게 작동한다.

다음 몇 장에서 나는 인간이 생각보다 훨씬 더 협력적인 동물이라는 데 대한 사회학, 심리학, 심지어 생물학적 증거를 더욱 자세히 제공할 것이다. 각 학문에서 인간을 움직이는 많은 요인을 알게 되었지만, 아직 이 모든 실마리들이 인간 행동을 이해하는 하나의 이론으로 합쳐지지는 않았다. 우리는 인간이 남에게 마음을 쓴다는 사실을 알고 있다. 공감 능력이 있고 자연스럽게 집단과의 연대감을 느낀다는 사실도 알고 있다. 또한 인간이 옳고 정당하다고 생각하는 방식으로 행동할 능력이 있을 뿐 아니라 사회적 관습을 따른다는 사실도 알고 있다. 또한 사회적 역학 관계, 즉 남들이 무엇을 하고 자신에 대해 어떻게 생각하는지에 많이 신경 쓴다는 사실도 알고 있다. 그리고 이런 사실들이 경우에 따라 다르게 적용된다는 사실도 알고 있다. 하지만 각 사람들이 특정한 시점에 어떻게 행동할지 예측할 수는 없다. 우리가 할 수 있는 것, 즉 내가 지금부터 자세히 설명하려는 것은 다음과 같은 근본적인 질문의 해답을 찾기 위해 인간에 대해 알고 있는 것을 종합하는 과정이다. 우리는 어떻게 '리바이어던'의 전략인 처벌의 두려움이나, 인센티브, 당근, 돈과 같은 '보이지 않는 손'에만 의지하지 않으면서 인간이 최악의 모습을 보이지 않도록 협력 시스템을 구축할 수 있을까? 즉 협력의 과학을 어떻게 체계적으로 이용하여 펭귄의 전략을 개선할 수 있을까? 어떻게 서로를 이용하고 서로에게 동기를 부여하여 최고의 모습이 될 수 있을까?

4장

공감과 연대감은 강력하다

우리 가족은 영화 「태양의 제국」의 오프닝 장면을 결코 잊을 수가 없다. 2차대전을 배경으로 한 이 영화에서 주인공 소년은 일본군의 2차 진격을 피해 미친 듯이 도망치는 상하이 군중 속에서 부모를 잃는다. 아이는 주변을 둘러보지만, 모르는 어른들의 다리와 등 외에 아무것도 보이지 않는다. 내 아들은 이 영화를 계속 보지 못했다. 자기 또래 소년에게서 느낀 본능적이고 즉각적인 고통과 공포감이 대단했던 모양이다. 나도 「지붕 위의 바이올린」에서 테비에가, 사랑하는 남자를 따라 시베리아로 떠나는 딸, 호델에게 기차역에서 작별 인사를 할 때 눈물을 흘렸다. 그 이야기를 하는 것만으로도 가슴이 아프다. 그 영화의 팬이라면, 이 글을 읽기만 해도 나와 똑같은 아픔을 느낄 것이다. 이렇게 우리는 타인의 고통을 자기 것인 양 경험한다.

우리는 남에게 관심을 가진다. 자녀와 부모를 좋아하고 형제자매와 친구, 동료에게 마음을 쓴다. 한 번도 만난 적 없는 사람들에게도 어느 정도 관심을 가지며, 영화 속 인물처럼 허구의 인물에게도 관심을 갖는다. 지구 반대편에 있는, 전쟁의 폐허나 허리케인에 무너진 집 더미 속의 아이나 병이나 기근으로 허약해진 아이 때문에 눈물짓는 부모를 보고 연민과 공감을 조금도 느끼지 않는 사람이 있을까? 단순히 그들의 처지가 어떨 거라고 상상해서만은 아니다. 인간은 본능적이고 감정적으로 반응하며 그들을 가여워한다. 우리는 그들을 **느낄** 수 있다.

공감은 광범위하게 연구된 현상이다. 1980년대에 이루어진 초기의 일부 연구는 가장 기초적인 현상, 즉 다른 아기가 우는 소리를 듣고 울기 시작하는 아기들의 행동에 집중되었다. 초기의 많은 연구는 인간의 공감 능력이 인지적, 감정적으로 어떻게 발달하는지 탐구했다. 공감에 대해 가장 광범위하게 연구한 심리학자인 마틴 호프먼(Martin Hoffman)과 낸시 아이젠버그(Nancy Eisenberg)는 공감을, 타인의 감정 상태를 확인한 다음 그 상태를 **그대로 모방하기 위해** 협력적으로 작동하는 인지적 반응과 감정적 반응의 결합으로 정의한다. 공감은 단순히 다른 사람을 불쌍하게 여기는 동정과는 다르다. 공감은 타인의 감정을 똑같이 비추어 경험하는 인간의 능력이다.

신경과학의 발전은 공감의 생물학적 기초를 일부 확인해내는 데 도움을 주었다. 타니아 싱어(Tania Singer)를 비롯한 학자들은 서로 사랑하는 남녀에게 일정 간격을 두고 작은 전기 충격을 준 다음 그들의 뇌 반응을 지켜보는 연구를 실시했다. 전기 충격을 받은 여성들의 뇌는 세 영역에서 활성화되었다. 뇌의 한 영역이 신체적 고통을 처리하는 동안, 다른 두 영역은 자신이 받고 있는 고통에 대한 감정적 반응에 몰두하고 있었다. 이는 과학자들이 이미 예견한 결과였다. 놀라운 점은 애인이 전기 충격을 받는 모습을 지켜보는 여성 피험자들의 경우, 본인이 충격을 받았을 때와 동일한 감정 영역에서 **동일한** 활성화 반응이 나타났다는 사실이다. 신체 경험과 관련된 뇌 영역만 작동한 것이 아니다. 이 여성들은 문자 그대로 애인의 감정적인 고통을 느꼈다. 이는 신경생리학자인 지아코모 리졸라티(Giacomo Rizzolatti)가 최초로 확인해낸 거울 뉴런 현상을 보여주는 확실한 예였다. 그는 다른 사람들이 어떤 일을 하는 모습을 지켜볼 때, 직접 할 때와 거의 동일한 패턴으로 뇌의 뉴런이 빛난다는 사실을 알아냈다.

드러난 바에 따르면, 인간의 뇌는 고통이나 움직임뿐 아니라 순수한 감정 또한 그대로 따라 한다. 리졸라티와 동료들이 피험자들에게 역겨운 표정을 짓는 사람들의 영상을 보여주자, 피험자들은 역겨운 냄새를 직접 맡을 때 작동하는 뉴런이 동일하게 흥분했다. 「태양의 제국」을 볼 때 내 아들이 경험한 현상의 생물학적 근거가 존재하는 것 같다. 인지적으로나 감정적으로 인간은 타인이 느끼는 것을 정말로 '느낄' 수 있다.

공감에 대한 흥미로운 사실 중 하나는 집단에 대한 애착인 연대감과 공감의 다른 점은, 공감은 우리가 다른 사람이 누구인지에 관계없이(그들이 실존 인물인지 여부도 관계없이) 단순히 **인간으로서** 그들에게 관심을 갖는다는 사실을 입증해준다는 것이다. 제임스 릴링과 동료들이

한 번도 만난 적 없는 사람들과 죄수의 딜레마 게임을 하는 사람들의 뇌를 스캔하자, 피험자들은 모르는 사람들에게 감정적으로 반응할 뿐 아니라 컴퓨터와 하고 있는지, 혹은 사람과 하고 있는지에 따라 뇌의 각기 다른 부분이 밝아졌다.

분명 공감은 협력을 비롯한 모든 사회적 행동에서 중요한 역할을 한다. 인간적인 유대가 협력에 미치는 영향은 뇌 스캔을 하거나 느낌을 질문하는 것뿐 아니라 실험을 통해서도 알 수 있다. 협력이 실제로 자신에게 피해를 입히는 경우라도, 인간화가 사람들의 협력 의사에 어느 정도까지 자극을 주는지 알아보는 실험이 실시되어왔다. 대표적인 실험은 경제학자인 아이리스 보넷(Iris Bohnet)과 브루노 프레이(Bruno Frey)가 했다. 그들은 서로 만난 적 없는 학생들을 모집하여 두 그룹으로 나누었다. 그리고 A그룹 학생들에게 10달러를 준 다음, 그중에서 갖고 싶은 만큼 집으로 가져가고 나머지는 B그룹 학생의 배정 번호가 적힌 봉투에 넣을 수 있다고 말했다. 모든 학생들이 밀봉된 봉투를 상자에 넣고 나면, B그룹 학생들은 각자 자기 번호가 적힌 봉투를 받았다. 어느 누구도 누가 어떤 봉투를 주었는지, 또 받았는지 몰랐다. 그렇다면 A그룹 학생들이 어떻게 했을까? 분명 이기적인 사람은 한 푼도 주지 않을 것이다. 그렇게 하더라도 처벌할 방법이 없기 때문이다. 하지만 실제로 A그룹에서 한 푼도 주지 않은 학생은 28퍼센트에 불과했다. 이후 보넷과 프레이는 실험을 변형했다. B그룹 학생들에게 모두 일어나라고 요청하여 A그룹 학생들을 볼 수 있게 했다. 여전히 A그룹 학생들은 B그룹 학생들에게 말을 걸지 않았고, 그들의 이름도 모르고, 아마 다시 만날 일도 없다. 그리고 실험자까지 포함하여 어떤 학생이 어떤 봉투를 주었는지 아무도 몰랐다. 즉 누가 후했는지 몰랐다.

이번에는 학생들이 돈을 얼마나 주었을까? 사람은 자기밖에 모른다고 추정하는 전통적인 경제 모델을 믿는다면, B그룹 학생들은 여전히 한 푼도 못 받았으리라고 예상할 수 있다. 자기 이익만 챙겨도 여전히 문제될 게 없다. 하지만 단순히 상대편을 직접 봤다는 사실만으로, 한 푼도 주지 않은 A그룹 학생의 비율은 28퍼센트에서 11퍼센트로 떨어졌고 평균 금액도 25퍼센트에서 35퍼센트로 늘어났다.

실험자들은 거래에 인간적인 요소를 더 추가했다. A그룹 학생들에게 B그룹 학생들의 전공이나 취미 등 개인 정보를 알려주었다. 그러자 놀랍게도 B그룹 학생이 받은 액수는 50퍼센트로 늘었다. 그리고 **한 푼도 주지 않은 A그룹 학생은 단 한명도 없었다**. 후한 행동이 놀라울 정도로 늘어난 결과를 어떻게 설명할 수 있을까? 누가 얼마를 주었는지는 여전히 공개되지 않았기 때문에 처벌이나 응징의 두려움은 고려할 수 없다. 중요한 요인은 인간적인 요소밖에 없다. 서로에 대해 많이 알수록 학생들은 입장을 바꾸어 생각할 수 있었다. 즉 학생들은 더 많이 공감할 수 있었다. 그리고 이는 서로에 대한 더 큰 너그러움으로 바뀌었다.

대니얼 뱃슨(Daniel Batson)만큼 공감 능력과 이타주의를 연결 짓는 연구에 전력을 다한 심리학자는 없을 것이다. 과거에 심리학에서는 이타적 행동이 '실은' 이기적이라는 생각이 지배적이었다. 사람들은 자기 자신에 대해 좋게 느끼고 타인의 고생을 보는 고통을 경감시키기 위해 남에게 관대하다는 것이다. 뱃슨은 여러 실험을 통해 그렇지 않음을 증명했다. 사람들은 단순히 자리를 뜨거나, 더 이상 상대방에 대해 생각하지 않음으로써 고통을 쉽게 피할 수 있는 상황에서도 남을 도와주었다. 또한 상대방이 어떻게 느끼고 있을지 상상해보라('순수한' 공감 능력을 암시한다.)는 이야기를 들었을 때 사람들이 더욱 이타적인 행동을 보여주고 공감을 잘했다는 사실도 증명했다.

이런 방향에서 이루어진 다양한 연구는 여러 면에서 '이타주의'와 '이기심'의 차이를 무너뜨렸다. 인간에게 타인을 도와주려는 내면의 '이기적인' 동기가 있든 없든, 인간을 움직이는 것이 공감 능력이든 아니든, 인간의 행동에서 그리고 흥미롭게도 인간의 뇌에서 결과는 동일했다. 우리가 남을 도울 때 뇌에서 도파민과 옥시토신이 분비되는 보상을 받는다면, 그로 인해 우리는 이타주의자가 되는가 아니면 이기주의자가 되는가? 협력 시스템을 구축하려는 사람에게 그 답은 '무슨 상관이람?'이다. 우리가 남을 도움으로써 도파민을 얻으려고 애쓰는지는 중요치 않다. 그러나 인간이 생리적으로, 심리적으로 이런 감정을 느끼도록, 즉 남을 돕고 기쁨을 얻도록 만들어진 존재라는 사실은 정말로 중요하다.

그렇다면 우리가 이렇다는 사실은 시스템 설계에 어떤 의미를 갖는가? 이런 성향을 이용하여 현실 세계에서 관대한 행동과 협력을 어떻게 끌어낼 수 있을까? 한 가지 분명한 방법은 보넷과 프레이가 했던 대로, 도움을 필요로 하는 사람들과 인간적으로 가까워지는 것이다.

참가자들을 인간적으로 가깝게 만듦으로써 많은 선행과 기부를 성공적으로 촉진한 조직으로 소액 대출 사이트인 키바가 있다. (저개발

국가의 오랜 관습인) 대부 조합 모델을 기초로 한 키바는 사업을 시작하거나 유지하기 위해 소액의 자금을 빌려야 하는 가난한 국가의 국민들과 금전적으로 여유 있는 부유한 국가의 사람들을 연결해준다. 키바 사이트에서 돈을 빌려주는 사람에게 물질적인 동기는 전혀 없다.(대출 이자는 미미하다.) 대출이 당사자 외에는 아무도 모르게 이루어진다는 점을 고려하면, 사회적 보상 또한 하찮은 수준이다. 그렇다면 키바는 어떻게 사람들을 자극하여 평생 한 번도 만나지 못할 먼 곳의 사람들에게 돈을 빌려주게 만들고 장래에 빌려줄 이를 결정할 수 있도록 할까? 그리고 그 과정에 대한 믿음과 빌리는 사람들에 대한 공감을 어떻게 키울까? 키바는 돈을 빌려주는 사람과 빌리는 사람을 인간적으로 가깝게 만들기 위해 빌리는 사람에 대해 많은 정보를 제공해준다. 이 사이트에서 돈을 빌리려는 사람들은 자기 사진과 함께 자신이 누구인지, 돈을 빌려 무슨 일을 할 계획인지 짧게 소개하는 글을 올릴 수 있다. 그래서 돈을 빌려줄 사람들은 이 프로필을 검색하고 누구에게 얼마를 빌려줄지 선택할 수 있다. (대부 조합과는 달리) 대륙과 대양을 거슬러 거래되는데도 충분한 공감과 유대감을 키워 인상적인 수준의 참여를 이끌어내는 것은 이런 많은 개인 정보 덕분이다.

하지만 인간적인 유대의 힘을 인정하기 위해 굳이 그런 사례에 눈을 돌릴 필요는 없다. 일상생활을 살펴보면, 우리는 함께 일하고 거래하는 사람들과 인간적으로 가까워지는 데 엄청난 시간과 에너지, 돈을 들인다. 조직은 회사 야유회와 직원 파티에 왜 돈을 쓸까? 경영인들은 왜 고객과의 식사 약속을 지키기 위해(원거리 통신을 이용할 수 있는데도) 비행기를 타고 수천 킬로미터를 날아갈까? 전통 경제학이 공감 능력을 아무리 과소평가해도 성공한 기업들은 얼굴을 맞대는 상호작용이 협력적이고 유익한 관계를 구축하는 데 필요함을 알기 때문이다. 실험에서 살펴봤듯, 얼굴을 맞대는 상호작용은 양쪽 모두에게 이익이 되는 방식으로 힘을 합치게 만드는 감정을 키워준다. 그리고 우리는 이런 감정을 느끼기를 **원한다**. 바로 그 때문에 사람들은 유대감과 경험을 공유하는 사람들과 연결망을 확대할 수 있도록 삶을 꾸려나간다.

연대감의 가능성과 한계

공감이 다른 사람과 동질감을 느끼게 하고 그들을 위해 자기 이익을 희생하게 만든다면, 연대감, 즉 집단 정체성은 자신이 속한 집단의 사람들과 동질감을 느끼고 그들을 위해 자기 이익을 희생하게 한다. 우리 사회에 이런 사례는 무수히 많다. 대표적으로 팀 스포츠에서 그런 사례를 볼 수 있는데, 야구에서 타자는 다른 선수가 진루하거나 득점을 올릴 수 있도록 자신의 출루 기회를 희생한다. 국가를 위해 죽음도 불사하는 수십만 젊은이에 의존하는 군대도 그 예이다. 자신을 남에게 맞추려는 욕구는 지난 200년 동안 가장 강렬한 현상 중의 하나가 민족국가의 탄생이었던 이유를 설명해준다. 민족국가는 근대적 정체성을 표시하는 주요한 존재로서 친족, 부족, 촌락을 대신했다. 2장에서 유전자—문화 공진화 이론이 증명했듯, 다른 사람들과 협력하고 집단

(팀이든 국가든, 우리가 자신의 것으로 채택하는)의 이익에 기여하려는 욕구는 인간의 진화에 중심 역할을 한다.

나는 데이브 랜드(Dave Rand), 애나 드레버(Anna Dreber)와 함께 연대감만으로도 공공재 게임에서 협력을 유지할 수 있음을 실험으로 증명했다. 우리는 일단 아무 정보 없이 피험자들에게 독재자 게임을 시켰다. 이 게임은 보넷과 프레이의 모델을 변형한 게임이다. 이 게임에서 피험자들은 민주당과 공화당 중 한 집단에 소속되었다. 우리는 몇 차례 게임을 한 뒤, 피험자들을 세 집단으로 분류했다. 돈을 받는 사람이 어디 소속이든 한 푼도 주지 않은 야박한 사람들, 자신과 정파가 같든 다르든 똑같이 돈을 준, 관대하면서 편파적이지 않은 사람들, 돈을 주긴 줬지만 정파가 같은 사람에게 더 많이 준 사람들로 구분했다. 그런 다음, 피험자들에게 돈을 준 뒤 그들이 민주당이든 공화당이든 한 그룹에 속해 있다고 이야기해주었다. 그리고 공공재 게임을 시켰다.

공공재 게임은 죄수의 딜레마와 비슷하지만, 피험자가 둘이 아니라 여럿이다. 피험자들은 공동 기금에 기부할 수 있으며, 실험자들은 그 기금을 몇 배로 늘린 뒤 피험자들에게 똑같이 나누어준다. 모든 피험자가 돈을 많이 기부할수록, 실험자가 늘려야 할 공동 자금이 커지게 되고 피험자들이 받는 돈도 많아진다. 하지만 개인적으로 보면, 각 피험자는 자기 돈은 그대로 놔둔 채 다른 사람들만 기부할 때 돈이 가장 많아진다. 공동 자금을 똑같이 나누어주기 때문에 다른 사람들이 기부한 '공공재'에서 자기 몫을 받는 동시에 처음에 받은 돈을 지키는 것이다. 바로 그 때문에, 공공재 게임에서 이론적으로는 어느 누구도 한 푼도 기부하지 않을 거라고 예상할 수 있다. 그러나 실제 실험에서 피험자들은 절반 정도가 돈을 기부함으로써 상당히 높은 수준의 협력으로 시작한다. 그러나 이 게임을 반복적으로 하면, 첫 게임에서 협력했던 사람들은 일부 피험자들이 (돈은 내지 않지만 이익을 나눠 가짐으로써) 부당하게 자신을 이용하고 있음을 알게 되면서 결국 더 이상 돈을 내지 않는다.

실험을 일부 조정하면 결과가 달라질 수도 있다. 하지만 우리가 실험을 통해 알게 된 사실은 협력적인 태도가 줄어들기 시작한 시점보다 훨씬 뒤까지, 40번에 걸쳐 실험했는데도 불구하고 자신과 비슷한 피험자들(민주당이든 공화당이든)과 그룹을 이룬, 관대하지만 편파적인 참가자들은 게임 내내 큰 변화 없이 협력적인 태도를 유지했다는 점이다. 반면, 관대하든 아니든 편파적이지 않은 사람들의 협력은 시간이 지남에 따라 다른 실험과 비슷한 비율로 줄어들었다. 간단히 말하면, 자신과 비슷한 사람과 한 그룹에 속해 있다는 사실을 아는 것만으로도 사람들은 감정적인 자극에 반응하게 되고 어떠한 의사 전달이나 규범, 처벌, 보상과 같은 다른 자극이 없는데도 협력을 유지할 수 있었다.

물론 연대감은 대체로 공감과는 달리 '우리'뿐 아니라 종종 '그들' 또한 야기한다. 그리고 사람들은 '우리'와 '그들'을 아주 다르게 대한다. 영화 「라이프 오브 브라이언」(예수가 태어난 마구간 바로 옆집에 태어난 주인공 브라이언이 우여곡절 끝에 메시아로 오인받아 예수처럼 십자가에 못 박혀 죽는 과정을 다룬 코미디 영화. 영화에서 주인공은 우발적으로 로마제국에 반대하는 집단인 '유대 인민 전선'에 가입한다.—옮긴이)에서 브라이언이 유대 인민 전선과 유대인 인민 전선, 유대 민중 인민 전선, 유대 민중 전선에 대해 배울 때 누군가가 "민중 전선에 무슨 일이라도 생긴 건가요?"라고 묻던 장면은 쉽게 잊기 힘들다. 영화에서 존 클리즈가 주위를 둘러보자 모두들 소리친다. "저기 **분열파**가 있어!" 더욱 심각하게 이야기하자면 심리학자 엘리자베스 펠프스(Elizabeth Phelps)와 매저린 바나지(Mahzarin Banaji)가 증명했듯, 인간은 잠재의식에서 아주 빠르게 '우리와 비슷한 사람'과 '우리와 다른 사람'으로 사람들을 분류한다. 이런 성향 또한 생물학적으로 내재되어 있는 듯하다. 펠프스와 바나지가 백인과 흑인 사진을 피험자들에게 보여주면서 그들의 뇌를 스캔했는데, 미국의 심각한 인종 관계를 고려해보면 예상할 수 있듯 백인 피험자와 흑인 피험자 모두, 다른 인종의 사진을 보여주자 두려움과 관련된 뇌 영역이 밝아졌다. 경제학자인 샘 볼스(Sam Bowles)와 허브 진티스(Herb Gintis)가 통치 방식으로써의 연대감을 연구했을 때 강조했던 것처럼, 선천적인 듯 보이는 집단 연대감의 욕구에 있는 잠재적인 부정적 측면은 협력을 아주 변덕스러운 것으로 만든다.

홀로코스트부터 스탈린의 압제 정치, 르완다 대학살, 끈질기게 이어지는 북아일랜드의 경악스러운 다툼과 중동의 부족 전쟁까지 지난 세기에 연대감의 이름으로 수억 명이 목숨을 잃었다. 하지만 집단 정체성과 행동이 반드시 다른 사람에 대한 증오의 표현이라고 생각하는 것은 잘못이다. 국가 차원에서 작용하는 집단 역학은 전체 집단의 안녕에 큰 기여(학교나 군대에서의 자원봉사 같은)를 할 뿐 아니라 상당한 수준의 기부와 부의 재분배(복지와 자선 행위 같은)를 정당화하고 유지하는 데 엄청나게 강력한 역할을 한다. 대외 원조에 관대한 국가들조차 훨씬 더 어려운 먼 나라 사람들보다 자국의 가난한 국민들에게 더 관대하다. 즉 좋든 싫든 연대감은 선과 악 모두에 강력한 요인으로 작용한다. 시스템을 구축하는 사람들은 시스템을 더 잘 이용하기 위해 연대감을 이해하려 한다. 시스템의 어두운 면에 부딪친 사람들은 시스템을 붕괴시키기 위해 연대감을 이해하려 한다. 어느 쪽이든 우리는 그것을 설명해야 한다.

시간이 흐르면서 필요도 변하는 상황에 맞출 수 있게 해주는 연대감의 한 가지 특징은 인간이 한 번에 한 개 이상의 집단과 동질감을 느낄 수 있고 상황이 달라지면 소속 집단을 바꿀 수도 있다는 사실이다. 예를 들어, 2008년 대선 예비 선거 기간에 하버드대학의 진화적 역학 프로그램(Program for Evolutionary Dynamics)의 데이브 랜드, 토머스 파이퍼(Thomas Pfeiffer), 애나 드레버와 함께 진행한 연구에서 나는 동일한 정치적 소속이 협력에 미치는 영향과 함께, 집단의 과제가 달라짐에 따라 소속감이 어느 정도까지 달라질 수 있는지 살펴보았다. 민주당 투표자들 가운데 힐러리 클린턴(Hillary Clinton)과 버락 오바마(Barack Obama)의 지지자들로 이루어진 두 집단을 모집하여 독재자 게임을 하게 했을 때, 예상대로 피험자들은 자신의 후보를 지지하는 피험자들에게 돈을 더 많이 주었다.(선거 활동과 직간접적으로 관련된 일에 절대로 돈이 흘러가지 않도록 확실히 했다는 사실을 밝힌다.) 민주당 전당 대회 직전(이 무렵 두 후보의 목표와 가치관은 기본적으로 동일했고 민주당 내부에 두 집단이 존재해서 발생하는 실질적인 이익은 분명히 없어졌다.)에 다시 실험했을 때도 결과는 달라지지 않았다. 양쪽 집단은 여전히 서로를 '타인'으로 대했다. 하지만 드러난 바에 따르면, 인간은 상징적인 행위에 무척 민감하다고 한다. 전당 대회 직후 다시 실험하자 결과는 극적으로 달라졌다. 두 집단의 일원들은 더 이상 서로를 '그들'로 취급하지 않고 '우리'로 생각했다. 특히 일부 젊은이들은 불과 며칠 전만 해도 대수롭지 않게 여기던 상대 후보 지지자들에게 지나칠 정도로 관대했다. 민주당 전당 대회에서 단결을 도모하는 대대적인 공개 쇼를 목격한 직후 민주당원들의 정체성에 대한 의식이 달라진 듯하다. 이제 힐러리 클린턴이나 버락 오바마가 아니라 당 자체에 연결되었고 새로운 '반대편'인 공화당을 상대로 결속하는 일로 이어졌다.

지역사회 치안 참여 프로그램의 성공 비결

인간적인 유대와 공감, 정체성 공유를 통해 협력을 이용하려는 가장 흥미로운 시도 중의 하나는 지역사회 치안 참여 프로그램이다. 1970년대에 미국 도시들은 가차 없이 높아지는 범죄율 앞에서 대부분 쇠퇴의 길을 걷는 듯했다. 그리하여 1980년대에 치안 문제를 개혁하려는 몇 가지 운동이 발전하게 되었다. 그중 가장 성공적인 것으로 손꼽히는 운동은 소위 지역사회 치안 참여 운동으로, 주민과 경찰관들이 도시의 범죄를 줄이기 위해 힘을 모으는 계획이다. 이 운동은 문화적 장벽과 오래된 반목을 극복하고, 종종 불화가 생기는 다양한 구성원들이 전체의 이익을 위해 힘을 합치도록 만드는 데 놀라울 정도로 효과적이었다. 시카고의 악명 높은 웨스트사이드는 이를 증명해주는 가장 훌륭한 예이다.

미국에서도 범죄율이 가장 높은 지역에 속하는 웨스트사이드는 무신경하고 믿을 수 없을뿐더러 인종차별자라고까지 알려진 지역 경찰과 주민들 간의 끔찍한 관계 때문에 오래전부터 악명을 떨쳤다. 이 지역에 관한 범죄학 연구에 따르면, 1980년대 들어 시카고 경찰서는 아주 색다른 문제 해결 방식을 실험하기 시작했다. 정치학자 아천 펑(Archon Fung)이 훗날 기록한 대로, 이 새로운 방식은 두 집단이 서로를 필요로 하는 관계임을 깨달으면서 생겨날 수 있었다. 주민들은 높은 범죄율의 원인을 정확히 알고 있는 반면(예를 들면, 가장 최근에 생긴 코카인 파는 곳이나 노상강도들이 좋아하는 침침한 공원) 경찰들에겐 그 문제를 해결할 수단이 있었다. 하지만 힘을 합쳐 범죄를 줄이고 동네를 살기 좋은 곳으로 만들려면, 우선 주민과 경찰이 서로 인간적으로 관계 맺을 방법을 찾아야 했다. 그리고 그들은 정확히 그렇게 했다.

어떻게 했는지 설명하면 이렇다. 먼저 시카고 경찰은 일명 '지역 전문가'라고 불리는 일부 순찰 경찰관들에게 신속 대응 임무(911)를 면제해줌으로써 관할 구역을 차가 아니라 걸어서 다닐 시간을 주었다. 이 조치 덕분에 그들은 주민들과 직접 만나 이야기할 기회가 많아졌다. 그런 다음 그 지역 전문가들은 주민들과 매달 회의를 열기 시작했다. 회의를 통해 지역사회에서 벌어지고 있는 일에 대한 정보를 공유했다. 일단 주민들이 초기에 갖고 있던 불신을 없애자, 회의는 규모가 더 커지고 개방적인 토론회가 되었다. 대면 의사소통과 월례 회의를 통해 형성된 친밀감 덕분에 경찰은 더 이상 지역사회의 '딴 사람들'로 취급 받지 않았다. 그 결과, 양쪽 집단(하나가 된 클린턴, 오바마 지지자들과 마찬가지로)은 거리를 위협하는 범죄자들이라는 공통 문제에 집중할 수 있었다.

형사법학자인 트레이시 미어스(Tracey Meares)가 광범위하게 연구한 시카고 웨스트사이드의 철야 기도 사업은 25년에 걸친 이 지역사회 치안 참여 프로그램에서는 그리 중요하지는 않았지만, 인간적 유대와 연대감을 다루는 우리 논의에서는 특별히 흥미로웠다. 1997년에 해리슨 경찰청장이던 클로델 어빈(Claudell Ervin)은 마약 거래와 범죄가 발생할 수 있는 수많은 길모퉁이에서 철야 기도회를 연달아 열어 지역주민들을 초대했다. 이렇게 지역주민과 경찰을 한자리에 모이게 만드는 과정에서 어빈은 두 가지 주요한 장애물을 만났다. 하나는 여러 해에 걸쳐 형성된 긴장된 인종 관계로 인해 흑인 지역사회가 계속 경찰을 의심하고 불신한다는 점이다. 어빈 경찰청장은 이 문제를 극복할 영리한 방법을 찾아냈다. 주민들이 대부분 교회에 다닌다는 점에 착안한 그는 지역 목사들을 불러 철야 기도회 준비를 돕고 신자들의 참석을 유도해달라고 요청했다. 이 방법은 놀라운 성과를 올렸다. 사업 책임자 중 한 명은 인터뷰에서 이렇게 말했다. "이 기도회를 경찰이 준비했다고는 믿을 수가 없어요. 저는 우연히 경찰관이 된 기독교인들이 준비했다고 믿습니다. 그리고 세상은 너무나도 달라졌습니다."

두 번째 문제는 각 교회 신자들의 편협함이었다. 그들은 외부인을 경계하는, 긴밀히 맺어진 별개의 집단이었다. 그래서 어빈은 그들을 하나로 만들어 공통의 집단 정체성을 형성하기 위해 특정 교회보다 경찰서라는 중립적인 장소에서 목사들과 회의를 가졌다. 이 역시 상대적으로 미미한 상징적인 조치였지만, 놀라운 결과를 가져왔다.

범죄의 온상인 길모퉁이에 서 있는 행동은 여러모로 위험하다. 그리고 이런 도시에서 경찰의 협력자로 보이는 것은 훨씬 더 위험했을 것이다. 즉 그 모임에 참석해 자신의 안녕을 위태롭게 만들기보다는 안전한 자기 집에서 그런 노력을 말로만 칭찬할 이유가 여럿 있었다. 그러나 시카고에서 범죄율이 가장 높은 동네의 주민 수백 명은 서로 종파도, 전력도 달랐지만 자신의 이익보다 지역사회의 이익을 우선시했고 무리를 지어 모임에 참석했다. 결과는 어땠을까? 철야 기도회가 열린 지 몇 달 후, 인터뷰에 응한 교회 지도자들과 경찰관들은 그 경험이 경찰과 주민들 간에 강력한 유대감을 형성했을 뿐 아니라 지역사회 치안 참여 프로그램에 대한 참여를 늘리려는 기도회의 더 큰 목적 또한 달성했다고 입을 모았다. 기획의 관점에서 놀라운 부분은 어빈이 교회를 이용하여 경찰과 지역사회 간의 장벽을 허무는 데 성공했고 지역사회와 경찰의 교차점을 이용하여 종파 간의 장벽 또한 무너뜨렸다는 점이다. 이는 긍정적인 사회적 목적에 연대감을 이용할 때, 필요하면서도 해내기 힘든 유형의 조정이다. 하지만 어렵긴 해도 불가능한 일은 아니다.

그렇다면 지역사회 치안 참여 프로그램은 효과적인가? 이는 계속 제기되는 어려운 질문이다. 이 사업이 범죄율이 매우 높은 시기에 도입되었고 이후 미국 전역에서 이런 협력적인 방식을 채택한 지역사회와

(루디 줄리아니[Rudy Giuliani] 시장 때 윌리엄 브래튼[William Bratton] 뉴욕 경찰청장이 주도한 컴스태트[CompStat] 시스템 같은) 더욱 위계적인 관리 방식을 채택한 지역사회 양쪽에서 모두 범죄가 줄었기 때문에 지역사회 경찰화 사업의 전체적인 유효성을 수량화하기는 어렵다. 하지만 두 방식 모두 '삼진 아웃제'로 대표되는 엄격한 징벌적 방식보다 나은 실적을 내고 있고 범죄율 하락과 관련 있다는 점은 확실하다. 또한 미국에서 범죄율이 가장 높은 지역의 경찰관 수십만 명이 이 프로그램에 참여하고 있고, 이 프로그램이 시행되는 지역사회 주민들이 경찰과 훨씬 더 좋은 관계를 유지하고 있으며 그들이 실제로 범죄가 크게 두렵지 않다고 이야기하는 것을 보면, 이 프로그램이 경찰서와 지역사회 양쪽에서 큰 인기를 끌었다는 점 또한 확실하다. 범죄율에 미친 절대적인 영향을 알기는 힘들지만 이 프로그램은 인간적인 유대와 공감, 연대감을 통해 사회 기관과 공공 기관에서 어떻게 협력을 이끌어낼 수 있는지를 보여주는 값진 사례가 되었다. 또한 협력 시스템이 지역사회에서 더 높은 수준의 인정과 선의를 이끌어낼 뿐 아니라 징벌적이고 위계적인 해결책보다 더는 아니더라도 최소한 그만큼 효과적일 수 있음을 보여주었다.

5장

의사소통이 핵심이다

경제학자들은 말이 '하찮다'고 생각하곤 한다. 서로 이해관계가 상충하는 사람들끼리는 약속을 하고 돈의 주인을 바꾸는 계약을 맺지 않는 이상, 단지 이야기를 나누는 것은 별 의미가 없다는 것이다. 경제학자들에 따르면, 사람들이 의도와 동기에 대해 하는 말은 쓸모없는 정보와 비슷하다. 말은 무언가 중요한 것이 걸려 있을 때 사람들이 실제로 하는 행동에 대해 아무것도 알려주지 않는다. 그런 의미에서 말이 '하찮다'고 추정하기 때문에 경제학은 말보다는 실제 행동으로 사람들을 평가하기에 이르렀다. 구매하는지, 투자하는지 여부가 사람들의 진정한 선호를 드러내는 유일한 방식이라고 추정하는 것이다. 예를 들면, 선거 준비 기간에 크게 인기를 끄는 예측 시장(prediction market)이 그런 일을 한다. 예측 시장은 베팅 업체처럼 예측을 위해 만들어진 투기 시장으로, 말이 아니라 행동이 중요하다는 가정 위에 세워진 '구조 설계론(mechanism design)'이라는 분야의 일례이다. 이 이론의 영향력이 커지면서 이론의 창안자들은 2007년에 노벨경제학상을 받았다. 물론 이 분야의 많은 연구는 칭찬받을 만하고 이론적으로도 탄탄하지만, 사실 실험에서든 현실에서든 말은 전혀 '하찮지' 않으며 무의미하지도 않다. 우리는 다른 사람들과 서로 의사소통하고 영향을 주고받으면서 많은 시간을 보낸다. 이런 상호작용은 사람들의 행동에 미치는 영향에 있어서, 일반적인 '합리적 행위자 모델' 때문에 우리가 믿는 것보다 훨씬 더 중요한 역할을 한다.

4장에서 우리는 공감 능력과 인간적 유대, 연대감이 협력을 촉진하는 데 어떤 도움을 줄 수 있는지 이야기했다. 이 장에서 집중적으로 다룰 커뮤니케이션이라는 요소를 추가할 경우, 이런 요인들은 유지하기가 훨씬 효과적이고 수월해진다. '말은 하찮다'가 기억하기 쉬울 수는 있지만(정확할 때도 있다.) 협력의 과학에 관한 한 커뮤니케이션은 실험 상황과 실제 세상 양쪽에서 아주 중요한 것으로 알려져 있다. 이에 대한 증거는 압도적으로 많다. 가장 유명하게는 1990년대 중반에 이루어진 데이비드 샐리(David Sally)의 연구를 들 수 있는데, 수십 년에 걸쳐 수천 명을 상대로 실시한 100건이 넘는 사회적 딜레마 실험에서 다음과 같은 일관된 결과가 나왔다. 돈의 주인이 바뀌거나 약속을 맺지 않았는데도 피험자들은 단순히 얼굴을 보고 의사소통할 수 있게 되자 협력 수준이 45퍼센트나 높아졌다. 얼굴을 맞댄 의사소통만으로도 협력 수준을 거의 2배로 올리기에 충분했다. 거의 비슷한 시기에 엘리너 오스트롬(Elinor Ostrom)과 동료들은 우연히 만난 모르는 사람들에게 이야기할 기회를 주는 실험 내용을 상세히 기록했다. 피험자들은 서로 이야기를 나누게 되자 곧바로 서로에게 약속을 해주고 규칙을 세우고 서로를 인간으로 인정하며 관계를 형성했다. 그들의 말은 '하찮거나' 무의미하지 않았다. 그들은 실험에서 맺은 약속을 강제할 방법이 없을 때도 대다수가 끝까지 약속을 지켰다.

같은 일은 실제 세상에서도 일어난다. 온라인 협력을 보여주는 대표적인 예인 위키피디아를 보자. 겉으로 보기에 위키피디아는 상상할 수 있는 가장 비인격적인 플랫폼 같다. 위키피디아의 글쓴이들은 세계 도처에 있는 수만 명의 낯선 이들처럼 보인다. 그들의 글만 컴퓨터로 전달된다. 가장 활발한 몇몇을 제외하고는 대부분 필명만 드러낼 뿐 기본적으로 익명으로 활동한다. 실체가 없는 것이 확실하다. 따라서 위키피디아 회원들이 소속감이나 연대감, 혹은 다른 회원에 대한 충성심 같은 것을 느낀다는 것은 직관에 어긋난다. 그러나 위키피디아에는 많은 의사소통 채널이 있어서 대체로 그들은 그런 것을 느낀다. 그중 한 가지 채널은 모든 문서에 동반되는 '토론' 페이지이다. 이 페이지는 위키피디아의 글쓴이와 독자들이 다른 사람이 편집하거나 기고한 글의 실수나 문제를 지적하고 질문하고 때로는 단순히 인간적인 관계를 형성할 수 있는, 완벽히 공개된 토론장이다. 위키피디아 토론 페이지에서 펼쳐지는 논쟁은 종종 대면 논쟁 못지않게 뜨거워지고 활발해진다. 2008년 7월 중순에 조지 W. 부시(George W. Bush)에 관한 문서의 토론 페이지에서는 다음과 같은 논쟁이 벌어졌다. 여러 해에 걸쳐 대문

(entry)이 수없이 편집되면서 많은 논쟁이 유발되었는데, 다음은 2000년 예비 선거와 본 선거를 다룬 부분을 놓고 며칠 동안 지속된 토론 내용이다.

2000년 예비 선거와 본 선거

이 문서에는 아주 많은 편집자들이 참여했다. 말하기 미안하지만, 2000년 예비 선거 부분은 아주 형편없는 글처럼 보인다. 내 생각에 완전히 다시 써야 할 것 같다.

왜 사실들을 다루지 않는가? 맥케인(McCain)이 주요 경쟁자였고, 엘리자베스 돌(Elizabeth Dole)은 중도하차했고, 포브스(Forbes)가 경쟁에 뛰어들었다는 사실을 다루지 않았다. 그 대신, 교회와 보수주의자 칼 로브(Carl Robe)에 관한 일관성 없는 이야기만 다루고 있다.

위키피디아에서 나는 부시를 지지하지도, 반대하지도 않으며 단지 사실만을 다룸으로써 위키피디아가 진짜 백과사전처럼 보이게 만들려 한다. 내가 다시 글을 쓰는 데 반대하는 분이 계신가? 계시다면, 꺼져버렸으면 한다. Chergles(토론), 2008년 7월 11일 16:53

당신 말이 맞다. 적어도 첫 번째 단락은 선거 기사라기보다 '웃기는' 신문 기사처럼 보인다. 다시 글을 쓰려면 욕은 쓰지 말아주기 바란다. Floridianed(토론), 2008년 7월 11일 17:18

지지: 확실히 다시 쓰는 게 맞다. - SMPO328(토론) 2008년 7월 11일 19:29

분명 도움이 될 것이다. 자진해서 나서줘서 고맙다. (Nishikid64)는 위키 드라마가 아니라 문서를 작성하라, 2008년 7월 11일 19:56

첫 번째 원고가 완성되었다. 이 글은 부시를 깎아내리는 글도, 돋보이게 만드는 글도 아닌, 사실에 입각한 글이 되어야 한다. 내가 다시 쓴 이 글은 인용문이나 교회, 보수주의자, 그리스도 등을 다룬 과거의 글보다 더욱 포괄적으로 예비 선거를 다루고 있다. 물론 글을 고칠 수는 있다. 예비 선거는 주목할 만한 사건이지만 길게 다룰 만한 것은 아니라서 부시의 일대기에 비추어볼 때 전체적으로 글의 길이가 적절하다고 본다. Chergles 2008년 7월 12일 19:25

지금까지는 훌륭하다. 당신의 작업에 감사한다. 그리고 당신은 첫 발을 내딛은 것이기 때문에 앞으로 글을 손보는 일에 대해 걱정하지 말기 바란다. 어쩌면 다른 사람들이 도와줄지도 모른다. 고맙다. Floridianed 2008년 7월 14일 23:12

Chergles는 큰 조정을 제안하고 있다. 한 부분 전체를 다시 쓰겠다고 말한다. 그는 자기 생각을 알리지 않고 그냥 그 페이지를 편집할 수도 있었다. 토론 페이지가 없다면, 그럴 수밖에 없을 것이다. 하지만 그는 이전에 글을 쓴 사람들을 불쾌하게 만들지 않는 방식을 선택했다. 여기서 Chergles는 글을 고쳐 쓰겠다는 자기 생각을 미리 허락받으려고 애쓴다. 그는 다른 사람들의 노력을 인정하면서도 문서의 결점들을 지적해나간다. 그가 훨씬 더 재치 있게 처리했을 수도 있었다는 점은 인정한다.(공격적인 표현 없이 글을 끝마칠 수도 있었을 것이다.) 하지만 전체적으로 볼 때 그는 협력적이며, Floridianed가 끼어들어 그의 생각을 지지하고 분위기를 부드럽게 하자 긴장감은 사라진다. Nishikid64가 갈등을 조정하기 위해 '자진해서 나서주어 고맙다'고 친절하게 말하고 '위키 드라마가 아니라 문서를 작성하라'는 제목의 페이지로 링크를 걸어주자 토론은 정중해진다. 갈등은 해결된 것이다.

이런 토론 페이지는 큰 인기를 끌었고 집단 소속감과 공동의 목적의식을 공유하는 데 성공했다. 이 페이지들은 얼마 지나지 않아 빌리지 펌프(Village Pump) 같은 커뮤니티 포탈 페이지로 성장했다. 빌리지 펌프는 이용자들이 사이트의 디자인을 포함하여 다양한 주제에 대해 이야기할 수 있게 해준다. (한 가지 주제에 국한되는 토론 페이지와는 달리) 이 페이지들은 더욱 깊이 있고 섬세한 대화를 가능하게 해줄 뿐 아니라 기초적인 소셜 네트워크의 특징을 갖고 있다. 이런 특징들은 사람들끼리 인간적으로 친해지는 데 도움을 주고 더욱 강력한 관계를 형성하게 해준다. 정식 이용자들은 자신의 취미나 학력, 좋아하고 싫어하는 것 등 개인 프로필을 기입함으로써 단순히 이따금씩 들르는 이용자가 아니라 한결같은 인간적인 존재로 자리 잡는다. 나아가 가장 헌신적이고 활동적인 위키피디아 글쓴이 수백 명은 위키매니아 연례 회의를 제정하여 얼굴을 직접 맞대는 자리를 마련했다. 그 자리에서 그들은 서로를 알게 되고 중요한 문제들을 토론한다.

물론 페이스북이나 마이스페이스(MySpace), 링크딘(LinkedIn) 같은 사이트의 등장으로 토론 페이지나 이용자 프로필 등의 특징들은 어디서나 볼 수 있는 것이 되었다. 그런데 이렇게 되기까지 그럴 만한 충분한 이유가 있었다. 많은 경우, 단순히 다른 사람들과 의사소통하고 의견을 조정할 수만 있어도 사람들이 공동 목표를 위해 함께 행동하도록 만들 수 있다. 페이스북 같은 소셜 네트워크 사이트들은 좋아하는 책이나 영화에 대해 글을 올리고 친구들과 잡담을 나누거나 지난밤의 파티 사진을 올리는 장소로 시작했지만(여기서 공동 목표는 사회적 연대감을 형성하고 자기 반 친구들에게 '멋있게' 보이는 것이다.) 최근 들어 미얀마 군부 정책에 대한 항의(2주 만에 페이스북에서 30만 명이 넘는 지지자를 얻어냈다.)나 풀뿌리 환경 캠페인 등 사회, 정치 운동이 그 사이트들로 확산됨에 따라 목표는 더욱 고상해졌다. 의견이 같은 사람들과 소통하고 각자의 이익을 넘어 유대를 형성하고 조직화된 계획을 수립하는 것만으로도 하나의 대의에 참여하려는 사람들을 끌어들여 효과적으로 협력하게 만들 수 있다.

이런 추세에서 가장 흥미로운 점은 이 인터넷 플랫폼들이 조성한 협력 분위기가 온라인에 국한되지 않는다는 점이다. 그 관계와 시도는 오프라인까지 확대되고 있다. 이를 보여주는 가장 훌륭한 예는 공동의 목표나 주장에 헌신하는 같은 지역 사람들이 서로를 찾아 직접 만날 수 있게 해주는 밋업닷컴(Meetup.com)이다. 밋업은 생각이 비슷한 사람들끼리 만날 수 있는 훌륭한 방법일 뿐 아니라 지역사회 운동을 위한 효과적인 조직 도구가 되었다.(내가 좋아하는 운동은 맨해튼의 어퍼이스트사이드에 소형견 놀이터를 마련하자는 소형견 주인 캠페인이다. 이 캠페인은 급진적인 정치 운동의 전형은 아니지만, 프랭크 시나트라[Frank Sinatra]의 「New York New York」의 노랫말처럼 거기서 협력이 이루어질 수 있다면 어느 곳에서든 이루어질 수 있음을 보여주는 분명한 신호이다.)

물론 커뮤니케이션은 우리의 삶 곳곳에 스며들어 있다. 그래서 조정하기가 훨씬 쉽다는 점만 빼면, 온라인 플랫폼이라고 해서 특별할 것은 없다. 커뮤니케이션 장벽을 낮추는 수단은 어떤 것이든 똑같이 효과적이다. 예를 들어, 도요타가 캘리포니아 프리몬트에 누미(New United Motor Manufacturing, Inc, NUMMI) 공장을 세우자마자 시도한 개혁 조치 중 하나는 작업장 설계를 바꾸는 것이었다. 노동자들은 더 이상 조립 라인에 혼자 서 있지 않고 5명으로 된 팀의 멤버들과 끊임없이 커뮤니케이션을 할 수 있도록 배치되었다. 도요타는 이런 일상 대화 외에도 종업원들이 정기적으로 점심 식사 시간에 만나 작업상의 문제나 품질 개선 의견을 허심탄회하게 나누고 서로를 아는 자리를 마련하기 시작했다. 이는 시시하게 보일 수도 있지만, 수많은 경영학 연구들은 이런 시도가 무시할 수 없는 성과를 가져온다는 사실을 입증해왔다. 실제로 많은 성과가 나온 덕분에 끊임없는 커뮤니케이션을 기초로 한 팀 위주의 생산 방식은 최근 곤경에 빠진 도요타뿐 아니라 전 세계적으로 성공을 거둔 일부 대기업들도 채택하는 최신의 관리, 조직 전략의 중요한 부분이 되었다.

유명한 경영 전략가인 존 하겔(John Hagel)과 존 실리 브라운(John Seely Brown)이 '창조 네트워크(creation nets)'라 부른 연구는 이 분야에서 가장 흥미로운 연구로 손꼽힌다. 창조 네트워크는 힘을 합쳐 새로운 제품과 공정, 아이디어를 제안하는 기업들로 이루어진 느슨한 네트워크를 말한다. 이 네트워크에서 커뮤니케이션은 중요한 역할을 하는데, 그들이 함께 일하려면 각 기업이 현실적으로 얼마의 비용에 무엇을 할 수 있고, 각자의 관점에서 볼 때 타당한 것이 무엇인지 정직하게 밝혀야 하기 때문이다. 가장 흥미로운 점은 네트워크의 구성원들이 특정 사업 부분이나 시장에서 서로 경쟁 관계에 있을 때도 이 네트워크가 작동한다는 사실이다. 전통적인 경제학의 예측이 유효하려면, 이 과정은 비참한 실패로 끝나야 한다. 인간이 이기적이라고 말하는 '신화'에서는 사회 구성원들이 혁신적인(즉 수익을 나게 만드는) 아이디어나 제품을 제안하는 과정에서 경쟁 우위를 확보하려고 상대를 속이거나 상대에게 정보를 알리지 않으리라고 예측하기 때문이다. 그러나 사람들은 그렇게 하지 않는다.

오토바이 사업가와 법적 '조정' 절차

하겔과 브라운이 설명한 '창조 네트워크'를 일찍이 보여준 예는 중국 충칭의 오토바이 공장에서 찾을 수 있다. 충칭은 중국에서 제조되는 오토바이의 40퍼센트 이상을 생산하는 지역이다. 중국이 세계 오토바이의 절반 이상을 생산한다는 점을 고려하면 결코 무시할 수 없는 실적이다. 조직 관리 이론가인 실비아 풀리나(Silvia Pulina)의 설명에 따르면, 충칭의 협력 방식은 쥐 쫑선이라는 젊은 사업가가 자신의 수리점에서 예비 부품으로 조립한 엔진을 판매하기 시작한 1990년에 탄생했다. 당시 정부 소유의 오토바이 산업은 부품을 아주 싸게 판매하고 있었기 때문에 엔진의 모든 부품을 따로따로 구매하면 완제품을 살 때보다 수백 위안이 더 쌌다. 쫑선은 상당한 이익을 남길 기회를 찾아냈다. 그의 영업 방식이 중국 정부(그에게 부품을 팔지 않는 방법으로 그의 제조를 막으려고 애썼다.)에 발각되었을 때 그는 이미 백업 시스템을 마련해두고 있었다. 그는 300개의 작은 상점들로 이루어진 네트워크를 형성하여 자신에게 필요한 부품을 조달받았다. 결국 이 부품업체들은 협력적인 경쟁 관계에 참여하게 되었다. 그들은 찻집에서(나중에는 인터넷에서) 직접 만나 개선이 필요한 부분과 비용 절감 방안에 대해 이야기를 나누었다. 결국 사소한 부분에서 혁신을 이룬 그들은 적은 비용으로 정부보다 더 나은 엔진을 만들 수 있는 비공식적이면서도 완벽하게 기능적인(불법이라는 점은 빼고) 거래 관계를 만들었다. 협력적인 커뮤니케이션에서 결정적으로 중요한 부분은 다음과 같은 대화였다. "당신이 그 부분을 왼쪽으로 2센티미터만 옮겨줄 수 있다면, 난 X퍼센트만큼 비용을 떨어뜨릴 수 있습니다." 이에 대해 "누군가 이 파이프를 n배 더 유연하게 만들 수 있다면, 나도 왼쪽으로 2센티미터 옮길 수 있습니다."와 같은 대답이 이어진다. 이런 대화는 신뢰와 지속적인 소통이 있는 환경에서만 가능한데, 일단 이런 환경이 조성되면 참가자들은 대화를 통해 서로의 생각을 결합하여 최저 비용으로 가장 효율적인 오토바이를 만들고, 그 덕분에 발생하는 이익을 공유할 수 있다. 1990년대 말에 자유기업에 대한 일부 제한이 없어지고 쫑선이 자기 브랜드를 판매할 수 있게 되면서 사업은 번창했다. 그의 엔진은 네트워크에 속한 부품업체들의 협력 덕분에 저렴한 가격과 높은 품질을 자랑할 수 있었다.

본질적으로 경쟁적인 상황에서도 커뮤니케이션이 협력을 촉진하는 과정을 보여주는 또 다른 예는 지난 20여 년 동안 법률, 특히 조정 분야에 등장한 소송 외 분쟁 해결이다. 특히 미국과 같은 당사자주의에서 소송은 절대 명령으로 갈등을 해결하는 방식이다. 서로 화해할 수 없는 당사자들은 '리바이어던'의 권력을 휘두르며 판결을 내리는 공평한 재판관을 찾아간다. 적어도 전통적인 모델에서 당사자들은 제3자, 즉 직업윤리상 의뢰인을 열심히 대변해야 하는 변호사에 의해 대표된다. 엄밀하게 직업적인 의미에서 변호사는 공격적이고 비협조적이며 고객을 위해 최고의 결과를 얻어내려고 애쓸 의무가 있다.(역사적으로 변호사는 법정의 지휘관으로서 법률 시스템의 가치를 지키는 역할 또한 맡고 있다. 예를 들어, 법정에서 거짓말을 하지 말고 증거를 숨기지 말아야 한다. 물론 이런 역할은 지키기보다 어김으로써 더 많이 존중된 듯 보이지만, 그것은 또 다른 이야기이다.)

소송이 비용도 많이 들고 갈등 해결에 아주 만족스러운 방법이 아닌 것으로 드러나면서, 법조계에서는 조정을 추진하는 움직임이 등장했다. 조정의 특징은 공평한 제3의 조정자가 당사자들이 서로 얼굴을 맞대고 이야기하는 자리를 만들어 각자의 요구와 제약을 이해하고 양쪽 모두 감수할 수 있는 해결책을 생각해내는 데 있다. 조정에 관한 안내서를 꼼꼼히 읽어보면(적어도 변호사가 관련되는 부분에서는) 이 과정이 상당히 비적대적이라는 느낌이 곧바로 든다. 친구 갈등 해결 프로그램(Friends Conflict Resolution Programs)의 『조정관 안내서(The Mediator's Handbook)』는 다음과 같이 시작한다. "두 명의 조정관은 (중략) 환영 인사와 함께, 무슨 일이 벌어질지에 대한 설명으로 시작한다. 각 개인은 다른 사람들이 듣는 동안 번갈아가며 이야기한다. 대체로 이 과정에는 제약이 없다. 사람들은 상황과 관련된 이야기라면 짧든 길든 무슨 이야기든 할 수 있다." 책의 뒷부분에는 이렇게 쓰여 있다. "조정관들은 누가 잘못했는지 결정하려고 노력하지 않는다. 그 대신 사람들에게 중요한 이야기와 가능한 합의점에 귀 기울인다."

달리 말하면, 각자가 무엇에 신경을 쓰고 어떻게 상황을 바라보는지 알아보는, 비교적 체계적이지 않은 양쪽 당사자 간의 **커뮤니케이션**이 이 과정의 기초이다. 하버드 협상 프로그램(Harvard Negotiation Program)을 위해 몇 년 전 마련된 조정 안내서는 커뮤니케이션이 조정의 핵심에 속한다고 구체적으로 설명하고 있다. 또 다른 안내서도 숙달된 조정관이란 '공감 능력을 보여주고 친밀한 관계를 형성하며 신뢰를 구축하고 협력적인 분위기를 보이고 중립성과 공평성을 보여주고 호의적으로 들어주고 질문을 던지는 행동이 중요함을 이해한다.'고 설명한다.

기본적인 점은 분명하다. 조정은 '리바이어던'의 철권을 상호 인정과 이해, 토론으로 대체하는 갈등 해결 모델이다. 지금까지 다룬 공감,

공평, 신뢰와 같은 성공적인 협력 시스템의 기초들은 이 과정의 핵심 요인으로 반복해서 나타나지만, 가장 필수적인 요인은 커뮤니케이션이다. 가장 능숙하고 성공적인 조정관은 가장 효과적인 커뮤니케이션을 발전시킬 뿐 아니라 분쟁 당사자들이 과거보다 쉽게 공평한 해결에 도달할 수 있겠다고 생각하게끔 양측의 갈등을 표현해줄 수 있는 사람이다.

카우치서퍼와 집카의 사업 모델

조정을 비롯해 성공적인 협력 시스템의 다른 예를 살펴보면, 커뮤니케이션이 협력 시스템만큼 잘 이루어지는 이유가 드러나기 시작한다. 무엇보다 내가 이 책에서 다룬 공감과 연대감, 도덕률, 공평성, 신뢰, 리더십 등 사실상 성공적인 협력 시스템의 모든 요소가 커뮤니케이션에 의존한다. 익명의 말 없는 관계와 서로 소통할 수 있는 대화의 차이는 실험실의 인위적인 상황과 인간의 상호작용이 이루어지는 다채로운 현실의 차이와 같다.

또한 커뮤니케이션은 우리가 처한 상황을 정의하는 데, 즉 상호작용의 틀을 만드는 데 도움을 준다. 3장에서 살펴봤듯이, 인간의 마음과 뇌는 어떤 형태로든 자체적인 해석 없이 일단의 사실에 반응하지 않는다. 어떤 상황에 대한 경험은 그 상황의 객관적인 사실만이 아니라 그것과 함께 하면서 그 상황에 사회적 의미를 부여하는 모든 미묘한 신호와 연상에 의해서도 결정된다. 특정 상황에 대한 해석은 그 상황의 사실들이 전달되는 방식에 의해 이루어진다.

상황을 재구성하여 현실 세계에서 사람들이 협력할 수 있게 만드는 과정을 살펴보는 일은 어찌 보면 간단하지만 매우 힘들 수도 있다. 적절한 말을 건네기는 쉽지만, 확실하고 믿을 수 있게 그 말을 전달하기는 어렵다. 하지만 그렇게 할 수 있음을 보여주는 예는 여럿 있다. 카우치서핑이라 불리는 인터넷상의 현상을 예로 들어보자. 카우치서핑(couchsurfing.org)은 전 세계 50만 명이 이용하는 사이트로, 외국 도시에서 머물 곳, 즉 카우치(couch, 침상)가 필요한 여행자와 그들을 재워줄 의사가 있는 사람들을 연결해준다. 이는 정해진 요금이나 합의된 요금을 받고 빌려주는 서비스가 아니다. 카우치서핑은 실제로 돈을 주는 것을 **금지한다**.(집주인에게 선물을 주거나 집안일을 도와주는 등 다른 비금전적 보상을 제공하라고 권장하긴 한다.) 이 방식은 손님에게는 그럴듯하다. 누가 외국에서 공짜로 머물 수 있는 곳을 원하지 않겠는가? 하지만 집주인이 생판 모르는 사람(도끼 살인자나 도둑, 괴짜일 수도 있는 사람들)에게 자기 집을 공짜로 빌려주려면 어떤 동기가 있어야 할까? 통념에 따라 추정하자면, 이 사이트에는 여행자는 수없이 많지만 집주인은 심각하게 부족할 것이다. 그러나 현실은 그렇지 않다. 그 이유는 무엇일까? 소셜 네트워크로서의 모든 요소를 갖추고 있는 카우치서핑은 4장에서 다룬 키바 사이트와 마찬가지로, 단순히 하나의 사업체가 아니라 여행이나 다른 문화에 대한 배움과 같이 공동의 이해관계와 가치를 가진 사람들의 집단으로 스스로 표현해왔기 때문이다. 카우치서핑은 이런 공유된 가치관을 강조함으로써 사이트를 하나의 공동체로 표현할 뿐 아니라 상호 호혜(집주인들은 어느 시점이 되면 손님이 될 수도 있다. 엄밀히 따지면 이는 간접적인 상호 호혜이다.)나 커뮤니케이션, 신뢰와 같은 공동체의 강력한 규범 또한 전달하고 있다. 이 사이트는 포스팅과 이메일, 소셜 네트워크로서의 특징을 통해 회원과 지속적으로 접촉함으로써 이런 규범(지불 금지 조항 같은)들을 알리는 소수의 적극적인 대표자들에게 크게 의존하고 있다. 사이트 설립자들은 단순히 "이것이 하나의 공동체다."라고 말만 하는 게 아니라 실제 공동체의 **느낌과 경험**을 유지해주는 확실한 조치를 취함으로써 이 시스템(과 사이트가 의존하고 있는 협력 관계)을 지속적으로 순탄하게 운영하고 있다. 그리고 이런 결과들은 사람들이 카우치서핑 사이트에 올리는 글에서 확인할 수 있다. 카우치서핑 사이트의 게시판을 읽어보면, 제대로 작동하고 있는 진정한 공동체를 목격하고 있다는 느낌이 든다.

현재 카우치서핑 사이트는 영리 사업을 하고 있지 않다. 그런데 사업체나 기업들도 엄격한 의미에서 스스로를 영리 사업체라기보다 하나의 공동체로 규정지을 때 이익을 얻을 수 있다는 사실이 드러나고 있다. 이를 보여주는 성공적인 예는 보스턴에서 시작된 '카 셰어링' 업체 집카(Zipcar)이다. 집카의 사업 모델은 단순하다. 사람들은 적은 회비를 내고 비교적 적은 요금에 시간제로 자동차를 빌릴 수 있다. 하지만 집카의 매력은 가격이 아니라 편리함이다. 이 회사는 사람들이 쉽게 차를 타고 반납할 수 있는 도시 중심에 전 차량을 세워둔다. 집카가 매력 있는 이유는 이것뿐만이 아니다. 카우치서핑처럼 집카도 사용자들의 공동체 의식을 형성한다. 어떻게 그렇게 할까? 먼저 그들은 특정 유형의 고객, 즉 환경 오염을 의식하는 고객을 타깃으로 연대 의식과 공동의 목적의식을 형성한다. 광고와 웹사이트에서는 사람들이 쉽게 자동차 소유를 피하게 해줌으로써 오염을 줄인다는 기업의 사명을 자랑한다. 회사가 소유한 차들이 대부분 소형이고 저연비(다수가 하이브리드 차량)라는 점이 그 사명을 뒷받침해준다. 집카는 카우치서핑처럼 자동차를 빌려주는 게 아니라 '공유한다'고 말함으로써 고객과의 거래를 적어도 부분적으로는 사회적인 것으로(물론 돈의 주인이 바뀌기는 하지만) 표현한다. 그리고 강력한 신뢰가 공동체의 느낌을 더욱 강화해준다. 자동차를 반납할 때도 차 상태를 점검하는 직원은 없다. 회원들은 다음 사용자를 위해 기름을 가득 채우고 깨끗하고 좋은 상태로 반납하기만 하면 된다. 놀랍게도 회원들은 한결같이 그렇게 한다. 달리 말하면, 집카는 하나의 사업체라기보다 환경을 의식하는 클럽 같은 존재로 스스로를 제시한다.

　이것이 조작인가? 그렇지는 않다. 집카의 공동 창립자 중 한 명인 로빈 체이스(Robin Chase)의 말을 들어보면, 집카가 정말로 좋은 일을 해서 잘살자는, 즉 탄소 배출을 줄이면서 도심 교통을 개선한다는 믿음 위에 설립되었다는 점을 의심할 수 없다. 그러나 의도의 순수함은 중요하지 않다. 스스로를 공동체로 표현함으로써 고객을 확보할 뿐 아니라 고객들에게 규칙을 따르고 자동차와 다른 회원들을 잘 대하도록 동기를 부여한다는 점이 중요하다. 이런 점에서 집카는 현실 세계에서 펼쳐지는 월가/공동체 게임 실험과 비슷하다. 물론 이런 태도가 어느 정도까지 지속될 수 있는지, 어떤 시점이 되면 **공동체**라는 단어를 남용하는 기업들의 태도가 순수한 조작으로 보이기 시작할지는(현재 많은 사람들이 그렇게 보기 시작한 듯하다.) 여전히 중요한 의문이다. 물론 이런 의문이 틀을 규정하는 작업의 중요성을 약화시키지는 않는다. 이는 틀이 믿을 수 있는 방법으로 전달되어야 한다는 점, 한 기업의 진정한 주장이 다른 기업의 조작에 의해 평가절하될 수 있다는 점을 의미할 뿐이다.

    이 모든 것에서 중요한 점은 간단하다. 커뮤니케이션만큼 협력에 핵심적인 것은 없다. 말은 하찮지 않다. 우리는 말을 통해 어떤 상황에서 자신의 선호와 목표, 희망을 규정할 수 있다. 그리고 상호 공감을 구축하기 시작하고, 어떤 규범이 적절하고 어떤 행동 방침이 공평한지 협상하고, 신뢰를 구축하고 다른 사람을 이해하기 시작할 수 있다. 커뮤니케이션은 실험과 현실 세계 양쪽에서 협력에 가장 확실하고 극적인 영향을 미치는 요소이다. 그것은 충청의 오토바이 제조업체들이든 미국 법정의 조정관들이든, 아니면 세계 반대편에서 잠잘 곳을 구하는 여행자든, 협력이 성공적으로 이루어지고 있는 곳에는 어디에나 존재한다. 전 세계에서 펼쳐지는 협력 시스템에는 한 가지 공통점이 있다. 모두 커뮤니케이션에 의존한다.

6장

공평성의 다양한 기준

오스트로폴의 허셸(Herschel of Ostropol)에 대한 오래된 유대 농담이 있다. 친구와 함께 걷던 허셸은 누군가 벤치에 남긴 과자를 발견한다. 허셸은 과자를 집어 다른 크기로 쪼개더니 작은 조각을 친구에게 건네준다. 친구는 그를 바라보며 이렇게 말한다. "허셸, 뭐하는 거야?" 허셸은 "뭐가 잘못됐어? 너라면 어떻게 했겠어?"라고 되묻는다. 친구는 이렇게 대답한다. "글쎄, 내가 과자를 잘랐는데 조각의 크기가 다르다면, 내가 작은 조각을 갖고 너에게 큰 걸 줬을 거야." 이 대답에 허셸은 대답한다. "그런데 뭐가 불만이야? 내가 그렇게 했잖아."

사람들은 공평성에 신경 쓴다. 어린아이들조차도 상당한 수준의 정의감을 연마해놓는다.("나도 그 여자애가 받은 것만큼 받아야 해.") 부모는 자식들에게 똑같은 선물과 옷, 용돈을 줌으로써 이런 의식을 조장한다. 나이가 들면 대개 공평성에 대해 더욱 복잡한 개념을 갖게 된다. 상대적인 욕구나 운, 재능 같은 것들이 고려 대상에 포함된다. 남들보다 더 잘사는 사람들이 있다는 사실을 인정하게 되고, 원래 그런 거라고 생각하게 되지만 그래도 어떤 식으로든 여전히 공평성에 신경을 쓴다. 그렇다면 우리가 공평성을 신경 쓴다고 할 때, 정확히 무엇을 신경 쓰는 것일까?

실험경제학과 사회심리학 자료를 살펴보면, 사람들이 '공평성'에 신경 쓸 때에는 결과의 공평성, 의도의 공평성, 과정의 공평성의 세 가지에 신경 쓰는 듯하다. 결과의 경우, 사람들은 다들 인정하는 규범하에서 다른 사람들이 관련된 상호작용으로부터 각자가 얼마만큼 받는지 신경 쓴다. 의도의 경우, 결과가 '공평하지 않다면' 그 불공평한 결과가 의도적으로 발생된 것인지 여부에 특히 신경 쓴다. 그리고 과정에 관해서는 결과와 관련된 의도가 무엇이든, 그 결과가 달성된 과정이 공평한지 여부에 신경 쓴다.

먼저 결과의 공평성에 관한 증거를 살펴보자. 일단 공평성에 대한 관심이 순수한 이기심과 다르다는 것을 이해해야 한다. 이는 단순히 결과가 나에게 미치는 영향과도 다르다. 예를 들어, 상대가 100달러를 받고 내가 12달러를 받느니 상대도 나도 10달러를 받는 쪽을 선택한다면, 내가 받는 총액보다 결과의 공평성, 즉 받는 금액이 얼마나 같은가에 신경을 쓴 것이라 말할 수 있다. 스위스 경제학자 에른스트 페르(Ernst Fehr)와 동료들인 클라우스 슈미트(Klaus Schmidt), 우르스 피슈바허(Urs Fischbacher), 아르민 포크(Armin Falk) 등은 최후 통첩 게임 실험을 통해 사람들이 통제된 실험 상황에서는 자신이 갖고 떠날 돈과 상관없이 결과의 공평성에 관심을 갖는다는 점을 증명했다. 때때로 사람들은 불공평한 거래에 동의하느니 한 푼도 없이 떠나는 쪽을 선택할 정도이다.

최후 통첩 게임은 이 분야에서 자주 이용되는 실험이다. 이 게임에서 실험자는 제안자 역할을 맡은 한 피험자에게 일정액, 이를테면 100달러를 준다. 그 제안자는 받은 100달러에서 원하는 만큼 응답자에게 줄 수 있다. 만약 그 응답자가 돈을 받으면, 두 사람 모두 서로 합의된 액수를 받아 집으로 간다. 하지만 응답자가 제안을 거절하면, 두 사람 모두 한 푼도 없이 집으로 돌아간다.

당신이 이 게임을 하고 있는데, 제안자가 당신에게 아주 적은 돈, 예컨대 100달러 중에 1달러를 준다고 생각해보자. 당신은 어떻게 반응하겠는가? 1달러는 한 푼도 없는 것보다는 당연히 낫다. 하지만 다른 한편으로, "이게 뭐야? 정말 이기적이군! 둘 다 여기 피험자로 와서 저 사람은 운이 좋았던 것뿐인데, 왜 돈을 더 공평하게 나누지 않는 거야? 나쁜 놈!"이라고 생각할 수도 있다. 엄격히 말해 1달러가 한 푼도 없는 것보다는 나으므로 일반적인 예상에 따르면, 응답자들은 얼마가 주어지든 늘 받아들일 것이다. 조금이라도 갖고 돌아가는 것이 낫기 때문이다. 하지만 제안자가 100달러를 가졌다는 사실을 알기 때문에 대부분의 사람들은 한 푼도 받지 못하더라도 제안자의 인색한 태도를 벌주기 위해 그 제안을 거부하려는 마음이 생길 것이다. 정확히 이런 일이 실험 상황에서 발생한다. 실제로 1퍼센트보다 훨씬 높은 비율의 사람들이 제안을 거부한다. 여러 국가에서 실시된 수많은 연구 결과에 따르면, 대체로 응답자들은 총액의 20퍼센트가 안 되는 제안을 거부한다. 제안자들은 이런 결과를 예상하는 듯하며, 그 때문에 적어도 선진국 사회에서는 대다수의 제안이 총액의 30퍼센트를 넘는다. 실제로 지금까지 나타난 제안자들의 가장 흔한 전략은 응답자가 확실히 제안을 받아들이도록 50 대 50으로 나누는 것이다. 합리적 행위자 이론의 관점에서 보면, 0보다 높은 제안을 거부하는 행위는 자신에게 이익이 되지 않는다. '누워서 침 뱉는' 행동이나 다름없다. 그러나 이런 논리는 사람들이 불공평한 대우에 정말로 신경 쓴다는 단순한 사실을 무시하고 있다. 사람들은 자신에게 피해가 돌아오더라도 부당하게 행동하는 사람을 혼내주려고 한다.

최후 통첩 게임처럼, 현실 세계에서도 사람들은 부당하게 행동하는 사람들을 벌주려 한다. 피해를 감수하고라도 기꺼이 처벌하려는 마음은 협력에 도움이 된다는 점에서 사회에 매우 유용할 수 있다.(비록 그 결과가 복잡하고 항상 긍정적이지는 않지만 말이다. 이 내용은 8장에서 살펴볼 것이다.) 그리고 드러난 바에 따르면, 그런 마음이 생기는 데에는 생물학적 근거가 있다. 페르의 연구 팀은 신경과학자인 도미니크 드쿼르벵(Dominique de Quervain)과 공동으로 뇌에서 나타나는 처벌의 효과를 '살펴보려고' 했다. 죄수의 딜레마 게임에서 다른 피험자를 처벌할 수 있었던 사람들의 뇌를 스캔한 연구자들은 배신자 처벌에 돈을 더 많이 쓴 사람들의 경우, 보상이나 즐거움과 관련된 뇌 영역에서 더 많은 활동이 이루어졌음을 알아냈다. 즉 어떤 사람들은 자신에게 해를 끼친 사람들을 처벌할 때 정신적으로, 신경학적으로 기분이 좋아졌다.

사람들이 공평성에 아주 많이 신경 쓴다는 사실에 동의한다면, 다음 질문은 '공평성'이 무엇으로 이루어지는가이다. 이는 쉬운 질문이 아니다. 정의나 공평성에 대해 명확한 정의는 없다. 공평성을 정의하는 가장 단순한 방법은 하나의 파이에서 모두가 똑같은 비율을 받는 균등이다. 아마도 이 때문에 오스트롬은 모든 이의 기본 재산과 요구 사항이 비슷할 때, 이를테면 토지와 물에 대한 접근권이 거의 같고 방목하는 젖소 수 등이 같을 때, 공유지 같은 재산 공유 시스템이 더 잘 운영된다는 사실을 알게 되었을 것이다. 그러나 그렇게 자원을 똑같이 깔끔하게 분배하기는 쉽지 않다. 만약 땅의 넓이는 같지만 한쪽의 위치가 더 좋아서 땅값이 더 높다면? 혹은 물의 양은 똑같지만, 한쪽 작물에 물을 더 많이 대야 한다면? 그런 예들은 대체로 사람들에게 공평성에 대한 더욱 복잡한 정의가 필요하고 실제로 사람들이 그런 정의를 수용하려 한다는 사실을 증명해준다.(사실 이런 예들은 현실 상황에 비해 여전히 간단하다.)

결과의 공평성, 의도의 공평성

공평성은 다른 상황에 처한 사람들에게 상당히 다른 의미를 띨 수 있다. 법률사학자 안드레아 맥도웰(Andrea McDowell)의 연구에서 이를 증명하는 예를 찾아볼 수 있다. 맥도웰은 1848~1849년의 캘리포니아 골드 러시 중에 발전된 탄광 법규를 연구했다. 우후죽순처럼 광산 캠프가 생겨나고 뜨내기 광부들이 많은 데다가 그 지역이 아직 하나의 주(州)로 통합되지 않았기 때문에 당국은 채굴권에 관한 공식적인 단일 재산법을 효과적으로 집행할 수 없었다. 그 대신 각 캠프의 광부들은 스스로 법규를 정해 땅이 어느 정도 공평하게 분배되도록 조치했다. 그들 모두, 광부 한 명이 일할 수 있는 땅보다 더 많은 땅을 요구하는 것은 부당하다는 점에 동의했다. 하지만 그 밖의 규칙들은 캠프마다 달랐다. 어떤 캠프는 광부들의 부지 매매를 허용해준 반면, 그렇지 않은 캠프도 있었다. 또한 일꾼을 고용하면 광부들이 부지를 더 소유할 수 있는 캠프도 있었고, 어떤 광부도 일인분 이상은 소유하지 못하는 캠프도 있었다. 중요한 것은 규칙이 무엇이었든, 이 작고 독립된 광부 집단 내에서조차 넓은 의미에서 '공평함'의 정의에 대한 의견이 다양했다는 점이다.

선진국 밖으로 시선을 돌려보면, 공평성에 관한 정의의 범위가 정말로 넓다. 인류학자 롭 보이드와 조 하인리히(Joe Heinrich), 경제학자 샘 볼스와 콜린 캐머러(Colin Camere), 에른스트 페르, 허버트 진티스는 획기적이게도 전 세계 15개 소규모 사회 출신 피험자들을 상대로 최후 통첩 게임을 실시했다. 여기서 그들은 공평성의 개념이 엄청나게 다르다는 사실을 알아냈다. 페루 아마존 지역의 마치구엔가(Machiguenga)족 사람들은 상당히 균등하지 않은 분배를 공평하다고 인식했다. 그들은 적은 돈을 제안하는 동시에 받아들이는 경향을 보였다. 이런 행동은 이 부족의 문화적 배경 내에서는 이해된다. 그들은 자급자족적인 작은 친족 집단으로 살아가기 때문에 다른 사람들과 거의 거래하지 않는다. 따라서 그들은 외부인과의 공평한 교환에 기대하는 것이 없고 낯선 이의 선물은 적어도 없는 것보다는 낫다고 간주한다. 한편, 뉴기니의 안구가낙(Anguganak)과 보가십(Bogasip) 같은 문화에 속한 사람들은 '관대한' 지급을 많이 요구했다. 그들은 제안도 다양했고 거부율 역시 훨씬 높았는데, 일부 응답자들은 70퍼센트라는 아주 관대한 제안도 거부했다. 이 또한 그들의 선물 증정 문화에서는 타당하다. 뉴기니 연구를 맡은 데이비드 트레이서(David Tracer)에 따르면, 이들 사회는 타인의 선물에 높고 불확실한 사회적 의무를 항상 부여했다. 그래서 지나치게 후한 선물을 거부하는 것은 그 선물과 함께 왔다고 생각되는 의무를 받아들이기 싫은 마음을 나타낼 수도 있다. 양쪽 사회 모두에서 균등한 분배에 대한 기준은 전혀 존재하지 않았다. 전자에서는 모르는 사람과의 협력이 너무 드물어서 공평함에 대한 확고한 규범이 존재하지 않아서이고, 후자의 경우엔 선물이 사회적 의무에서 너무나 큰 역할을 하기 때문이다.

이런 문화 차이를 고려한다면, 선진국 사회의 최후 통첩 게임에서 나타나는 행동 유형, 즉 균등한 분배에 초점을 맞추는 유형은 그리 놀라운 것이 못 된다. 우리는 타인과 상호작용할 때 이익을 주고받는 데 익숙해져 있다. 이익 분배에 대한 단순한 규칙을 따르는 데 익숙할 뿐 아니라 상대를 평등하게 대해야 한다는 생각에도 익숙하다. 사람들은 고객이든, 판매자이든, 직원이든 각자 맡은 사회적 역할이 동등해야 한다고 간주하는 단순한 규칙을 따른다. 그래서 공평성의 구성 요소를 알아내려는 실험의 피험자가 되면, 균등한 분배를 생각하게 된다.

공평성에 대한 기대는 특정 상황이나 배경에서의 기대에 따라 결정되기도 한다. 당신은 국가의 소득자 중 상위 1퍼센트가 소득의 50퍼센트를 세금으로 내고 그 돈을 가난한 구성원들에게 재분배하는 것이 더할 나위 없이 공평하다고 생각할지 모른다. 그러나 당신이 라스베이거스 카지노에 갔는데, 당신이 딴 돈의 50퍼센트를 세금으로 떼어가서 그날 밤 돈을 잃은 사람들에게 나눠줬다고 생각해보자. 그게 공평하다고 생각하겠는가? 한편 훌륭한 거래인이 더 나은 중고차 계약을 맺는 것은 공평하다고 생각할 것이다. 하지만 경매에서 최고가 입찰자가 아닌 사람이 진귀한 골동품을 수월하게 차지한다면? 여기서 차이는 결과의 동등함이 아니라(모든 결과는 같지 않다.) 그 상황에서 우리가 갖는 기대에 있다. 정부의 공공 사업과 예산에서 사람들은 상대적인 필요가 고려되리라 기대한다. 많은 기업들이 소비자와 적대적인 관계를 극복하려고 애쓰지만, 소비자의 입장이 되면 자칫 정신을 놓고 있다가는 한 푼도 남김 없이 뺏길 수 있다고 예상한다.(그래서 '구매자 위험 부담'이라는 표현이 인기 있다.) 각 상황에서 사람들은 아주 다른 기대를 하며, 결과가 그 기대와 같지 않을 때 부당하다고 인식한다.

이는 재산이나 자원의 불공평한 분배가 특정한 방식으로 제시, 표현된다면 받아들이거나 참아낼 의향이 충분히 있다는 뜻이다. 최후통첩 게임에서 상대 피험자가 로또로(즉 운으로) 돈을 '받았거나' 퀴즈 문제의 정답을 맞혀서(즉 기술로) 돈을 '벌었다'고 말해주면, 응답자들은 돈의 출처를 몰랐을 때보다 적은 액수의 제안을 받아들이는 경향을 보였다. 이는 사람들이 사회의 불평등을 정당화하는 과정과 완벽하게 일치한다. 우리 문화는 부지런하고 창의적이고 생산적인 사람들이 잘사는 것을 질투하면 안 된다고 가르친다. 종종 우리는 (부러워하기는 하지만) 그 재산이 그들의 뛰어난 능력과 노력에 대한 정당한 대가라고 설명한다. 하지만 흥미롭게도, 우리는 운이 좋아 그런 이익을 얻었을 때도 '공평한' 분배라고 생각한다. 이는 '제대로 된' 부모에게 태어나는, 유전자상의 복권 뽑기에도 해당한다. 우리는 운을 불공평하다고 생각하지 않고 인생의 일부라고 생각한다. 적어도 미국 정치에서 재분배 정책에 대한 저항의 일부는 불평등이 당연하다는, 즉 (실험에 근거한 생각은 아니지만) 공평하다는 생각에 몰두하는 현상 때문에 발생한다. 사람들은 그것이 대체로 생산성이나 고된 노력 등에 근거한다고 생각한다. 심지어 운 좋은 출생도 불공평할 정도로 좋은 기회를 얻은 이유로 타당하다고 추정한다. 그것이 그 아이의 부당한 이득이 아니라 아이를 잘 돌보는 부모가 마땅히 누릴 수 있는 행복이라고 간주하기 때문이다.

'공평함'의 정의는 보편적이지도, 견고하지도 않다. 그것은 문화적 규범에 따라, 개인의 해석에 따라 달라진다. 다음의 시나리오를 상상해보자. 당신은 배의 선장인데, 지금 막 난파선에서 살아남은 사람들을 배에 태웠다. 배의 식수는 한정되어 있다. 안전한 곳까지 가는 데 얼마나 걸릴지 알고 있는 당신은 탈수로 죽는 사람이 발생하지 않으려면 (비록 모두가 상당히 목이 마르겠지만) 1인당 얼마만큼씩 물을 줘야 할지 미리 계산을 끝내놓았다. 하지만 여러 날이 지나자 난파선의 몇몇 선원들의 상태가 나빠졌다. 몸에 지독한 종기가 나서 허약해진 그들은 끊임없이 신음 소리를 냈다. 당신은 어떻게 하겠는가? 그들에게 식수를 조금 더 주겠는가, 아니면 원래 계획을 고수하겠는가? 좁은 의미의 공평성을 지키는 선장이라면 그들의 심각한 고통을 무시하고 정해진 분배 계획을 가차 없이 강행할지 모른다. 하지만 일부 선원들이 더 많이 고통 받는 것이 부당하다고 느낀다면, 눈에 띄게 고통스러워하는 선원들을 외면하지 못하고 그들에게 추가로 물을 줄지도 모른다. 어떻게 하는 것이 옳을까? 엄격히 말해서 두 가지 모두 공평하다. 첫 번째 방법은 구성원 각자를 동등하게 다루고 있고, 두 번째 방법은 그들의 상대적인 필요성을 고려하고 있기 때문이다. 이 이야기는 원래 대니얼 뱃슨의 심리학 연구 보고서에서, 공감이 어떤 경우에 비생산적일 수 있는지 조사하는 과정에서 소개되었다. 안전한 곳에 도착하기 전에 식수가 떨어지면 다른 이의 고통에 지나치게 공감하는 선장은 모든 선원의 생명을 위험에 빠뜨릴 수 있다. 그러나 이 이야기는 공평에 대한 다른 개념들로 인해 근본적으로 다른 분배가 이루어질 수 있음을 강력하게 강조하고 있다. 이 분배 방식들은 모두, 전후사정 안에서 정당화될 수 있고 각 방식은 관련된 모든 사람에게 아주 다른 결과를 준다.

인간이 상대적인 필요에 신경 쓴다는, 심리와 행동에 관한 기본적인 사실은 미국 정치에 커다란 과제이다. 서유럽의 사회민주주의는 누진세와 복지 수급권 증여를 통해 상대적인 필요에 대처한다. 그러나 미국에서는 기회의 균등으로 강조점이 옮겨간다. 즉 미국 정치 문화는 모두가 똑같은 기회를 얻어야 한다는 생각 위에 세워져 있다.(실전에서는 꼭 그렇지 않더라도 이론에서는 그렇다.) 비슷하게, 기업가 정신이나 개인의 업적, 부의 추구를 강력하게 강조하는 미국 분위기는 엄밀히 말해 동일한 결과보다 노력과 재능, 기여에 근거한 공평성의 논리를 강화한다. 부분적으로 이는 의료 서비스와 복지 개혁을 지지하는 사람들이 결과의 공평성보다 과정이나 기회의 공평성에 무게를 두는 미국의 핵심 개념을 뒤집지 않으면서 이익의 재분배를 정당화하기 위해 아동이나 노년층, 불우한 사람들을 특별 보호가 필요한 집단으로 분류하여 논쟁의 틀을 다시 잡아나가려는 이유이다.

사람들은 결과의 공평성뿐 아니라 **의도**에도 큰 관심을 갖는다. 즉 **누가** 무엇을, 얼마만큼 얻는지 뿐 아니라 누군가가 일부러 부당하게 혹은 이기적으로 행동하고 있는지 여부에도 관심을 갖는다. 운이나 능력을 통해 얻은 이득을 너그럽게 용인하듯 사람의 힘으로 어쩌지 못하는 이유 때문에 불공평해진 결과에 더 관대하다. 학자들은 최후 통첩 게임을 영리하게 변형하여 사람들이 의도와 결과에 각각 어떤 반응을 보이는지 알아내고자 했다. 그런 실험에서는 먼저 피험자가 상대에게 얼마만큼 줄지를 컴퓨터가 결정한다. 실제로 게임에서 응답자들은 상대에게 액수를 정할 권한이 없다는 사실을 알 때, 더 적은 액수를 받아들이는 경향이 있다.

사람들은 상대가 손쓸 수 없는 불공평한 결과는 용서하는 경향이 있을 뿐 아니라 상대가 커다란 피해를 감수하지 않고는 그 상황을 피할 수 없어서 자신에게 불이익을 안긴 경우라면 더욱 이해심을 발휘하고 동정까지 보여준다. 아르민 포크, 에른스트 페르, 우르스 피슈바허가 이런 실례를 보여주는 실험을 했다. 한 그룹에게는 50 대 50과 80 대 20으로 나누는 방법 중 선택할 수 있게 하고 다른 그룹에게는 80대 20과 20 대 80으로 나누는 방법 중에서만 선택할 수 있게 했다. 두 번째 그룹에서 80 대 20이 선택되었을 때의 결과는 당연히 부당했는데도 그런 분배를 거절한 응답자들은 거의 없었다. 동시에, 누군가가 피해를 입어야 하는 게임에서조차도 일부 피험자들이 부당한 대우에 크게 저항하여 80 대 20의 제안을 거절했다는 사실 역시 그만큼 흥미롭기는 하다. 허셀의 친구처럼 이들도 운이 두 사람에게 아주 불평등한 분배를 안겨줄 때에는 선택권을 가진 사람이 스스로 불리한 입장을 택해야 한다고 생각했던 것 같다.

타니아 싱어(Tania Singer)와 동료들은 또 다른 연구에서 원래 동시 게임인 죄수의 딜레마 게임을 순차 게임으로 변형해 실시한 뒤, 피험자들에게 함께 게임을 한 사람들의 얼굴 사진을 보여주었다. 게임 중에는 첫 번째 사람이 먼저 협력적인 조치를 취하거나 취하지 않을 수 있었다. 각 참가자가 받을 최악의 결과는 한 사람이 협력하고 다른 사람이 배신할 경우에 발생했다. 그런데 순차로 진행한 죄수의 딜레마 게임에서 첫 번째 피험자가 배신하면, 분명 두 번째 사람도 배신했다. 하지만 첫 번째 사람이 협력하면, 두 번째 사람은 제대로 된 선택을 할 수 있었다. 협력한다면 두 사람 모두 더 좋은 결과를 얻게 될 것이고, 배신한다면 두 번째 사람에게는 훨씬 더 좋은 결과가 생기지만 첫 번째 사람에게는 최악의 결과가 발생한다. 두 번째 사람이 협력할지 말지 선택할 기회를 얻을 때도 있었고, 달리 선택할 것 없이 실험자의 지시를 따라야 하는 경우도 있었다. 실험 결과를 보면, 두 번째 사람들 중에 협력적인 반응을 보인 사람도 있었고 그렇지 않은 사람들도 있었다. 그리고 일부는 의도적으로 행동했지만, 일부는 그러지 않았다.

게임이 끝난 뒤, 싱어는 피험자들에게 게임을 함께한 사람들의 사진을 보여주었다. 먼저, 싱어는 그들에게 얼굴을 기억하는지 물었다. 그다음에 그 사람이 얼마나 '마음에 드는지' 물은 다음, 피험자들의 뇌를 스캔했다. 연구자들은 평가와 보상에 관련된 뇌 활동 영역이 두 번째 사람이 협력하거나 공평하게 행동했는지 여부뿐 아니라 자신의 자유의지로 그렇게 행동했는지 여부에 따라서도 다르게 작동했음을 알아냈다. 또한 피험자들은 협력하지 않았거나 협력은 했지만 선택의 여지가 없었던 사람들보다는 의도적으로 협력한 사람들의 얼굴을 더욱 명확하게 기억했다. 호감도에 대한 피험자들의 평가도 동일했다. 본질적으로 이 실험은 우리가 협력하는 사람들을 기억하고 그들에게 호의적이며 또 의도적으로 배신한 사람들 역시 기억하지만(그들에게 부정적인 태도를 보이면서), 자신에게 무심코 피해를 입힌 사람들은 기억하지 못하거나 별다른 생각이 없음을 보여주었다.

이런 설명이 타당하다. 자신에게 의도적으로 협력했거나 피해를 입힌 사람들을 더욱 쉽게 기억하는 것은 미래에 누구를 믿을 수 있는지 알게 된다는 점에서 인생을 헤쳐나가는 유익한 방법이 된다. 무심코 자신에게 피해를 입힌 사람이 미래에도 또 그럴 거라고 믿을 이유는 없다. 그들은 우리 마음속에서 흐릿한 존재여도 괜찮다. 공평한 결과와 관계없이, 공평한 의도가 중요하다.

복권, 징병, 그리고 사람들이 줄을 서는 이유

실험 상황에서는 의도와 결과를 파악하기가 수월하지만, 현실에서는 그 둘을 분리해내기 어렵다. 어쨌든 누군가가 다른 사람을 희생시키고 자신의 이익을 최대화하려고 애쓰는 상황에서는 공평하다고 생각될 결과가 나올 가능성이 적다. 바로 이 때문에 공평한 시스템에 흥미를 가진 사람들에게는 사람들이 많은 관심을 갖는 세 번째 차원의 공평성, 즉 절차의 공평성을 살펴보는 것이 도움이 된다. 제안자가 돈을 '땄거나' '벌었을' 때 피험자들이 불공평한 분배를 받아들이려 한다는 사실은 사람들이 복권이나 임원의 보너스 지급처럼 불평등한 결과라도 그 절차가 공평하면 그것을 공평하다고 받아들일 것임을 암시한다.

사람들이 실제 결과보다 과정에 더욱 신경 쓴다는 주장에는 증거가 있다. 누군가가 "공평한 게 공평한 거야."라는 말로 불리한 결과를 받아들이는 모습을 몇 번이나 봤는가? 결과에 관계없이 공평하다고 널리 인식되는 과정으로는 복권처럼 무작위로 진행되는 절차를 꼽을 수 있다. 베트남전쟁 중에 선발 징병 제도(Selective Service)에 대한 대중의 인식이 어떻게 바뀌었는지 생각해보자. 전쟁이 시작되었을 때에는 교육이나 특정 직업 종사, 자녀 출산 등 일부 (부유한) 집단에게 확실히 유리한 온갖 종류의 징병 유예 사유가 존재했다. 그러나 반전 세력의 목소리가 점점 커지면서 결국 1969년에 이런 징병 유예 사유 대부분이 인정되지 않고 무작위 추첨 제도가 시행되었다. 이 조치로 전쟁이 더 인기를 얻은 것은 아니었지만, 거세진 압력 앞에서 정부는 어떤 젊은이는 전쟁터에 보내져 목숨을 잃는데 그렇지 않은 젊은이도 있다는, 끔찍하게 불공평한 현실에 대한 분노를 무디게 만들어야 했다. 정부는 이성에 근거한 합리적인 절차보다는 순전히 우연적인 절차에 의지했다.(이성에 근거할 경우, 의대생은 군인으로 전쟁에 나가기보다 고국에 남아 의사로서 더욱 중요한 도움을 줄 수 있다고 주장할 수도 있다.)

이런 추첨 과정이 본질적으로 공평하다는 인식은 성서 시대에서 그 기원을 찾을 수 있다. 구약성서에서 유대인들은 하느님을 노하게 하고 도시 정복에 실패하게 만든 사람을 찾아내어 책임을 지우기 위해 제비를 뽑았다. 비슷하게, 「요나서」에서 요나는 재수 없는 제비를 뽑는 바람에 폭풍우에 대한 희생양으로 선택되었다.

현대 문화에서는 이런 희생양 찾기가 아주 불평등하다고 인식될 수 있다. 하지만 실제로 그것은 정기 입장권 소지자들 중에서 슈퍼볼 입장권을 추첨하는 경우나 징병 제도 같은 현대의 관습과 크게 다르지 않다. 이런 경우 우리 모두는 결과가 특별히 공평하지는 않다는 데(슈퍼볼 경기를 직접 볼 수 없는 정기 입장권 소지자들의 경우엔 특히) 동의하지만, 그 과정이 무작위로 이루어지기 때문에 어쨌든 전체 시스템이 공평하다고 생각한다.

하지만 현실적으로 모든 과정이 무작위로 이루어질 수 있는 것은 아니다. 그러면 세상은 혼란에 빠질 것이다. 사람들이 지하철이나 극장 매표소에 도착해서 어떻게 하는지 생각해보자. 당신은 어디에 서는가? 바보 같은 질문이다. 당연히 줄의 맨 끝에 설 것이다. 모든 사람이 웅크리고 모여 앉아 매표소 직원이 모자에서 이름을 뽑아주길 기다리는 것은 현실성이 없다. 그렇다고 해도 '선착순'이 말처럼 간단하지는 않다. 선착순이 효력이 있으려면, 누가 언제 왔는지 알리는 손쉬운 방법이 있어야 한다. 그래서 줄이라는 잘 알려진 신호가 생겼다. 우리는 어딘가에 도착했을 때 줄 맨 끝에 가서 자기 차례를 기다려야 한다는 것을 알고 있다. 또한 줄은 선착순 규칙이 놀라울 정도로 쉽게 저절로 조절되게 만든다. 우리는 사람들이 뻔뻔하게 새치기하려는 사람에게 어떻게 하는지 알고 있다. 선착순 원칙은 능력에 근거한 것도 아니고 완전히 무작위도 아니지만, 우리 문화에서 공평한 과정으로 널리 인식된다.

무엇이 과정을 공평하게 하는지 규정하기가 점점 더 어려워지지만, 상황이 더 복잡해지면 과정의 공평성은 확실히 중요해진다. 저울을 들고 눈을 가린 정의의 여신상을 생각해보자. 법이 공평하다는 인식을 유지하려면 여러 단계의 치안과 사법 절차가 필요하다. 미국에서 절차적 정의의 공평성을 가장 광범위하게 연구한 학자는 심리학자 톰 타일러(Tom Tyler)였다. 그는 가난한 지역 주민들의 법에 대한 태도를 연구했는데, 놀랍게도 이들이 법과 법 집행에 보이는 반응은 결과보다 과정의 공평성과 더욱 관계 있었다. 사회적, 경제적으로 불리한 사람들은 여전히 법률 집행을 정당하다고 생각했고, 그렇다면 법을 지켜야 한다고 생각했다.

공평한 임금의 기준

직장에서는 공평성이 어떤 모습을 띨까? 쉬운 예로 임금을 생각해보자. 일부 사람들이 정의 내린 공평한 임금 시스템에서 임금은 전적으로 실적, 즉 노력이나 기술에 기초한다. 그리고 연공서열대로 똑같이 지불하는 것이 적절하다고 생각하는 사람들이 있는 반면, 공평한 임금은 오직 시장에 의해서만 결정된다고, 즉 수요와 공급이 한 사람의 시간과 노동의 가치를 정한다고 보는 사람들도 있다. 실제로 전통적인 경제 모델은 시장이 임금을 결정한다고 예측한다. 공평성은 노동시장에 끼어들 자리가 없는 것이다. 이론적으로 어떤 기업이 비슷한 노동에 대해 다른 기업들보다 훨씬 더 많은 돈을 지불한다면, 그 기업에는 수용할 수 있는 수준보다 더 많은 노동자들이 모여들 것이다. 그 기업이 경쟁 기업들보다 더 많이 지불하는 한, 임금은 내려갈 수밖에 없다. 어떤 이유 때문에 그렇게 하지 않는다면, 그 기업은 인건비가 너무 높아져서 파산하고 말 것이다. 따라서 이론적으로는 이익에서 더 많은 몫을 임금으로 주던 기업은 관련 비용 때문에 결국 덜 주게 될 것이다. 공평성이 아니라 시장이 임금을 결정할 것이다. 하지만 (우리가 살펴본 다른 사례에서처럼) 현실은 그렇지 않다. 실제 연구에서 단일 산업에 속하는 기업들 간에는 엄청난 차이가 난다. 기업들이 비슷한 일자리와 노동자에게 지불하는 임금은 최고 50~60퍼센트까지 차이 나기도 한다. 결과적으로 산업 내에 존재하는 상당한 차이 덕분에 다양한 차원에서 비교적 공평한 임금을 지급하는 기업들을 살펴볼 수 있다.

가장 손쉬운 비교는 성과별 지급, 즉 '실적'을 의미하는 **공평성**을 이용하는 기업들과 균일 임금 체계처럼 '균등'을 의미하는 **공평성**을 이용하는 기업들을 비교하는 것이다. 경영학자들은 다양한 기업들을 검토했는데 각 방식에는 성공 사례도 있고 실패 사례도 있다. 급여 체계가 균등하다는 것은 동등한 결과, 즉 모든 사람(적어도 특정 직종의 모든 사람)이 동일한 액수를 지급받는다는 명백한 이점이 있다. 하지만 그것은 게으름을 피우는 노동자들이 열심히 일해서 회사에 크게 기여하는 노동자들과 똑같은 임금을 받는다는 의미이기도 하다. 공평성은 동일한 결과뿐 아니라 공평성의 기준에 부합하는 결과에 관한 것이기도 하다는 점을 기억해야 한다.

제이슨 쇼(Jason Shaw)와 동료들이 트럭 운송 산업과 콘크리트 산업에서 실시한 연구를 예로 들어보자. 그 연구는 임금 격차와 실적 간의 관계를 보여주려고 했다. 연구자들은 트럭 운송의 경우엔 배달 속도나 사고 건수, 시멘트의 경우엔 시멘트 1톤당 노동 시간 같은 객관적인 기준과 상사의 직원 평가 같은 주관적인 기준 모두를 이용하여 실적을 규정했다. 두 산업 모두에서 한 가지 사실이 분명했다. 직원 간의 임금 격차가 크지만 그 차이가 실적과 밀접한 기업의 직원들은 높은 점수를 받았다. 그들은 노력과 실적이 임금을 정하는 공평한 기준이라고 인식했기 때문에 더 열심히 일하는 반응을 보였다. 커다란 임금 격차가 노동자의 실적이 아니라 불공평해 보이는 기회나 친족 등용 등의 요인 때문에 발생하는 기업의 직원들은 좋은 점수를 받지 못했다. 열심히 일해도 보상받지 못할 것이고 자격도 없는 사람들이 좋은 것을 독차지했다는 사실을 안다면 당연히 그럴 것이다.

하지만 실적에 대해 아무런 인센티브도 제공하지 않고 균등한 임금을 지급했던 기업의 직원들은 어땠을까? 우리 모두가 이기심에 의해 움직인다면, 물질적인 인센티브가 주어질 때 일을 더 잘할 거라고 추측하는 것이 맞다. 하지만 실제로 이 연구에서 사람들은 균일 임금 체계가 회사의 공식 방침이었을 경우, 성과급 제도일 때와 마찬가지로 똑같이 일을 잘했다. 하지만 회사가 말로는 임금으로 노력을 보상하겠다고 하면서도 실제로는 균등 체계로 임금을 지급하면, 제대로 일하지 않았다. 두 경우 모두 기대, 즉 규범적인 틀이 중요했다. 사람들은 실제 임금 지불 방식이 회사에서 널리 공유된 규범(균등한 지급이든 인센티브 지급이든)에 들어맞는 경우엔 일을 잘했다. 회사의 공인된 방침(혹은 규범)에 들어맞지 않거나 널리 합의된 공평성의 기준에 부합하지 않는 임금 체계, 이를테면 족벌주의나 다른 불공평한 이익이 관련된 체계는 성공하지 **못했다**.

이를 살펴보면, 기업이든 정부든 가정이든 어떤 급여 체계가 가장 공평한지에 대한 답은 한 가지가 아니다. 하지만 확실한 것은 '인센티브를 제대로 이용하는 데에', 즉 실적을 감시하여 그 결과에 따라 정확히 지급하는 시스템을 운영하는 데에 공평성이 중요하다는 기본적인 인식이 **빠져** 있다는 사실이다. 무엇이 가장 공평한가에 대한 정답은 없지만 비물질적인 보상과 마찬가지로 임금 역시 하나의 문화가 공평성과 적절성에 대해 공유하고 있는 신념에 부합하는 방식으로 분배되어야 한다. 즉 균일 임금 체계는 균등한 분배를 기대하는 상황에서 더 바람직하고, 성과급 제도는 연공서열이나 노력, 실적이 강조되는 상황에서 적절하다. 그리고 그런 시스템을 구상할 때, 우리는 공평성이 결과뿐 아니라 의도와도 관계 있음을 기억해야 한다. 한 시스템의 참가자나 운영자들(위의 예에서는 임금을 주는 사람들)은 공평한 절차를 고수하는 모습을 보여야 한다. 사람들은 복권부터 임원 보너스까지, 불평등한 결과를 야기하는 많은 것들을 공평하다고 받아들일 수 있다. 하지만 변덕으로 결정하는 절차가 공평하다고 인식하는 경우는 거의 없다. 그리고 2008년의 금융 위기와 그 여파에 대한 일반 대중의 반응이 서서히 드러나고 있는 이 시점에서는 임원들의 연봉 규모 자체가 결과와 절차, 의도를 용인할 수 없을 정도로 높은 경우도 있다.

　기업과 사회 연구뿐 아니라 실험경제학과 사회심리학에서 얻을 수 있는 중요한 가르침은 공평성에 대한 욕구가 인간의 동기와 행동의 중요 요소라는 사실이다. 공평성에 대한 욕구는 이기심이나 공감, 연대감과는 관계없다. 인간에게는 공평하게 대우받고자 하는 욕구, 공평하게 대우하는 시스템에 속하고자 하는 기본적인 욕구가 있다. 사람들이 탁월하게 일하거나 효과적으로 협력하는 시스템을 수립하고자 한다면, 단순히 보상과 인센티브를 제공하는 것만으로는 충분하지 않다. 그 시스템이 얼마나 공평한지에 대해서도 생각해야 한다. 공평성은 시스템이 잘 작동하게 만들고 사람들이 그 안에서 훌륭히, 그리고 협력적으로 기능할 수 있게 만드는 필수적이고 실질적인 요소이다.

7장

도덕적인 것이 정상적인 것

오랫동안 차를 몰아 겨우 산에 도착했다. 가족들과 함께 스페인과 프랑스 국경선에 있는 피레네 산맥에서 휴가를 보낼 때였다. 그 시간까지 영업 중인 식당을 발견하고 기뻐했는데 그 식당이 멋지기까지 해서 놀랐다. 우리는 아주 친절하고 프로다운 웨이터의 시중을 받으며 맛있는 저녁을 먹었다. 이 길을 지나간 미국인 관광객이 거의 없었기 때문에 그 웨이터는 기꺼이 우리와 이야기를 나누며 시간을 보냈다. 식사가 끝났을 때, 그의 서비스와 전체적인 분위기에 크게 만족한 우리는 상당한 액수의 팁을 남겼다. 하지만 놀랍게도 다정하게 웃던 그는 팁을 보자 마음이 크게 상한 듯한 표정을 지었다. 나는 곧바로 실수를 했음을 깨달았다. 여기 이 사람과 이 문화에서 팁은 자존심 높은 프로들이 아니라 그냥 일꾼들이 받는 돈이었다. 우리가 그의 프로 의식을 건드린 것이 분명했다. 그래서 나는 주방장과 웨이터의 조수에게 손을 흔들면서 이렇게 말했다. "이 팁은 여러분들 겁니다. 일 끝내고 한잔하세요." 그러자 웨이터는 확실히 안도한 표정으로 돌아서며 뒤쪽의 사람들에게 소리를 질렀다. "술 한잔해!" 우리는 다정한 미소와 작별 인사를 나누며 헤어졌다.

우리 행동이 잘못되었는가? 우리는 관대하게 행동하고 있다고 생각했다. 우리 같은 미국인들에게는 훌륭한 식사와 경험에 대한 감사의 표시로 계산서에 상당한 팁을 얹어주는 것이, 즉 관대함은 관대함으로 주고받는 것이 규범이다. 그러나 미국과 문화가 아주 다르지 않은 서유럽 국가에서조차도 규범의 범위는 넓다. 이 경우, 실질적인 피해는 없었지만 일반적으로 인정받는 규범적인 행동의 차이는 여러 사회와 문화를 거슬러 협력할 수 있는 시스템을 구축할 때 문제가 될 수 있다.

일상생활에서 규범은 임의적일 수 있다. 종종 규범 그 자체가 아니라 규범의 조율이 중요하다. 예를 들어, 왼쪽 도로에서 운전하라고 하는 교통법이 본질적으로 오른쪽 도로 운전을 시키는 교통법보다 더 나은 것은 아니다. 하지만 모든 사람들이 아무 쪽으로 운전하는 것보다는 분명히 낫다. 비슷하게, 어떤 방향으로 줄을 서는지는 중요하지 않다. 줄을 서는 사람들이 어느 쪽이 뒤이고 앞인지 아는 것, 나중에 온 사람이 줄의 맨 뒤에 서는 것이 중요할 뿐이다. 즉 규범의 본질이 별 상관없는 경우가 많다. 중요한 점은 당사자들이 알고 따르고 위반 사례를 쉽게 알 수 있도록 규범이 이해하고 감독하기에 간단한지 여부이다.

규범은 단순히 사람들의 행동을 조정하는 역할 이상을 할 수 있다.

또한 사람들이 남들에게 호의적으로 행동하도록 만드는 역할도 한다. 이런 규범의 일부는 도덕적 약속으로서 체험된다. 이 약속이 철저히 지켜지는 덕분에 우리는 지켜보는 사람이 없는 경우나 개인의 이익이나 편의, 타인의 의견을 무시할 수밖에 없는 경우에도 그 약속에 근거하여 행동해야 한다고 생각한다. 일상생활에서 사람들이 지키는 규범과 사회적 관행은 법률이나 경험의 법칙, 의심 없이 받아들여지는 습관이나 사회적으로 통용되는 관습과도 같다.(즉 사회가 행하고 생각하는 바에 따라 행동하는 것이 옳다.) 공평하고 호의적인 사람으로 보이는 것이 중요한 것처럼 사회에 어울리는 사람으로 보이는 것이 지극히 중요하다는 것이 어쩌면 공권력과 법률을 따르는 것보다 훨씬 더 중요함을 암시하는 증거는 많다.

1991년에 법학자인 로버트 엘릭슨(Robert Ellickson)은 『법 없는 질서(Order Without Law)』라는 훌륭한 책에서 캘리포니아 샤스타카운티(Shasta County)의 목장 주인들이 무단 출입하는 가축 문제를 어떻게 다루었는지 검토했다. 그는 목장 주인들이 캘리포니아 주가 정한 법률을 완전히 무시하는 대신, 서로 합의한 비공식 규칙을 따랐다는 사실을 알아냈다. 그들이 합의한 규칙은 목장 주인이 자신의 길 잃은 가축을 다른 목장에서 얼마 만에 찾아와야 하는지부터 무단 침입한 젖소가 입힌 피해의 종류에 따라 어떤 보상을 해야 하는지까지 모든 것을 좌우했다. 목장 주인들은 법이 요구하는 수준보다 더욱 정중하게 이웃들을 대하기도 했다. 여기서 핵심은 질서가 완벽히 자리 잡았다는 사실이다. 이는 단순히 법률이 지배해서가 아니라 목장 주인들이 그 공동체의 기준을 따랐기 때문이다. 그리고 이 규범 중 어느 것도 법적 구속력은 없었지만 어기는 경우는 드물었다. 이후 다른 학자들은 곡물 거래상부터 일인극 코미디언까지 여러 사람들의 규범을 살펴보았다. 그의 책은 하나의 온전한 연구 분야를 일으킨 셈이다.

음악 파일 다운로드는 왜 불법인가

규범 중심의 행동이 갖는 매력은 사람들이 '정상적'으로 보이는 행동과 관련하여 자신이 다른 사람들과 같은지에 많이 신경 쓴다는 점이다. 따라서 협력 시스템을 구상할 때 사람들이 친사회적 행동을 선택하도록 자극하는 방법으로 그런 성향을 이용할 수 있다. 앞에서 설명한 미네소타와 호주의 과세 경험은 남들처럼 '정상적인' 사람이 되려는 강력한 성향이 사회적으로 중요한 행동을 따르도록 어떻게 자극할 수 있는지 보여주는 진정한 예이다.

이런 성향이 강력하다는 것을 보여준 최근의 예는 레아 벨스키(Leah Belsky), 바이런 카(Byron Kahr), 맥스 버켈해머(Max Berkelhammer)와 내가 함께한 연구에서 찾을 수 있다. 우리는 주로 자발적인 비용 지불에 의존하는 온라인 음악 사이트를 검토했다. 1990년대 중반 이래로 음반 산업은 팬들이 온라인에서 다운로드한 음악에 돈을 지불하게 만들 방법을 찾느라 고심해왔다. 음반 산업은 점점 더 광범위해지고 공격적인 성향을 띠는 미국의 저작권 정책을 지지하는 가장 강력한 세력이었다. 음반 산업은 음악 트랙을 암호화하는 일부터 십 대들을 기소하는 일까지 '리바이어던' 전략을 더 많이 채택하라고 미국 정부를 밀어붙였다. 그럼에도 불구하고 팬들은 계속해서 불법적으로 음악을 공유하고 있고, 음반 회사들은 사업 모델이 크게 안정되는 것도 아닌데 계속해서 팬들을 고소하고 있다. 그러나 일부 음악가들과 온라인 음반 회사들은 공격적이지 않은 방식을 실험해오고 있다. 그들은 팬들이 옳은 일을 하도록 만들기 위해 이 책에서 설명해온 기본적인 설계 방식에 부합하는 다양한 전략을 이용해왔다. 구체적으로 말하면, 팬들이 음악을 즐기는 대가로 음악가들에게 자발적으로 돈을 지불하게 만들어 음악가들이 생계를 유지하는 동시에 팬들이 사랑하는 음악을 만드는 데 전념할 수 있게 했다. 사실 미국인들은 음악보다 팁에 더 많은 돈을 쓴다. 이 때문에 삶을 풍부하게 만드는 음악가에 대한 팬들의 책임이 적어도 식당 종업원이나 택시 운전사에 대한 책임과 같다는 사실을 어떻게 알릴지 의문이 생긴다.

라디오헤드(Radiohead)나 나인인치네일스(Nine Inch Nails)같이 유명한 아티스트들은 상당히 놀라운 실험을 해왔다. 그들은 자발적인 지불 시스템하에서 앨범을 발매하는 데 성공했다. 연구를 위해 우리는 잘 알려지지 않은 음악가들을 검토하기로 했다. 그래야 그들의 경험이 보통 음악가들의 전망을 대표할 수 있기 때문이다. 사람들이 자발적으로 지갑을 열게 만드는 데 있어 단순한 동조가 얼마나 큰 역할을 하는지 보여주는 유력한 예를 한 사이트에서 찾을 수 있었다. 매그나튠(Magnatune)은 음악을 판매하는 온라인 음반 회사로, 완전한 복사가 가능한 완벽한 디지털 포맷으로 음악을 발표한다. 또한 팬들이 여러 번 음악을 복사해도 법적으로 전혀 문제되지 않는 저작물 사용 허가 표시제(Creative Commons License)하에서 음악을 발표한다. 달리 말하면, 매그나튠에서 음악을 구입한 팬은 **합법적으로**, 손쉽게 음악을 수백만 번 복사할 수 있고 나아가 그 음악으로 P2P(peer to peer) 네트워크를 뒤덮을 수 있다. 하지만 실제로 팬들은 그렇게 하지 않는다.

이 사이트에서 이루어진 7만 5000건 이상의 거래 기록을 철저히 조사한 우리는 사용자들이 재량껏 5~18달러(50센트가 쌓여서)를 지불할 수 있지만 48퍼센트가 앨범당 8달러를 지불했음을 알게 되었다. 이 정도 금액은 음반업계가 짜릿함을 느끼며 표준 관행으로 삼기에 충분하다. 더욱 놀라운 점은 (친구 것을 복사하지 않고) 최소 액수인 5달러를 지불한 비율은 15퍼센트에 불과했고 10달러처럼 많은 액수를 지불한 사용자 역시 15퍼센트였다는 사실이다. 드롭다운 메뉴(drop-down menu, 계층화된 메뉴 구조를 설계하여 필요에 따라 서브 메뉴를 표시하는 것—옮긴이)를 보면 사람들이 얼마나 지불했는지 알 수 있다. 8달러 옆의 메뉴에는 '일반적이다'라고 쓰여 있고, 10달러 옆에는 '보통보다 낫다', 12달러 옆에는 '후하다'고 쓰여 있다. 2달러씩 올라갈수록 칭찬의 말도 강해지면서 최고 액수인 18달러에 도달하면 '우리는 당신을 사랑한다'는 말이 쓰여 있다. 이 짧은 평가는 그 효력이 강력하다. 48.05퍼센트의 사용자가 8달러를 지불한 반면, 8.50달러를 지불한 사람들은 0.34퍼센트에 불과했다. 그리고 2.93퍼센트가 7.50달러를 지불했다. 사람들은 정상적인 행동을 알려주는 신호를 찾는다. 단순히 평균적인 정상뿐 아니라 '평균보다 낫다', '후하다' 등의 신호를 찾는다. 요지는 규범이 중요하다는 것이다. 사람들은 '정상적'이라고 생각하는 행동에 몰려드는 듯하다. 따라서 훌륭한 사회적 행동을 자극하고자 한다면, 규범을 만드는 것 외에 정상적이고 타당하다고 간주되는 행동에 대한 명확한 신호도 정해주어야 한다.

스페인 농부들과 바닷가재 어부들

순탄한 시스템 운영을 위해 공식적인 규제가 얼마만큼 필요한지는 협력 연구자들에겐 분명 중요한 문제이다. 특히 공유지나 지자체의 식수 저장소 같은 공공 재산이나 자원을 성공적으로 통제하는 데 얼마만큼의 간섭이 필요한지는 정치인, 국회의원, 사회과학자 들에게 긴급한 사안이다. 이 논쟁의 중심에 있는 문제는 우리가 전에 어떤 형태로든 여러 차례 본 적이 있다. 엄격한 규칙이나 제한이 없는 상태에서 인간이 모든 이에게 공평한 방식으로 공동 자원을 공유하리라고 믿을 수 있는가? 생태학자로 변신한 생물학자 가렛 하딘(Garrett Hardin)은 1968년에 그 유명한 「공유지의 비극(The Tragedy of the Commons)」이라는 논문을 발표했다. 논문에서 그는 마을 중심부에 모든 농부들이 공유하는 토지가 있는 마을 이야기를 소개했다. 문제는 그 공유지의 풀의 양이 유한하고 각 농부가 몇 마리까지 방목할 수 있는지에 대한 법률이나 제한이 없었다는 점이다. 따라서 이익을 최대화하려는 농부들이 점점 더 많은 가축을 공유지에 풀어놓는 바람에 결국 풀이 급격히 줄면서 남는 것이 하나도 없는 상황이 되었다. 다른 농부들이 계속 공유지를 과도하게 개발하고 있는 상황에서 책임감을 내세우면 손해를 보게 빤하기 때문에 홀로 이런 논리에 저항할 수 있는 농부는 없었다. 이 이야기는 (하딘이 의도했던 것은 아니었지만) 재산권에 대한 논거로 자주 인용되어왔다. 사람들이 본질적으로 이기적이어서 규제나 감독 없이는 어떠한 공동 자원도 공평하게 공유할 것이라고 믿을 수 없음을 말하는 듯하다. 하딘은 사람들을 크게 신뢰하지 않았다고 한다. 하지만 주변을 둘러보면, 사람들이 실제로 공평한 합의를 이루고 실행하고 스스로 규제하는 데 상당히 능하다는 것을 입증하는 사례가 많은데 이는 모두 규범 덕분이다.

이 문제를 검토한 가장 영향력 있는 저서는 노벨상 수상자인 엘리너 오스트롬의 『공유의 비극을 넘어』이다. 이 책은 역사를 통틀어 자율 규제 덕분에 비극으로 끝나지 않은 수십 개의 공유 시스템을 설명하고 있다. 그중 가장 흥미로운 사례로는 500년에 걸쳐 농부 수천 명의 수자원 접근권을 성공적으로 관리한 스페인의 여러 관개구(灌漑區)를 들 수 있다. 지금은 약간 달라졌지만, 그들의 시스템은 다음과 같은 방법으로 성공할 수 있었다. 농부들은 관리들 중에서 공공 위원회 위원을 선임해서 하천 및 수로의 현재 수위를 기초로 각 농장에 어떻게 물을 할당할지 결정하게 했다. 발렌시아 구역의 경우, 농부들은 번갈아 집수 작업을 했고 자기 차례가 오면 낭비하지 않는 선에서 필요한 만큼 물을 가져갈 수 있었다. 논에 물을 넘치게 받을 수는 없기 때문에 차례를 지킨다는 것은 몰래 추가로 순번을 받아내지 않는 한 어떤 농부도 물을 고갈시키지 못한다는 의미였다.(가뭄이 오면 더욱 엄격한 규칙이 적용되었다.) 그럼 농부들은 다른 농부를 어떻게 감시했을까?(어쨌든 이기적인 사람이라면 속임수를 쓴 사실을 다른 농부들이 알 길이 없을 경우 속이려고 들 것이다.) 먼저 그들은 '배수로 경비원'을 고용하여 수로를 지키고 어느 누구도 시스템을 악용하지 못하게 했다. 더욱 중요한 점은 수로 옆에 자기 차례를 기다리는 사람이 항상 있어서 다른 농부들을 감시했다는 점이다. 만약 어떤 농부가 이기적인 행동을 하다 **걸리면**, 중앙 당국에 의해 처벌받는 대신, 농부들로 구성된 조사 위원회에 불려갔다.

이 시스템은 대단히 잘 운영되었다. 부정 행위에 대한 처벌은 가벼웠지만, 위반 사례는 지극히 드물었다.(1퍼센트 미만) 소중한 자원이 걸려 있을 때에 늘 발생할 위험이 있는 폭력 사태는 실제로 전무했다. 그 시스템이 아무런 규제 없이 운영된 것은 물론 아니다.(아무 규칙도 없는데 미쳐 날뛰는 일 없이 운영될 수 있는 안정되고 복잡한 시스템은 거의 없다.) 그 시스템은 시장 기반의 인센티브 제도나 공권력이 아니라 서로 합의하에 실행되는 공동체의 규범을 통해 규제되었다.

이쯤 되면 이 시스템이 수세기 전에 만들어진 것이니까 하고 생각할지도 모른다. 그 이후 세상살이는 훨씬 더 복잡해졌다. 맞는 이야기다. 하지만 놀랍게도 스페인의 이 시스템은 현대에도 계속 작동하고 있다. 이렇게 현대에도 제대로 기능하고 번창하는 공유 시스템의 예는 메인(Maine) 주의 바닷가재잡이 어부 집단을 다룬 제임스 애치슨(James Acheson)의 연구에서도 찾을 수 있다. 이들 조직의 '공유지'에는 바닷가재가 서식했다. 특정 조업 구역 내에서는 누구나 원하는 만큼 바닷가재를 잡을 수 있었다. 하지만 어떤 어부도 바닷가재 어장을 소유하거나 공식적인 재산권을 주장할 수는 없었다. 그 대신 항구는 구역별로 비공식적으로 분할되었고 각 구역은 일단의 어부들, 즉 '바닷가재 어부 집단'에 의해 공유되었다. 어부들은 어떤 집단이 해안선의 어떤 지역에서 바닷가재를 잡을 수 있는지 결정했다. 나이와 경험이 많은 어부들이 제일 먼저 잡은 바닷가재를 가진다는 예외가 있었지만, 대부분의 집단에서는 선착순으로 조업 지점이 선택되었다.

각 집단과 항구 간의 경계선을 순찰하는 일은 결코 평화로운 활동이 아니었다. 이 활동은 끊임없는 자경주의적(vigilantism) 위협 때문에 하게 되었다. 경계선을 넘는 '무단 침입자'는 다른 항구의 일원에 의해 배가 공격당하거나 그물이 망가질 수 있었다. 이 책 전체에서 강조했듯 **협력**이 항상 '훌륭한 행동'을 의미하는 것은 아니다. 실제로 집단의 경계선을 지키는 과정에서 (무단 침입자를 벌함으로써) 보복을 무릅쓰겠다는 특정 개인의 의지 자체는 그가 속한 집단 내에서는 고도의 협력 행위이다. 집단 내의 모든 사람들이 자신의 조업 권리를 보호받는 혜택을 누리는 동안 한 명의 어부가 위험을 감수하는 셈이다.

아주 엄밀히 말하면, 바닷가재잡이 어부 집단과 스페인 농부들이 일상생활에서 하는 행동은 '협력적이지' 않았다. 어부들은 혼자서 가능한 많이 바닷가재를 잡으려고 했고, 농부들 역시 자기 논에서 가능한 많은 작물을 재배하려고 했다. 하지만 동시에 그들은 관개 댐을 건설하고 고치고 정찰하는 일이나 외부인들의 침입에 대비해 집단의 경계선을 지키는 등 공동의 노력에 기여했다. 그리고 규제하는 법률 없이도 협력적인 **통치 시스템을** 만들었다. 어부와 농부들 모두 확실한 정식 재산권이나 공권력을 행사하는 국가 없이도 여러 세대에 걸쳐 안정된 시스템을 유지했다.

그렇다고 재산권이 반드시 나쁜 것이라는 주장은 아니다. 그리고 모든 것을 공유지에 던져넣으면 모두가 자신의 공평한 몫만을 가질 거라고 기대하라는 이야기도 아니다. 이 모든 연구에서 각 집단은 참가자들이 이기적인 충동을 억누르고 훌륭하게 행동할 수 있게 만드는 기술을 채택했다. 중요한 점은 이런 규칙을 시장이나 가격 체계에 의해 집행할 필요가 없을뿐더러 위로부터 강요할 필요도 없다는 사실이다. 공유지에 관한 초기 연구가 그토록 큰 영향력을 미친 이유는 그들이 강제적 법보다 표준적 규범을 통해 유지되는 공유 시스템(commons)은 반드시 실패할 수밖에 없다는 당시의 지배적인 견해가 틀렸음을 실증적으로 규명하는 기나긴 과정을 시작했기 때문이었다.

이 연구들은 공유 시스템을 기반으로 한 관행이 21세기에 폭발적으로 성장한 배경을 학문적으로 설명해주었고 그 공유 시스템들이 마침내 타당한 평가를 받게 되었다. 오늘날의 지식 경제에서 가장 소중한 자원인 정보와 지식은 그 자체로 공공의 이익이고 이 이익을 발전시키고 최대화하는 최고의 방법은 지식을 공유하여 새로운 제품과 아이디어, 해결책을 함께 만들어내는 수백만 명을 연결 짓는 것이다. 그리고 성공적인 규범이 이런 협력을 어떻게 체계화할 수 있는지 보여주는 것으로 위키피디아만큼 훌륭한 예는 없다.

위키피디아의 중립적 시각

2001년 여름에 처음으로 위키피디아에 대한 연구를 시작했다. 위키피디아가 출범한 지 4개월 정도 지난 때였다. 위키피디아에서 독특하다고 느낀 점은 당시의 다른 모든 협력적인 온라인 사업과 달리 위키피디아 설계자들은 어떠한 공식적인 규칙이나 규정을 정하지 않았다는 사실이었다. 그들은 질서 유지를 (당시에도 단순했던) 일단의 규범과 공동체 자체에만 전적으로 의존했다. 그 이후 위키피디아는 영향력과 규모 면에서 성장해왔는데, 가끔은 개인의 정치적, 상업적 안건을 발전시키기 위해 글을 쓰거나 조작하려는 사람들에게 방해받곤 했다. 그러나 위키피디아의 글쓴이 수와 그들의 사회적 시스템의 복잡성은 늘어났고, 규범 시스템의 복잡성 또한 커졌다. 가끔 오용되는 경우에도 불구하고(대개는 위키피디아 공동체가 빠르게 감지하여 없애버린다.) 여전히 위키피디아 시스템은 시장 메커니즘이나 공식적이고 권위적인 관리 체계가 아니라 주로 대화와 자기 규제적인 규범을 통해 자제하는 대표적인 사례이다.

위키피디아 공동체가 가장 중요하게 여기는 한 가지 규범은 중립적 시각, 즉 NPOV(Neutral Point Of View)이다. 현재 위키피디아가 설명하는 중립적 시각은 이러하다.

> **중립적 시각**은 위키피디아의 중요한 원칙이자 초석이다. 위키피디아의 본문과 백과사전적인 내용은 중립적 시각을 따라야 하며, 신뢰할 수 있는

출처에 의해 발표된 모든 **의미 있는** 시각들을 공평하고 치우침 없고 편견 없이 표현해야 한다. 이 점은 협상이 불가능하고 모든 글과 편집자에게 적용된다. (중략) 중립적 시각은 특정한 주제에 대해 서로 대치되는 관점을 다루는 수단이다. 위키피디아는 모든 다수의 의견, 신뢰할 수 있는 출처에 의해 발표된 의미 있는 소수 의견이 공정하게 제시될 것을 요구한다.

여기서 '신뢰할 수 있는 출처'는 사람들이 마음속에 품고 있는 신념이 다를 경우 특히 주관적인 용어가 될 수 있다. 그러나 이 규범은 가장 논란이 많고 뜨거워진 논쟁을 중재할 때 놀라울 정도로 효과적이다.

최근 창조론 대 진화론에 관한 문서를 놓고 벌어진 논쟁이 어떻게 평화롭게 해결됐는지 살펴보자. 2008년 4월에 Rlsheehan(자신을 미네소타 출신 엔지니어이자 환경 운동가 및 성서 낭독자라고 설명했다.)은 창조론을 다룬 기존의 문서 내용에 문제가 있다고 주장함으로써 (작고 지엽적인) 파문을 일으켰다. 그는 그 글이 창조론이라는 용어에 과학적 증거 또한 고려하는 중도주의적 시각이 포함되어 있다는 사실을 충분히 인정하지 않았기 때문에 문제가 있다고 주장했다. 이후 그와 다른 사용자인 Hrafn 간에(가끔 다른 사람들이 끼어들긴 했다.) 문서의 첫 구절을 바꾸어 이 세 번째 시각을 포함할지를 놓고 2500자 정도의 언쟁이 이루어졌다.

물론 나는 누구의 생각이 맞는지 따지려는 것이 아니다. 그보다는 위키피디아의 규범이 어떻게 폭발하기 쉬웠던 논쟁을 중재하여, 양측 모두가 동의할 수 있는 협력적인 해결책을 만들어내는 예의 바르고 생산적인 논쟁으로 바꾸어놓았는지 보여주려 한다. 그 과정은 이러했다. 몇 번의 논쟁 동안 대화는 중립적 시각의 문제에 집중되었다. 즉 어떤 증거가 존재하고, 어떤 출처가 신뢰할 수 있는 것으로 간주되며, 다른 의견을 공정하게 소개하는 과정은 어때야 하는지에 대해 집중되었다. 그러나 논쟁이 창조와 종교, 과학이라는 더욱 미묘한 내용으로 바뀜에 따라 양측의 어조가 금세 강해졌다. 바로 이때, 자기 의견은 다른 자료에서 인용된 특정한 여론조사 데이터에 의해 뒷받침된다는 Rlsheehan의 주장에 대응하여 Hrafn이 또 다른 위키피디아의 규범인 종합 규범(WP:synth)에 호소했다. 종합 규범이란 원래의 의미나 결론을 유지하는 경우에만 기존의 자료를 요약할 수 있도록 허락하는 규범이다.(위키피디아의 핵심 규범 중 하나인, 너무 독자적인 연구 조사를 반대하는 규범의 하위 규범이다.) 이에 Rlsheehan은 중립적 시각 규범을 인용하는 것으로 대응했다. 그는 자신의 글이 정보를 재해석한 것이 아니라 단순히 중립적인 시각을 대변하는 것이라고 주장했다. 곧바로 격렬한 논쟁이 벌어졌다. Rlsheehan과 Hrafn은 결투 중인 마법사들처럼 규범을 하나씩 들춰가며 상대에게 반격을 가했다. 결국 또 다른 사용자인 Professor Marginalia가 개입하여 분위기를 가라앉힌 다음, 그 문서의 주제와 목적을 더욱 명확히 밝혀달라고 요구했다. 이후 다소 공손해진 논쟁이 여러 차례 이어졌다. 그리고 마침내 해결책에 도달했다. Hrafn은 창조론자에 동조하는 종교도 있고 과학자에 동조하는 종교도 있지만 많은 종교가 진화론을 받아들인다는 점을 인정하면서 상당히 많은 내용을 편집했다. Rlsheehan이 이런 편집이 그런대로 괜찮다고 생각하면서 문제는 종결되었다.

두 사용자 간의 솔직하고 활발한 논쟁을 다룬 위의 내용이 갈등을 해결하는 명확한 방법으로 보인다면, 기존의 많은 시스템들은 실제로 위계 체계를 통해 처리하도록 설계되었다는 점을 알려주고자 한다. 동료 간의 영역 다툼은 대개 상사에게 곧바로 보고된다. 이혼한 부부 간의 합의나 양육권 다툼은 법정으로 넘어간다. 중재는 점점 늘고 있는 관행이긴 하지만, 상대적으로 최근에 생긴 것이다. 정부 시스템에서조차 다수결이 지배한다. 권력은 결국 최다 득표자가 차지하고, 협력이 이루어진다고 해도 그 다수파 내에서만 존중받는다.

이 모든 사례에도 불구하고 '사이 좋게 같이 나누어 갖고' 협력에 관한 공동의 기준을 기초로 다른 사람의 요구를 수용하는 방법을 찾도록 가르치는 데 쏟는 기본적인 노력이 아이들 문제에서만 끝나서는 안 된다는 사실을 잊기 쉽다. 위키피디아는 그 모든 결점에도 멀리 떨어져 있는 사람들이 어떻게 힘을 합쳐 갈등을 해결할 수 있을 뿐 아니라 별개 문제들의 해답을 찾아 안정되고 믿을 수 있는 내용이라는 실질적인 성과를 만들어낼 수 있는지 보여주는 놀라운 본보기이다. 그리고 위키피디아 사용자들은 더 높은 권력이 개입하지 않는데도 공동의 규범을 이용하여 적극적으로, 협력적으로 그 일을 해낸다. Rlsheehan과 Hrafn은 상대의 논거에 굴복하지는 않았을지라도, 논쟁이 **어떻게** 진행되고 해결되어야 하는지에 대한 공동의 믿음을 서로에게 계속해서 상기시켰기 때문에 하나의 해답에 도달할 수 있었다. 위키피디아의 유토피아적 이념을 과장하고 싶지는 않다. 하지만 그것은 바로 우리 눈

앞에서 알아가고 적응해가고 있는, 급변하는 세계적인 현상이다. 최근 들어 학자들은 위키피디아 내에 새로이 출현한 권력 체계와 함께, 위키피디아 공식 재단과 유기적인 위키피디아 공동체 간의 복잡한 관계를 연구하고 있다. 우리는 위키피디아로부터 계속해서 배우겠지만, 그것이 무(無)에서 출발하여 전 세계 수천 명 글쓴이들의 대대적인 협력체로 성장했으며 근본적으로 협력에 근거하고 토론과 공유 규범 위에 세워진 시스템이라는 사실을 부인할 수는 없다.

따라서 위키피디아만큼 제대로 작동하는 시스템을 설계하는 데 관심을 가진 사람들에게는 상부 규제 없이도 사람들이 동의하고 따르는 규범을 어떻게 정할지가 과제가 된다. 한 가지 확실한 방법은 참가자들에게 스스로 규범을 정할 수 있는 무제한의 자유를 주는 것인데, 부분적으로 위키피디아 설립자들은 처음에 가장 중요한 규범인 중립적 시각을 포함하여 기초 규칙들만 정한 뒤에 이런 방법을 취했다. 규범 채택에 관한 연구에 따르면, 사람들은 규범을 정할 때 자신의 의견이 반영되면 그것을 훨씬 더 적극적으로 지키려고 한다. 엘리너 오스트롬, 제임스 워커(James Walker), 로이 가드너(Roy Gardner)는 ('자치[self-governance]는 가능하다.'라는 적절한 부제가 달린) 공동 연구에서 설정을 달리한 세 가지 공공재 게임 결과를 비교한 바 있다. 그들은 한 게임에서는 배신자를 언제, 어떻게 처벌할지 피험자들이 결정할 수 있게 해주고, 다른 게임에서는 실험자가 이야기해준 규칙에 따라 참가자들이 서로를 처벌할 수 있게 해주고, 또 다른 게임에서는 피험자들이 서로 의견을 교환할 수는 있지만 배신자를 처벌하지는 못하게 했다. 결과는 분명했다. 피험자들에게 스스로 규칙을 정하고 처벌을 선택할 수 있게 한 경우에 협력 수준이 가장 높았다. 이때 사람들은 90퍼센트나 협력했다. 이와 대조적으로 실험자가 규칙과 처벌을 부과했을 때에는 협력 수준이 67퍼센트로 크게 떨어졌다.(아무런 규칙도 없거나, 보상이나 처벌을 받을 가능성도 없는 익명의 공공재 게임의 협력 수준보다 높기는 하다.) 중요한 점은 사람들이 규범을 스스로 부과했거나 자유롭게 선택한 것으로 생각할 때는 더욱 기꺼이 따랐다는 사실이다. 다음 장에서 구축(驅逐) 현상을 다룰 때 알게 되겠지만, 사람들의 자치 의식을 지켜주는 것은 결정적으로 중요하다. 자치에 관한 연구에 따르면, 이는 자신이 처벌 대상이 될 수도 있는 규칙을 정할 때의 자율성에까지 적용된다.

시스템 설계의 관점에서 보면 이 이야기는 상부로부터 어떤 규칙이나 규범이 도입되거나 정해지더라도, 가능한 많은 자치 기구를 수립하고 사람들이 규칙을 검토하고 수정하는 데 참여할 기회를 많이 제공해야 한다는 의미이다. 위키피디아로 돌아가 보면, 이는 정확히 지미 웨일스(Jimmy Wales)와 래리 생어(Larry Sanger, 웨일스의 당시 부하 직원이자 초기의 공동 설립자)가 했던 행동임을 알 수 있다. 그들은 최초의 방침을 정했지만, 사람들이 그 방침을 토론하고 논쟁하고 재해석하여 스스로 실행하도록 했다.

1990년대 들어 래리 레시그(Larry Lessig)나 댄 케이헌(Dan Kahan) 같은 법학자들은 사람들이 공식적인 규제나 강제 없이도 자발적으로 규범을 따를 정도로 규범이 하나의 문화에 뿌리 깊게 자리 잡아가는 과정에 많은 관심을 보였다. 이들은 규범이 행동을 규제하는 데 그토록 효과적이라면 우리가 원하는 모습의 규범을 만들어가는 데 법을 이용할 수 있을지 궁금해했다. 증거에 의하면, 이는 가능하며, 특정 법률은 가장 오래된 몇 가지 규범을 바꾸는 데 도움이 될 수 있다고 한다. 일례로, 공공장소에서 흡연을 금지한 도시에서는 흡연율이 급격히 감소하는 현상이 나타났다. 이는 단순히 흡연이 불편해졌기 때문만은 아니다. 아마도 흡연 금지 조치는 공공장소에서의 흡연을 사회적으로 그리 바람직하지 않은 행동으로 만드는 데 중요한 역할을 한 것 같다. 골초였던 나는 1980년대 말에 뉴욕을 방문한 적이 있다. 비흡연자들의 가시 돋친 말과 따가운 시선은 말할 것도 없고, 곳곳에 붙은 금연 광고가 어찌나 잘난 척하며 훈계하는 도덕주의자 같아 보였는지 지금도 기억난다. 담배를 끊은 이후에도 그런 분위기는 부당하고 거만하게 느껴졌다. 하지만 그 금지 조치는 성공했다. 흡연 금지 조치는 간접 흡연 효과(금연 캠페인이 온정주의적이라는 비난에 반격을 가하면서 캠페인을 공중 보건의 문제로 만든)를 강조함으로써 졸지에 흡연 행위가 선택이 아니라 의지력 및 자제력 부족의 문제처럼 보이는 문화를 조성했다. 간단히 말하면, 사람들이 알아서 금연하기 때문에 기업이 흡연 금지 조치를 시행할 필요조차 없을 정도로 법이 사람들의 일상적인 습관과 행동을 바꾸어놓았다. 처음에 사람들은 법을 지켰지만, 이후에는 그 규범을 따랐다.

그렇다면 규범은 어떻게 이런 식으로 내면화될까? 지그문트 프로이트(Sigmund Freud)부터 리언 페스팅어(Leon Festinger)를 거쳐 현대의 존 조스트(John Jost), 매저린 바나지, 에런 케이(Aaron Kay) 등까지 다수의 심리학자들은 이미 정해져 있다는 단순한 이유로 사람들이 얼마나 쉽게 특정 사회 관습과 규범을 인정하고 받아들이는지 꾸준히 증명해왔다. 대폭적인 등록금 인상 가능성에 대한 예측을 학생들에게 각기 다르게 제시한 실험에서, 인상 가능성이 크다고 들은 학생들은 등록금 인상이 얼마나 피해를 입힐지에 대한 의식을 간단하게 바꾸었다. 그들은 등록금이 인상돼도 자신들에게 나쁜 영향을 미치지 않을 거라고 말했다. 한편, 인상 가능성이 낮다고 들은 학생들은 등록금 인상의 영향이 매우 나쁠 거라고 말했다. 즉 사람들은 현실(혹은 현실이라고 인식하는 상황)을 받아들일 뿐 아니라 자신을 속여 어떤 현실이든 그것이 스스로 선택한 것이거나 적절한 상황이라고 생각하는 듯하다.

이런 성향을 보면, 특정 행동을 법으로 정하는 것이 새로운 규범과 기준을 채택하는 결과로 이어질 수 있는 이유에 대해 많은 것을 알 수 있다. 자신이 지금 하는(흡연의 경우에는 하지 않는) 일을 왜 하는지 그 이유를 정당화할 때, 결국 사람들은 자기 자신을 믿는 일부터 시작한다. 그리고 얼마 지나지 않아 의식적이든 무의식적이든 그 이유를 자기 것으로 만든다. 이는 시스템에 중대한 의미를 담고 있다. 친사회적인 규범이나 협력적 규범은 한 번 만들어지면 시간이 지날수록 점점 더 스스로 강화된다. 그리하여 시스템은 점차 활기를 얻는다. 사람들은 협력을 자꾸 연습할수록 협력의 장점을 더 많이 믿게 된다. 이런 변화 덕분에 협력을 유지하기가 더욱 수월해지기 때문에 더욱 많은 문제들을 협력을 통해 해결할 수 있다. 그렇게 선순환이 이루어진다.

이는 여전히 가설에 불과하지만, 다양한 학문 분야의 최첨단에서 바로 이렇게 주장하고 있다. 대표적으로 (가설에 근거하여) 실천이 습관에 영향을 미친다고 생각하는 미덕윤리학 연구가 있다. 또한 앞서 살펴봤듯이 사회심리학 분야에서는 실천을 정당화하는 과정에 대해 많은 연구가 이루어졌다. 그러나 실천을 통해 미덕을 주입하는 방법을 다룬 아리스토텔레스의 이론을 근거로 한 이 기본적인 문제는 수십 년 동안 진지한 연구 주제로 다루어지지 않았다. 오늘날 그 문제는 실험경제학과 조직사회학, 정치학, 진화생물학의 교차점에서 새로운 연구 분야로 부상하고 있다. 협력에 관한 한, 실천이 완벽을 만든다는 생각, 즉 협력적인 시스템을 구축하고 그 시스템에 참여하게 함으로써 사회 전체의 협력 수준을 높일 수 있다는 생각에 대한 증거는 이미 충분하다.

도덕과 원칙에 입각한 행동

당신이 한 번도 가본 적 없고, 있더라도 다시 방문할 생각이 없는 도시의 공원 벤치에 앉아 있다고 상상하자. 한 남자가 휴대전화로 통화하며 바쁜 걸음으로 당신 곁을 지나간다. 그 사람이 주머니에 손을 넣어 손수건을 꺼내더니 이마를 닦고 다시 주머니에 집어넣는다. 그런데 그 사이에 당신의 발 바로 아래에 50달러짜리 지폐 두 장을 떨어뜨리고 만다. 그는 그것도 모른 채 계속 걸어간다. 이제 10미터 정도 멀어진 상태이다. 공원은 비교적 한산하다. 반경 50미터 내에 아무도 없다. 어떻게 하겠는가? 아주 이기적인 사람이라면 대답은 간단하다. 그냥 몸을

숙여 돈을 주운 뒤, 주머니에 넣으면 된다. 그 때문에 안 좋은 일이 생기지는 않을 것이다. 목격자도 없을뿐더러 현금은 기본적으로 추적이 불가능하다. 상대는 생판 모르는 사람이다. 하지만 도덕적인 사람이라면, 분명 돈을 돌려주지 않았다는 죄책감이 들 **것이다**. 어떤 사람들은 이런 죄책감을 더 민감하게 느낀다. 살면서 한 번쯤 길거리에 돈을 떨어뜨린 적이 있는 사람이라면 돈을 가졌다는 사실이 더욱 부끄러울지도 모른다. 한창 쪼들리고 있는 사람이라면 돈을 잃어버린 사람이 잘사는 것처럼 보일 경우 그 사건이 그럴 만한 이유가 있는, 필연적인 횡재라고 생각할지도 모른다. 그 사람을 따라가서 돈을 돌려주든 그저 망설이든, 결국 사람들은 처벌에 대한 두려움이 아니라 몸에 깊이 밴 내면의 도덕적 나침반을 근거로 행동한다.

도덕적 약속에 대한 인간의 해석을 막스만큼 날카롭게 표현한 사람도 없을 것이다. "나에게는 이런 원칙이 있다. 혹시 이 원칙들이 당신의 마음에 들지 않는다면, 다른 원칙들도 있다."(여기서 막스는 미국 배우 그루초 막스[Groucho Marx]를 말한다.) 사회적 규범과 달리 도덕률은 그렇게 선뜻 동의를 얻거나 손쉽게 강요하거나 바꿀 수 없다. 이 때문에 도덕률은 매우 효과적일 수 있지만, 협력 시스템 구상 시 쉽게 바꿀 수 있는 요소는 아니다.

연대감과 마찬가지로 도덕률에 의한 모든 행동도 일반적으로 협력적이라고 부를 수 있는 것은 아니라는 사실은 상황을 더욱 복잡하게 만든다.(집단 간의 갈등이나 편견, 증오를 표출하는 가장 끔찍한 행동 중 다수가 강한 공동체 의식을 기초로 이루어진다는 점을 기억하라.) 당신이 국가 연기금에서 돈을 횡령해온 집단의 소속인데, 자신의 도덕률에 굴복하여 다른 사람들을 고발했다고 치자. 분명 이 행동은 집단의 협력을 해치지만, 사람들은 당신의 행동이 칭찬받을 만하다는 데에 동의할 것이다. 한편, 강한 도덕적 확신은 더 넓은 사회적 관점에서 보면 상당히 반사회적이거나 해로운 행동을 야기할 수도 있다. 동물 보호 운동가가 모피 제품으로 가득 찬 상점을 파손하는 행동이나 낙태 반대 운동가들이 의사에게 총격을 가하거나 병원에 불을 지르는 행동, 우정을 지키기 위해 흉악 범죄를 저지르려는 친구를 경찰에 신고하지 않는 경우가 여기에 해당된다. 사람들을 움직이게 만드는 단일한 도덕 체계가 존재한다는 사실은 중요한 게 아니다. 도덕 원칙에 입각하여 행동하려는 강력한 충동은 일반적인 것이며 그 충동이 원칙과 충돌하는 물질적, 사회적 이해관계보다 우선할 수 있다는 점이 중요하다.

　도덕적으로 행동하는 사람들이 사는 사회는 매우 유익하다. 「합리적 바보」라는 논문에서 규범을 지키려는 마음이 경제적 행동의 뚜렷한 이유로서 갖는 중요성을 분석한 아마르티아 센은 다음의 유쾌한 일화를 통해 이를 증명했다. "그가 내게 지하철 역이 어디냐고 묻자, 나는 우체국을 가리키며 '저쪽이요. 그런데 가는 길에 이 편지 좀 부쳐주실래요?'라고 말한다. 그는 봉투를 뜯어 값나가는 물건이 들었는지 살펴볼 작정으로 그러겠다고 말한다." 이 이야기의 요점은 다음과 같다. 모든 사람이 끊임없이 자신의 이익을 위해 행동하고 정직, 성실, 약속 준수 같은 기본적인 도덕적 규범을 갖는 사람이 단 한 명도 없다면, 사람들은 끔찍하고 잔인하고 피해 망상적인 삶을 살거나 감독과 처벌로 이루어지는 가혹한 시스템에 굴복할 수밖에 없을 것이다. 물론 현실은 분명 이 양 극단 사이에 존재한다. 모든 사람이 도덕적인 것은 아니다. 도덕적으로 행동할 수 있는, 훌륭한 신념을 가진 사람들도 항상 옳은 행동을 할 수 있는 것은 아니다. 이 책은 완전히 색다르고 자애로운 세상을 상상하려는 것이 아니다. 나는 실제 사람들이 어떠한지 미묘한 부분까지 현실적으로 파악하고, 편협한 이기심에 따라 행동하지 않는 사람들이, 사람은 이기적이라는 가정 위에 세워진 시스템에 속박받지 않으면서 자신과 비슷한 사람들과 효과적이고 효율적으로 협력할 수 있게 해줌으로써 이런 현실에 부합하는 시스템을 세우려 한다.

실용적인 관점에서 보면, 도덕적 충동은 특히나 효과적인 규범이다. 도덕적 금기는 극단적인 경우에 해당하는데, 대개는 인간의 몸이 스스로를 위해 금기를 강행한다. 금기시되는 음식(인육을 먹는 행동과 같은)을 먹거나 금기시되는 성관계(근친상간 같은)를 맺는다는 생각만으로도 사람들은 혐오감에 치를 떤다.(물론 사회마다 금기는 다를 수 있다.) 도덕률의 모든 측면이 그런 강력한 반응을 이끌어내는 것은 아니라는 점은 말할 필요도 없지만, 내면화된 도덕률이 양심을 통해 행동에 상당한 영향을 미치는 것은 분명하다.

오늘날 심리학에서 인기 있는 주제는 이 도덕적 능력이 정확히 뇌의 어느 부분에서, 어떻게 작동하는지 알아내는 것이다. 도덕성의 신경생물학을 연구하는 대표적인 심리학자인 조슈아 그린(Joshua Greene)은 피험자들이 기본적인 도덕 문제(예를 들면, 다섯 명이 갇혀 있는 선로에서 한 명이 갇혀 있는 선로로 전차를 옮기기 위해 스위치를 누를지, 혹은 전차가 다섯 명을 덮치지 못하도록 전차 앞으로 덩치 큰 사람을 보낼 것인지 등)를 생각하는 동안 그들의 뇌를 스캔하는 실험을 했다. 그는 사람들이 도덕적 딜레마에 빠져 있을 때 이성적인 결정뿐 아니라 감정과 사회적 관계, 갈등, 기억과 관련된 뇌 영역이 반짝였음을 알아냈다. 대개 그런 뇌 영역은 객관적인 문제나 결정과는 관계가 없다. 지금까지 신경과학은 뇌에서 도덕성과 관련된 단일 영역을 구분해내지 못했고 이후에도 못 하겠지만(인간의 정신은 너무 복잡하다.) 이런 연구는 사람들이 물리적으로 독특한 방식으로 도덕적 결정을 처리한다는 사실을 증명해준다.

이런 물리적인 특성은 어떻게 다양한 금기 사항이나 당황스러울 정도로 많은 도덕적 약속으로 전환될 수 있을까? 한 가지 방법은 2장에서 유전적 요소가 투표에 영향을 미친다고 주장한 정치과학자들의 연구를 다룰 때 이미 제시했다. 또 다른 방법으로 태어나면서 갖고 있는, 도덕적인 행동을 할 수 있는 능력을 어렸을 때 주로 다른 사람들을 관찰함으로써 실질적인 내용으로 채우는 것이 있다. 양심이 투표라는 구체적인 모습으로 나타나듯 사람은 좀 더 보편적으로 숙고할 수 있다. 도덕적 약속을 맺고 지키는 일반적인 능력은 주로 환경과 문화에 따라 그 구체적인 모습이 드러난다. 협력 시스템을 구상하려는 사람의 관점에서 보면, 인간이 어느 정도까지 사회의 도덕률에 맞게 행동할 수 있다는 사실은 결정적으로 중요하다. 따라서 누군가가 발밑에 떨어진 100달러를 가질지 궁금하거나 남이 보고 있지 않아도 착한 일을 할지 걱정하거나 베이비시터의 행동을 일일이 감시해야 할지 고민할 때, 사람이 모두 천사는 아니지만 대부분 도덕적임을 이해하고 상기할 필요가 있다.

인간은 자신이 옳고 공평하고 정상적이고 적절하다고 생각하는 행동에 아주 많이 신경을 쓴다. 대개는 이익을 키우거나 보상을 최대화하는 데보다 훨씬 더 많이 신경 쓴다. 이는 지방 자치 정부의 프로그램이든, 협회의 규칙이든, 새로운 온라인 공동체든, 어떤 시스템을 수립하는 방식이 '인센티브를 조정하는' 일로 끝날 수는 없음을 의미한다. 그것은 사람들이 시스템의 목표와 조화되는 방법으로써 무엇이 옳고, 공평하고, 적절한지 규정하는 데 도움도 줘야 한다. 그러나 이는 다음과 같은 의문을 제기한다. 인센티브가 도대체 효과가 있긴 한가? 다음 장에서는 협력에서 인센티브가 하는 역할을 살펴보고 보상과 처벌의 놀라운 힘을 파헤칠 것이다.

8장

보상과 처벌의 효과와 한계

2006년 7월 중순이었다. 평소처럼 나는 뉴욕 파이어아일랜드(Fire Island)에서 아침엔 글을 쓰고 오후엔 아이들과 모래성을 쌓거나 물장난을 치며 지내고 있었다. 어느 날 아침, 인터넷을 뒤지며 이 책의 사전 조사 작업을 하던 나는 닉 카(Nick Carr)의 블로그를 읽어보라는 친구의 이메일을 받았다. 인터넷이 초래한 사회 변화에 대해 오래전부터 회의적이었던 카는 이 블로그에서 당시 넷스케이프(Netscape) 총지배인이던 젊고 공격적인 제이슨 칼라카니스(Jason Calacanis)의 도전에 응원을 보내고 있었다. 칼라카니스는 그 무렵 가장 인기 있던 새로운 집단 협력 사이트인 디그(Digg)의 뛰어난 글쓴이들을 상대로 디그에 무료 기사를 제공하는 '봉' 노릇을 하지 말고 기사에 돈을 지불하는 자신의 네트워크, 웹로그스(Weblogs, Inc.)로 옮기라고 충고한 바 있었다.

카는 기사에 돈을 지불하는 칼라카니스의 사업 모델이 인터넷의 미래라고 주장하면서 디그처럼 사용자의 자발적인 기고에 의존하는 모델은 당분간은 유지될 수 있겠지만 가격 책정과 선별 메커니즘이 개선됨에 따라 최고의 글은 결국 돈을 지불하는 사이트로 옮겨갈 거라고 덧붙였다.

그와 의견이 달랐던 나는 카의 블로그에 내 의견을 올렸다. 나는 글쓴이에게 돈을 지불하는 사이트와 매력적인 협력 플랫폼을 구축한 사이트는 서로 다른데다 하나는 돈으로, 하나는 본질적인 동기로 움직이고 이 둘은 서로 대립하므로 전자가 후자를 능가할 수 없다고 설명했다. 나는 "이 내기를 받아들이게 되어 즐겁다."며 다소 경박하게 글을 시작했는데, 며칠 만에 '카와 벤클러의 내기'라는 기사가 《가디언》에 보도되었고 위키피디아에도 게재되었다. 우리는 내기에 진 사람이 저녁을 사기로 합의했다.

본질적인 동기가 이기심과 어떻게 엇갈리는지는 중요하고 복잡한 문제이다. 사람들이 이익을 위해서만 행동한다는 지배적인 의견에 이의를 제기하는 일과 인간의 모든 행동이 전적으로 이타적이라고 상상하는 일은 별개의 문제이다. 이미 우리는 정도는 다르지만 인간이 타인에게 관심을 갖는다는 증거를 보았다. 그리고 친척, 지역 주민들, 심지어 공동의 유대 관계나 동질감을 공유하고 있다고 생각하는 낯선 사람들에게 다양한 정도로 관심을 갖는다는 증거 또한 확인했다. 그리고 자신에게 피해가 온다고 해도 옳고 공평하고 정상적이고 사회적으로 타당하다고 믿는 행동을 하려고 꽤나 애쓴다는 사실도 알게 되었다. 하지만 이런 사회적 동기들은 어떻게 행동할지에 대한 결정을 내릴 때 고려 요인은 되지만, 그것이 전부는 아니다. 우리는 이기심을 배제할 만큼 순진하지는 않다. 이기심은 생각보다 훨씬 더 낮은 수준으로 동기를 부여할 뿐이다.

이기심이 의사 결정에 어떤 역할을 한다는 사실을 확인하는 가장 좋은 방법은 실험일 것이다. 경제학자들은 오래전부터 판돈이 클수록 이기심에 의해 행동하는 일이 많아진다는 가정하에 활동해왔다. 이는 잘못된 생각으로 드러났다. 앞서 설명한 종류의 실험을 수없이 많이 했지만, 단순히 판돈을 올리는 것만으로는 협력의 수준이 크게 달라지지 않았다. 실험자들이 가난한 나라의 세 달치 월급에 맞먹는 판돈을 제시했을 때도 그랬다. 사람들의 행동에 변화를 **일으킨 것은** 협력의 상대적인 비용이었다. 이기적인 행동이나 배신으로 얻는 상대적인 이익이 협력으로 얻을 수 있는 이익에 비교해 적어졌을 때, 더 많은 사람들이 협력했다. 죄수의 딜레마 게임에서 두 사람 모두 협력할 때의 이익이 4달러이고, 한 사람은 배신하고 한 사람만 협력할 때 배신자에게 돌아가는 이익이 9달러에서 6달러로 내려가자 배신자는 거의 없었다. 사람이 오직 이기심에 의해서만 행동할 경우 논리적으로 보면, 그런 변화는 행동에 영향을 미치지 않았을 것이다. 6달러는 4달러보다 여전히 많다. 하지만 피험자들은 그렇게 생각하지 않았다. 적어도 일부는 희생이 너무 크지 않는 한(이 경우 희생은 5달러가 아니라 2달러이다.) 손실이 발생해도 기꺼이 협력하려고 했다. 요컨대 기꺼이 협력하려는 마음은 협력의 특권을 누리느라 지불해야 하는 대가에 민감하다.

현실 세계에서 이 현상을 가장 잘 보여주는 관습 중의 하나는 재활용이다. 주민들이 재활용 쓰레기를 도시 중심 지역까지 가져가야 하는 경우보다는 도시 당국이 길가에 내놓은 쓰레기를 수거해갈 때 재활용 프로그램 준수율이 훨씬 더 높다. 이는 당연히 이해된다. 바람직한 행동을 하는 게 훨씬 더 편해졌을 때 그 행동을 할 가능성이 높아지는 것은 당연하다. 하지만 더욱 흥미로운 사실은 준수 여부를 결정할 때 물질적인 동기, 즉 시 당국이 벌금을 부과하는지 여부(이 요인은 준수보다 불법적인 쓰레기 투기로 더 많이 이어지는 듯하다.)보다는 편리한지 여부가 훨씬 더 중요한 요인이라는 점이다. 인지된 사회적 규범(이웃이나 친척들이 재활용에 대해 갖고 있다고 간주되는 생각) 같은 다른 요인들도 중요하지만, 재활용이 얼마나 잘 실시되는지는 그게 얼마나 편리하고 '돈이 안 드는지'에 영향 받는다.

따라서 협력을 촉진하고자 한다면, 협력할 때 얼마나 번거로운지를 주시하여 개개인이 본능에 따라 행동할 수 있게 만들어야 한다. 처음 인터넷상의 협력을 연구하기 시작한 10년 전쯤 나는 이 효과를 '기여의 모듈화(modularity of contribution, 모듈화는 프로그램을 기능별로 쪼개는 것을 말한다.—옮긴이)'라고 불렀다. 협력적인 인터넷 플랫폼을 살펴본 결과, 가장 성공한 플랫폼들은 자원봉사자들이 크게 부담스럽지 않은 방식으로 조금씩 힘을 보탤 수 있도록 작업을 작고 독립된 모듈로 쪼개는 방식으로 되어 있었다. 조그만 희생이지만 기꺼이 그 희생을 치르려는 수백만 명이 5분씩 기여하면 성취하지 못할 일은 거의 없다. 즉 소수의 사람들을 자극하여 여러 달 혹은 여러 해가 걸려야 끝날 수 있는 일을 하게 만드는 것보다는 100만 명의 사람들을 자극하여 5분 만에 끝나는 일을 하도록 만드는 게 훨씬 더 쉽다.

회의론자들은 곧바로 이렇게 주장할 것이다. "그러니까 결국 돈과 인센티브, 이기심이 문제잖아!" 손실이 그렇게 중요하다면, 굳이 공평하거나 정상적인 일을 하려는 욕구나 공감, 집단 의식 같은 본질적인 동기를 이용하려는 이유는 무엇인가? 그냥 바람직한 행동은 보상하고 그렇지 않은 행동은 처벌함으로써 사회적, 감정적 동기가 저절로 분류되도록 놔두어야 하지 않을까? 이 주장에 대한 답은 간단하지만 놀랍다. 그래서는 안 된다. 물질적 동기와 사회적 동기가 항상 죽이 잘 맞는 것은 아니기 때문이다. 실제로 보상과 처벌은 자주 인간의 본질적인 동기를 몰아내거나 상쇄한다.

혈액에 가격 매기기

지난 30년 동안 주로 심리학과 경제학에서 이루어진 수백 건의 실험과 관찰 연구는 이런 구축 현상을 입증해왔다. 그중에서 최초이자 가장 획기적인 예는 혈액 관련 연구일 것이다.

1970년대 초까지 미국의 대다수 헌혈자들은 비영리 단체와 영리 단체가 연합하여 제공하는 현금 보상을 받았다. 반면 영국의 헌혈자들은 전적으로 자발적이었고 국민 보건 서비스(National Health Service)

에 의해 체계적으로 관리되었다. 두 시스템을 비교한 사회학자 리처드 티트머스(Richard Titmuss)는 영국 시스템의 혈액이 더욱 우수하고(수혈로 인한 간염 감염 가능성으로 측정한 결과이다.) 혈액 낭비도 적고 병원의 혈액 부족현상도 더 적음을 알아냈다.(티트머스는 미국 시스템의 불공평한 점도 지적했는데, 부유한 사람들이 가난하고 절망적인 사람들의 혈액을 돈으로 삼으로써 그들을 착취하기 때문이다.) 윤리는 차치하고, 그는 자발적인 시스템이 시장 기반 시스템보다 더 안전하고 효율적이라고 결론 내렸다.

예상대로 티트머스의 주장은 곧바로 경제학자들에게 공격받았다. 가장 유명한 공격자로 노벨상 수상자인 케네스 애로(Kenneth Arrow)를 들 수 있는데, 그는 미국 시스템에 결함이 있다는 점은 인정하면서도 돈을 지불하는 방식이 자발적인 기증을 줄인다는 점은 인정하길 거부했다. 애로는 도덕적 자극이나 (헌혈이 옳은 일이기 때문에 하는) 본질적인 동기에 반응하는 헌혈자들이 있을 수 있지만 대가와 (돈을 벌기 위해 헌혈하는) 시장의 인센티브에 반응하는 완전히 다른 사람들도 있다고 주장했다. 그는 이들이 독립되고 분리된 집단이기 때문에 한 집단을 위한 인센티브는 다른 집단에 전혀 영향을 미치지 않는다고 지적했다. 전자의 헌혈자들은 돈을 지급한다고 헌혈을 단념하지는 않으므로, 돈을 지급하지 않으면 후자의 집단만 방해를 받아 결국 총 헌혈자 수가 줄어든다는 것이었다. 애로는 수혈로 인한 감염률이 미국이 더 높은 이유는 이타적인 헌혈자들은 자기 피에 문제가 있으면 헌혈하지 않지만 돈 때문에 헌혈하는 사람들은 나쁜 피를 기증하는 것에 신중하지 않아서라고 주장했다.

이런 반대에도 불구하고 증거가 강력했기 때문인지 실제로 1970년대에 미국은 자발적인 시스템으로 전환했다. 그러자 티트머스의 예언대로, 이타적인 헌혈자들이 줄어든 '유료' 헌혈 부분을 메웠다. 물질적인 인센티브가 사라지자 질적으로나 양적으로 헌혈이 증가했고, 전체적으로 시스템은 1970년대 이전보다 더욱 안정적이고 효율적으로 운영되었다. 돈을 지급하는 방식이 자발적인 헌혈을 감소시켰는지에 대한 논쟁은 이후 수십 년 동안 계속 뜨거웠지만, 실험 결과는 놀라울 정도로 변함없었다. 기본적으로 자발적인 시스템을 운영하고 있는 스웨덴에서 최근 이루어진 연구에 따르면, 헌혈의 대가로 돈을 지급하자 여성의 헌혈이 크게 줄었다고 한다. 그런데 헌혈로 받은 돈을 아동 보건 관련 재단에 기부할 수 있도록 하자 여성 헌혈자 수가 원래의 수준으로 다시 높아졌다.

스위스의 또 다른 연구는 더욱 공적인 상황에서는 물질적인 보상이 협력을 축소시킬 수 있다는 강력한 증거를 제공했다. 실험자들은 스위스의 한 마을 주민들에게 동네에 핵 폐기물 처리장 건설을 허용할 의향이 있는지 물어보았다. 핵 폐기물을 안전하게 처리할 장소를 정하는 일이 중요한 국가 목표라고 말하며 시민의 의무감에 호소하자 과반수의 주민이 건설에 동의했다. 그러나 국회가 처리장이 들어설 마을 주민에게 금전적으로 보상하기로 했다는 말이 전해지자 주민 중 1/4만이 동의했다. 브루노 프라이, 샘 볼스 같은 경제학자와 에드워드 데시, 리처드 라이언 같은 심리학자들은 여러 분야의 다양한 환경에서 유사한 실험들을 분석했다. 결과는 명백하고 설득력이 있었다.

이런 결과를 어떻게 설명할 수 있을까? 헌혈과 같은 협력적인 행위에 물질적인 보상을 제공하는 것이 실제로 사람들의 참여율을 떨어뜨리는 이유는 무엇인가? 답을 구하기 위해 인간의 욕구와 행동이 물질적인 이익, 감정적인 욕구(혹은 정서적 반응), 사회적 동기 혹은 소속감, 도덕적 의무라는 네 마리 말이 끄는 마차와 같다고 상상해보자. 네 마리 모두가 같은 방향으로 마차를 끈다면, 각기 다른 방향으로 끌 때보다 훨씬 더 쉽게 마차가 목표한 방향으로 움직일 것이다. 즉 인간은 그 특정한 원칙이나 방침에 따라 행동하게 될 것이다. 기본적으로, 물질적인 보상책을 도입했을 때 네 마리 말을 제대로 다루지 못해 다른 방향으로 가게 만드는 요인은 여러 가지가 있다.

첫 번째 요인은 우리가 '규범적인 틀 지우기'라고 부르는 것인데, 말하자면 상황에 따라 표준적 행위(규범)란 어떤 것인지에 대한 기대가 다르기 때문이다. 5장에서 설명한 월가/공동체 게임 실험(과 카우치서핑닷컴, 집카 같은 서비스의 예)을 다시 생각해보자. 자신이 참여하고 있는 상호작용에 대해 갖고 있는 기대가 협력 수준에 큰 영향을 미칠 수 있다는 사실이 생각날 것이다. 사람들은 상호작용이 사회적이라('공동체') 믿을 때, 사업('월가')이라고 생각할 때보다 더 협력하는 경향이 있다. 따라서 친사회적이거나 호의적이라고 생각하는 행동(예를 들면, 헌혈이나 군 복무)에 보상이 주어지면 그 상호작용을 사업으로 생각하여 이기적으로 행동해도 괜찮다는 신호로 받아들인다.(반대도 마찬가지다.)

두 번째는 사회적 신호이다. 인간의 행동은 자신이 어떤 사람인지, 어떤 사회적 상호작용에 처해 있다고 생각하는지 알려주는 신호를 타인에게 보낸다. 그리고 모든 일상적인 상황에서 뚜렷하게, 직관적으로 이 신호를 느낀다. 예를 들어, 당신이 디너파티를 열고 있다고 상상해 보자. 어떤 손님이 좋은 와인과 초콜릿을 가져왔다. 그리고 또 다른 손님이 식사가 끝나자 50달러짜리 수표를 끊어주었다. 아마 당신은 첫 번째 친구는 사려 깊고 두 번째 친구는 무례하다고 생각할 것이다. 왜 그럴까? 어쨌든 두 사람 모두, 당신의 접대에 일종의 '보상'을 제공한 것이고, 두 선물을 돈으로 따지면 거의 같을 것이다. 그러나 와인과 초콜릿은 선물이나 감사의 표시인 사회적인 것으로 간주되기 때문에 받아들일 수 있다. 반면 50달러는 사업상의 거래로, 확실히 사회적인 행동은 아닌 것으로 간주된다. 따라서 호의적인 행동 뒤에 돈을 받는 모습은 그 사람이 이타적이지 않다는 신호가 될 수 있다. 사실 남에게 이타적인 사람으로 인식되고 싶어 하는 마음은 이타적으로 행동하려는 동기의 일부분인 경우가 많다. 이 때문에 자선 단체나 비영리 단체, 미술 협회는 잡지 구독이나 토트백 같은 '선물'로 종종 기부를 보상함으로써 이런 상호작용을 돈만 오가는 관계가 아니라 더욱 사회적인 상호작용인 것으로 표현한다.

    구축 현상을 설명하는 포괄적이고 일관성 있는 심리학 이론으로, 심리학자인 데시와 라이언의 이론을 들 수 있다. 이들에 따르면, 사람들은 선천적으로 자율성에 대한 욕구가 있다. 자신의 선호도나 원칙, 행동을 직접 제어한다고 느끼려는 것이다. 따라서 자신이 보상과 처벌에 의해 조종되거나 통제되고 있다고 생각하면, 자율성에 대한 의식이 위협받게 되면서 잠재의식에서라도 거부하거나 반항한다. 부모가 아이에게 공부를 잘하라고 의욕을 북돋우는 방법을 생각해보자. 부모가 "열심히 공부해서 시험을 잘 본 거야."라고 말해주는 아이는 부모가 "이번 시험에 A를 받으면 5달러를 줄게."라고 말하는 아이보다 장기적으로 스스로에게 더욱 동기를 부여하고 좋은 성적을 낼 것이다. 이는 헌혈자들에게 일어난 일과 별반 다르지 않다. 대가 때문에 헌혈한다고 생각하는 것보다는 자신이 선택해서 한다고 생각할 때 스스로에 대해 기분 좋아지기가 쉬웠다. 따라서 구축 효과를 피하고자 한다면, 자율성에 대한 사람들의 의식을 지켜주는 방식으로 보상과 처벌을 고안해야 한다. 보상을 주더라도 스스로 선택한 일에 대한 보상이어야 한다.

스웨덴의 헌혈 실험을 다시 생각해보자. 여성들의 경우, 돈을 주자 헌혈이 감소했다가, 그 돈을 기부할 수 있게 되자 다시 이전 수준으로 되돌아갔다. 공개적으로 혈액을 기증하는 행위는 이 여성들이 마음이 넓고 배려심이 깊다는, 자기 자신과 다른 사람들에게 보내는 신호를 강화해준다. 또한 그 행위를 이기적인 행위가 아니라 순수한 베풂으로 다시 포장해줌으로써 그 상호작용을 더욱 통제하고 있다는 느낌을 갖게 한다.

협력 시스템을 설계할 때 중요한 점은 물질적인 보상이 기대 행동을 증가시킬 거라고 추정할 수 없다는 사실이다. 그런 보상을 주면 물질적인 이익이라는 말이 원하는 방향으로 가도록 자극하는 데는 도움이 되겠지만, 그로 인해 감정적, 사회적, 도덕적 말들이 반대 방향으로 방향을 돌려 마차가 '끽' 소리를 내며 멈춰설 수도 있다.

소프트웨어 개발자, 대학 교수, 천문학적 연봉을 받는 임원

우리는 돈에 무심한 채 살기가 불가능한 세상에 있다. 돈이 있어야 식구들을 먹여 살릴 수 있다. 그래서 돈을 벌기 위해 매일 일하러 가고, 돈 때문에 전쟁을 벌인다. 돈이 중요하지 않다고 주장하려는 것은 아니다. 하지만 분명 일부 사람들에게는 더욱 돈이 중요하다. 그 때문에 어떤 사람은 증권 브로커가 되고 어떤 사람은 선생님이 된다. 수백 건의 실험을 통해 우리는 특정한 상황에서 과반수의 사람들이 협력적이고 관대하게 행동하고 1/3 정도가 이기적으로 행동할 것으로 예상할 수 있다. 따라서 이기적인 동기가 사회적인 동기를 몰아내는 상황을 피하는 동시에 이 두 동기를 모두 이용하는 시스템이 진정으로 필요하다. 달리 말하면, 본질적으로 협력하는 성향이 있는 사람들을 방해하지 않으면서 이기심에 의해 움직이기 쉬운 사람들에게 물질적인 보상을 제공하는 시스템이 필요하다. 개인적인 성취감과 소속감, 지적인 만족을 제공하는 동시에 직원들에게 충분히 급료를 지급하는 구글 같은 혁신적인 일터부터, 다수의 참여자들이 돈을 받고 일하지만 그만큼 많은 참여자들이 공짜로 기여하는 수많은 오픈소스 소프트웨어 개발 사업까지, 우리 주변에는 이런 시스템이 가능하다는 증거가 충분히 많다. 이제 몇 가지 예를 더욱 자세히 살펴보도록 하자.

경제학자들은 자유 오픈소스 소프트웨어의 성공을 보며 크게 당황한다. 자신이 만든 코드를 혼자 갖거나 혹은 수익을 얻지 않는 자원자들의 소프트웨어가 돈을 받는 개발자들의 소프트웨어보다 어떻게 더 훌륭할 수 있는가? 몸통은 통통하고 날개는 가냘픈 벌처럼, 이것은 날 수 없어야 한다. 그런데 희한하게 잘 날아다닌다. 이 현상은 정말로 믿기 어렵기 때문에 사람들이 왜 협력적인 온라인 프로젝트에 시간과 에너지를 기부하는지는 많은 학자들의 연구 주제가 되었다. 처음에는 경제학에서, 나중에는 컴퓨터과학, 공정공학, 인류학에 이르는 다양한 학문 분야에서 연구 주제로 다루어졌다. 수많은 조사와 연구에서 반복해서 나타난 해답은 지금까지 우리가 다루어온 여러 가지 본질적인 모든 동기들, 즉 소속감, 공평함, 상호 호혜, 규범에 대한 집착 등과 완벽하게 일치한다. 카림 라카니(Karim Lakhani)와 로버트 울프(Robert Wolf)는 오픈소스 개발에 참여하는 가장 흔한 이유(응답자의 44퍼센트가 지적한)가 단순히 즐거움, 즉 개발이 주는 지적 자극의 기쁨이었음을 알아냈다. 두 번째로 중요한 이유는 기술을 키우려는 의도였다. 그 외에 널리 알려진 동기는 규범과 관련 있었는데, 응답자의 1/3이 소스 코드를 공개해야 한다고 생각했다고 한다. 즉 그들은 그렇게 하는 것이 옳다고 생각해서 개발에 참여했다. 한편, 28퍼센트의 응답자들은 자신에게 그렇게 훌륭한 도구를 제공해준 공동체에 받은 것을 되돌려줘야 한다는 의무감을 언급했다. 결속과 집단 정체성 또한 큰 역할을 했다. 80퍼센트라는, 엄청나게 높은 비율의 응답자들이 자유 소프트웨어 해커 집단을 자신의 중요한 정체성의 원천으로 설명했고, 20퍼센트는 개발 작업이 지닌 팀워크에 자극받았다고 말했다.

따라서 사람들은 그게 옳다고 생각해서, 도움을 주는 것이 공평하다고 생각해서, 자신의 정체성과 집단 의식을 높여주기 때문에, 그리고 단순하게는 재미있어서 무료로 시간과 노력을 기부한다. 그렇다면 잠시 카와 벤클러의 내기로 돌아가보자. 이런 여러 가지 이유에 보상을 더하면 어떻게 될까? 보상이 이런 사회적, 감정적 동기들을 몰아낼까? 아니면 자발적인 노력을 제공하는 최고의 인재들을 돈이 있는 곳으로 꾀어내는 데 성공할까?

유럽과 미국의 경우, 오픈소스 프로젝트 참가자들의 절반 정도는 돈을 받는다고 알려져 있으며, 그 숫자는 증가하고 있다. 2008년, 리눅스 재단이 발표한 보고서에 따르면, 현존하는 최고의 오픈소스 툴로 손꼽히는 리눅스 커널(Linux kernel, 커널은 컴퓨터 운영 체계의 핵심으로 운영 체계의 다른 부분에 여러 서비스를 제공한다.—옮긴이) 작업의 70퍼센트 이상이 돈을 받고 일하는 프로그래머에 의해 이루어지고 있었다. 이는 구축 이론이 엉터리라는 의미인가? 그렇다면 공평성에 대한 인간의 보편적인 욕구는 어떻게 되는가? 남들이 보수를 받는다는 사실을 알면서도 계속 **무보수로** 일하는 사람들은 왜 그러는 것일까? 이 두 의문의 답을 찾다 보면 사회적인 동기를 몰아내지 않으면서 금전적인 인센티브를 시스템에 통합시키는 방법을 알아내는 데 도움이 될 것이다.

지금까지 살펴봤듯 구축 효과는 물질적인 보상 제공이 상호작용에 대한 기대와 충돌하거나 자율성과 통제력에 대한 의견과 대립할 때 발생한다. 사업에서는 물질적인 보상이 전혀 문제 되지 않는다. 사람들은 일한 데 대해 보상을 기대하기 때문이다. 그러나 통제력은 어떤가? 어느 정도 감독권을 부여한다면 모르지만, 내가 누군가에게 돈을 주고 일을 시키면 그 사람이 자율성이 위협받았다고 느껴서 일에 흥미를 잃을 위험이 생기지 않을까? 오픈소스 프로젝트가 크게 성공하는 이유 중의 하나는 프로그램 개발자들이 어떤 프로젝트에서 일하고 어떤 방향으로 프로젝트를 이끌고 갈 것인지 등을 자유롭게 정할 수 있게 해준다는 점이다. 이 현상을 연구해온 사람들은 소프트웨어 엔지니어를 고용한 기업일지라도 그 엔지니어가 프로젝트를 어떤 방향으로 이끌어갈지, 그 작업 내용을 어떻게 사용할지에 대해 참견할 권리가 거의 없다는 사실을 알게 되었다. 리눅스 커널의 주요 개발자인 앤드류 머턴(Andrew Morton)에 따르면, 유급 개발자들은 엔지니어들의 요구가 '커널에 유익'하다고 생각하지 않으면 종종 일을 거절하기도 한다. 업계에 정통한 사람들 대부분은 직원에게 대가를 지불하는 기업이 그 직원에 대한 감독권을 포기하지 않을 경우 프로젝트에 대한 직원들의 관심과 사회적 자본을 모두 잃을 것이라는 점에 동의한다. 기업이 감독권을 포기하기만 한다면, 그들은 생산적인 직원이 될 것이다. 고용주들은 심리적, 본질적 효과와 더불어 사회적 효과 때문에 돈을 주고 채용한 소프트웨어 개발자들과 간섭하지 않는 관계를 유지해야 한다.

개발자들의 자율 의식을 지켜주는 또 다른 흥미로운 관습은 보수를 지급하는 곳과 지시를 내리는 곳이 서로 다르다는 사실이다. 보수는 소프트웨어를 구매하는 기업들(IBM 같은)이 지급하는 반면, 지시 사항과 지침(적어도 개발자들이 허용하는 정도까지만)은 엔지니어들이 내린다. 이는 개발자들이 보수 지급과 창작 과정 그리고 금전적인 인센티브와 본질적인 동기를 심리적으로 분리하는 데 도움을 주기 때문에 중요하다. 아마도 이 때문에 특정 기여에 대해 직접 포상금을 지급하려는 시도가 별로 성공하지 못했던 것 같다. 보상과 기여는 서로 너무 가까이 있기가 불편해졌다.(인터넷에는 '프로그래머를 빌릴 수 있는' 광범위한 노동시장이 존재하지만, 이 유료 프로젝트는 자유 소프트웨어 개발에서 중요한 역할을 하지 못한다. 그러나 이 프로젝트들은 자유 소프트웨어 프로젝트에서 훈련된 사람들이 기업에 고용되지 않더라도 자신의 기술로 돈을 벌 기회를 제공한다.) 소프트웨어 세계에 존재하는 다수의 예들이 계속 입증하듯이, 특정한 행동에 직접적으로 연관되지 않은 더욱 느슨하고 간접적인 형태의 보상은 협력적인 프로젝트 참여를 자극하는 데 훨씬 뛰어나다. 직접적인 호소나 성과별 지급 방식(니콜러스 카가 칼라카니스의 지갑이라 불렀던 모델)은 자신의 관심사를 추구하는 프로그래머들을 단념시킬 뿐이다. 따라서 대가를 지불하는 방식은 어느 정도까지는 내재된 동기를 이끌어내는 활동에서 제거하고 구분해야 한다.

오픈소스 소프트웨어 세계에서는 구축이 일어나지 않는다. 이 업계가 특이할 정도로 개발자들의 자율성을 인정해주고 창작 과정을 보람 있는 과정으로 만드는 관례를 발전시켰기 때문이다. 이 모든 설명이 이해되더라도 공평성 문제나, 무급 엔지니어들이 무시 받는다는 생각에 참여를 거부하지는 않는 이유를 설명해주지는 못한다. 어쨌든 왜 절반의 개발자들은 돈을 받고 절반은 받지 않는 것일까? 6장에서 살펴봤듯, 공평성을 딱 부러지게 정의하기는 힘들다. 그것은 사람과 상황에 따라 다르며, 집단과 문화가 갖고 있는 기대에 크게 영향 받는다. 오픈소스 집단에서 공평한 보상을 구성하는 요소가 무엇인지에 대한 생각은 다른 분야와 매우 다른 듯하다. 바로 그 때문에 자유 오픈소스 프로젝트에는 물질적인 보상 외에 인정이나 지위 같은 여러 평가 방식이 존재한다. 관찰 결과에 따르면, 이 개발 집단에서 절대적으로 분명한 사실은 개발자의 능력, 즉 그가 만든 코드의 우수성과 아름다움에 따라 지위가 결정된다는 사실이다. 동료들의 존경과 칭찬, 프로젝트의 발전에 영향을 미칠 수 있는 능력같이 보이지 않는 보상은 매우 높게 평가받는다. 따라서 전통적인 의미에서는 자원자들이 돈을 받고 있지 않지만, 이 집단에서 그들이 받는 사회적 보상은 공평한 보상으로 간주될 정도로 충분히 소중하다. 이는 어떠한 불공평도 완화시킬 수 있을 정도로 충분하다고 입증되었다. 자유 오픈소스 프로젝트를 주제로 다룬 연구 중에 유급 엔지니어와 무급 엔지니어 사이에 긴장 관계가 조성됐다는 보고는 없었다.

소프트웨어 업계는 자유 오픈소스 소프트웨어 개발 집단과 오랫동안 지속할 수 있는 관계를 찾아냄으로써 물질적인 동기가 사회적인 동기를 몰아내는 일 없이 두 동기를 성공적으로 통합해냈다. 하지만 이들이 이례적인 경우라면 어떻게 되는가? 소프트웨어 개발자들이 다른 사람들과는 동기가 다른 다소 이상한 집단이라면 어떻게 될까? 이 분야의 문화가 이미 물질적 보상보다 사회적 보상을 더 중시하는 경향이 있는 사람들을 다수 끌어들인 것은 아닐까? 이 의문을 조사하기 위해 미국 자본주의에서 가장 논쟁적인 관례에 속하는 경영자에 대한 보상을 살펴보자.

1970년대에 미국의 최고 경영자들은 일반 노동자보다 25배 정도를 더 벌었다. 1980년대에 이 수치는 40배로 높아졌다. 그런데 이 이후로 경영자의 연봉이 급등했다. 1996년에 최고 경영자는 일반 노동자보다 210배를 더 벌었고, 2000년에는 평균 500배가 넘는 연봉을 받았다. 경영자 연봉의 극적인 증가는 대리인 이론이 주로 작용한 결과이다. 이 이론에 따르면, 본질적으로 기업의 모든 종업원은 본인(本人, principal)이라 불리는 사람이나 존재의 이익을 위해 일하는 대리인이다. 기업의 근로자는 관리자의 대리인이고, 관리자는 다시 부사장의 대리인이고, 부사장은 최고 경영자의 대리인이고, 최고 경영자는 주주들의 대리인이다. 대리인 이론의 중심은 다들 자신의 이익을 극대화하는 데만 관심을 갖고 있다는 가정이다. 따라서 대리인들은 다들 '본인'의 목표보다 자신의 목표를 우선시할 것으로 예상된다. 그러므로 직원에게서 최대한을 얻어내는 최고의 방법은 각 대리인의 인센티브를 본인의 인센티브와 일치시키는 것이다. 이는 대체로 수월했다. 모든 본인은 부하 직원들에게 목표와 목적을 정해주고 그것을 얼마나 잘 완수하는지에 따라 대리인들에게 대가를 지불할 수 있었다. 하지만 기업의 위계질서에서 자신들 위에 아무도 없는 최고 경영자는 어떻게 되는가? 그들의 목표는 누구의 목표와 일치시켜야 하는가? 답은 바로 주주들이다. 1990년에 경제학자인 마이클 젠슨(Michael Jensen)과 케빈 머피(Kevin Murphy)는 이제는 고전이 된 영향력 있는 논문을 발표했다. 그들은 경영자들을 최대한으로 활용하려면 기업이 경영자의 보수를 주가와 결부 지어야 한다고 주장했다. 그 결과, 경영자의 보수에 스톡옵션을 포함하는 관례가 새로이 힘을 얻고 신뢰받게 되면서 경영자의 연봉이 전

레 없을 정도로 급속도로 인상되었다.(학자들의 추천이 결정 권한을 가진 사람들을 엄청난 부자로 만들기 쉬운 때에 그들의 연구 내용에 영향력이 생겼다는 사실이 흥미롭다.)

이 이론은 효과를 거두었다. 경영자들(그리고 그들에게 제트기와 요트를 판매한 사람들도)에게는 그랬다. 하지만 기업과 주주들의 경우 그만큼은 아니었다. 머피조차도 1999년에 쓴 글에서 스톡옵션 때문에 최고 경영자들이 더 열심히, 더 영리하게 즉 주주들의 이익을 키우는 방향으로 일하게 되었다고 증명하기는 어렵다고 인정했다. 그리고 2002년에 젠슨은 이런 보상 시스템으로 인해 경영자들이 단기 이익에만 집중한다고 지적했다. 단기 이익은 장기 결과를 희생시키면서 최고 경영자들이 보유한 옵션의 가치를 높여준다. 경영자의 연봉과 기업 실적 간의 연관성을 찾으려 한 수많은 연구들은 그것을 찾지 못했다.(2000년대에 최고 경영자 연봉이 제너럴모터스보다 몇 배 적었던 도요타가 같은 시기에 제너럴모터스를 제치고 세계 최대 자동차 제조업체로 부상했다는 사실이 좋은 예이다.) 즉 이 이론은 비참할 정도로 실패하고 말았다.

하지만 왜 이렇게 되었을까? 최고 경영자들이 실적에 따라 보수를 받는다면, 그들이 실적을 올리는 데 최고의 노력을 기울일 것은 확실하다. 그런데 그렇게 되지 않은 이유는 세 가지로 설명할 수 있다. 먼저 지금은 잘 알려진 요인으로, 최고 경영자 연봉이 가까운 장래의 주가와 연동될 경우, 그들은 단기 이익을 최대한 증가시키고 장기 실적은 강조하지 않는다. 경우에 따라서는 이로 인해 명백한 사기도 발생한다. 주식에 의거한 보수 체계를 갖춘 기업들은 증권거래위원회에서 '사기

기업'으로 분류될 가능성이 두 배가 높다는 연구 결과도 있다. 두 번째 요인은 자기 선택 효과이다. 주식을 근거로 엄청난 연봉을 지불하는 기업에는 금전적인 이익에 따라 움직이는 경영자들이 몰려들게 되고, 결과적으로 이들은 순이익에 영향을 미치는 활동 외에 다른 일을 하려는 본질적인 동기로는 움직이지 않는다. 세 번째이자 가장 치명적인 요인은 이 보상 모델이 기업 내의 다른 모든 사람들에게 돈이 가치 면에서 노력이나 기여, 재능을 훨씬 능가하는 주요한 평가 기준임을 알린다는 점이다. 회사가 얼마나 직원을 차별하지 않고 협력적인지에 대해 장황하게 말하더라도 기업을 이끌어가는 사람들이 이기적이고 지나치게 많은 보수를 받는 것으로 보인다면 직원들은 분개하고 의욕을 잃어버릴 것이다. 월가 게임에서 상황을 규정하는 틀이 게임에서 용인되는 태도와 행동에 대한 참가자의 기대를 형성했듯, 지나치게 높은 경영자 연봉은 조직 문화를 탐욕스럽고 자기 잇속만 차리고 비협력적이어도 무방한 문화로 규정한다.

그러나 최고 경영자의 보수를 실적과 연관 짓는 방식이 성과를 달성하지 못한다 한들 다른 방도가 있을까? 기업은 경쟁력 있는 보수를 제시하지 않고 어떻게 최고의 인재를 유인할 수 있을까? 가장 먼저 기억해야 할 점은 미국의 최고 경영자 연봉이 주요 유럽 국가들에서 통용되는 규범의 범위를 벗어나며, 일본과는 더욱 거리가 멀다는 점이다. 돈은 그 자체로 실제 목표가 아니라 경영자 집단에서 가치의 표시가 되었다. 경영자 본인의 가치를 재는 척도가 된 것이다. 그러나 다른 분야에서는 이렇지 않다. 예를 들어, 미국 대통령 후보로 나설 인재의 마음을 사로잡는 데 수백만 달러의 연봉이 필요하지는 않다. 그 자리가 갖는 권력과 흥분, (때로는) 존경, 여타의 본질적인 보상은 다수의 인상적인 후보를 끌어들이고도 남는다. 비슷하게 일본 자동차 회사가 최고 경영자에게 지급하는 90만 달러의 연봉(미국의 수천만 달러와 비교하여)은 탁월한 경영자들을 최고위직에 끌어들이고도 충분히 남을 정도였다.

중요한 또 다른 예가 학계에 있다. 미국의 일류 대학에는 전 세계의 뛰어난 학자들이 몰려든다. 혁신과 기술 발전에 점점 더 의존해가는 현대의 지식 경제에서 이들 최고 연구자들이 머크(Merck)나 마이크로소프트 같은 기업에서 일한다면 훨씬 더 높은 연봉을 받을 것이다. 하지만 우수하고 똑똑하고 창의적이고 학식 있는 수천 명의 사람들은 자기 능력을 민간 분야에 제공하는 대신 학계에 몸담으며 훨씬 더 적은 돈(경우에 따라서는 수십만 달러가 적다.)을 버는 쪽을 선택한다. 왜 그런 선택을 할까? 학계에서는 창의력이나 호기심, 발견, 공동의 목표를 향한 협력 같은 것들이 사회적으로, 본질적으로 장려되고 보상받기 때문이다. 따라서 구글 같은 대표적인 기술 기업들이 점점 더 대학 캠퍼스 같은 환경으로 바뀌어간다는 사실은 전혀 놀랍지 않다. 그런 기업에서는 창의성과 놀이를 위한 기회가 점점 많아지고 자신만의 프로젝트를 추구할 자유가 더 많이 주어지고 지역사회에 대한 참여도 점점 더 강조되고 있다.

학계든 최고 경영진이든 위키피디아든 자유 소프트웨어든 정부든 비영리 분야든, 금전으로 대가를 지급하는 방식은 본질적으로 보람이나 존경, 가치와 관련된 일에 최고의 인재를 끌어들이기 위한 필요 조건도, 충분 조건도 아니다. 그리고 고도의 노력을 뒷받침해주는 훌륭한 사회적 구조에 어울리는 일자리와 지위는 그런 조건에서 성공하는 데 특별히 애쓰는 사람들을 쉽게 끌어들인다. 바로 이 때문에 나는 닉카가 내게 저녁을 사야 할 거라고 자신한다.

처벌 시스템이 실패하는 이유

이제까지 보상에 대해 많은 이야기를 했다. 그렇다면 처벌이라는 이면은 어떠할까? 6장에서 우리는 사람들이 공평성에 아주 많이 신경 쓰기 때문에 손해를 보더라도 이기적인 사람들을 기꺼이 벌주려 한다는 사실을 알았다. 그러나 실제로 처벌 위협으로 나쁜 행동을 완전히 없애버릴 수 있을까? 복수에서 얻는 만족감 외에 실제로 효과도 있을까? 어느 정도까지는 그렇다고 생각할 것이다. 하지만 이미 앞에서 우리는 물질적인 보상이 협력하려는 본질적인 동기를 몰아낸다는 사실을 알게 되었다. 따라서 처벌 위협이 효력이 있는지, 아니면 그 또한 구축 효과에 제한받는지 묻는 것이 논리적으로 맞다.

우선 처벌을 지지하는 증거로 시작해보자. 이 맥락에서 이루어진 가장 유명한 연구는 경제학자 에른스트 페르와 그 동료들인 지몬 게히터(Simon Gaechter), 베티나 로켄바흐(Bettina Rockenbach) 등이 공공재 게임 실험을 이용해 한 연구였다. 공공재 게임은 실험자가 피험자들에게 약간의 돈을 주고 각 참가자가 받은 돈의 일부분을 공동 자금에 기부할 수 있게 하는 실험이다. 그런 다음 실험자는 공동 자금에 몇 배를 곱한 돈을 피험자들에게 똑같이 나눠준다. 실제 실험에서 피험자들은 (평균적으로) 실험자가 준 돈의 절반 정도를 기부한다. 그리고 많은 사람들이 전액을 기부하고, 일부는 한 푼도 기부하지 않거나 조금만 기부한다.(협력적인 사람도 있고, 이기적인 사람도 있다는 연구 결과와 일치한다.) 그러나 피험자들이 게임을 여러 번 하고 나면 상황은 명백해진다. 이기적인 피험자들에게 이용 당하고 있음을 알게 된 협력자들은 기부액을 줄이기 시작하고 결국엔 아무도 한 푼도 기부하지 않는다. 페르의 팀은 여기서 피험자들에게 기부하지 않은 사람들을 벌할 기회를 준다면 어떻게 될지 궁금했다. 그들은 피험자들이 받은 돈의 일부를 써서 다른 피험자의 이익을 줄일 수 있도록 했다.(즉 피험자 A는 "실험이 끝날 때 B가 받을 돈에서 3달러를 차감하는 벌칙을 B에게 준다면 1달러를 덜 받을 용의가 있다."고 말할 수 있다.) 이 신기한 실험의 결과는 명백했다. 협력하지 않던 피험자들은 처벌 위협에 직면하자 공평하게 돈을 기부하기 시작했고 결국 시스템은 지켜졌다.

하지만 구축 효과는 어떠했을까? 실험 및 현지 관찰 결과를 보면, 처벌 시스템이 보상 시스템보다 심하지는 않더라도 적어도 그만큼 실패할 수 있다는 증거가 광범위하게 존재한다. 특별히 도움이 되는 예는 이스라엘의 어느 유치원에서 실행된 실험이다. 이 유치원 선생님들은 부모들이 아이를 데리러 계속 늦게 오는 바람에 업무 시간이 끝난 뒤에도 퇴근하지 못하는 문제를 겪고 있었다. 이에 두 명의 경제학자가 유치원 선생님들에게 해결책을 제시했다. 늦게 오는 부모들에게 벌금을 부과하는 방법이었다. 이 방법을 쓰면 부모들이 제시간에 올 거라고 생각할 수도 있다. 늦게 오면 대가를 치러야 하기 때문이다. 하지만 현실은 그렇지 않았다. 평균적으로 부모들은 이전보다 훨씬 더 늦게 오기 시작했다. 벌금이 추가로 아이를 맡기는 데 대한 정당한 대가라고 생각하면서 처음에 선생님들을 불편하게 했다는 생각에 느끼던 죄책감이 사라진 듯했다. 헌혈과 마찬가지로, 돈이 개입되자 거래는 '사업'이 되어 '사회적인' 행동이 아닌 것으로 간주되었다. 부모들은 늦는 데 대해 돈을 내는 한, 필요할 때마다 늦어도 정당하다고 느꼈다. 놀랍게도 그런 변화는 뒤집기가 어려웠다. 유치원이 벌금을 없앤 뒤에도 지각은 여전했다.

실험실로 다시 돌아가보자. 페르의 팀이 약간 다르게 처벌 효과를 시험했을 때, 놀라울 정도로 다른 결과가 나왔다. 이는 처음의 연구 결과보다 구축 이론과 훨씬 더 일치했다. 이번에는 공공재 게임이 아니라 신뢰 게임에 처벌을 도입했다. 신뢰 게임은 이렇다. 실험자가 게임 참가자에게 10달러의 기본 재산을 준다. 참가자 중 한 사람은 투자자가 되어 받은 돈의 일부를 다른 참가자, 즉 수탁자에게 줄 수 있다. 그런 다음, 실험자는 얼마가 됐든 수탁자가 받은 돈을 3배로 늘려준다. 수탁자는 이제 원하는 만큼 투자자에게 다시 돌려보낼 수 있다. 두 사람 모두에게 가장 좋고 공평한 결과는 투자자가 자신이 받은 10달러를 전부 투자해 실험자가 그 10달러의 3배를 더해 총 40달러를 갖는 것이다. 그런 다음, 수탁자가 그 절반인 20달러를 투자자에게 돌려주면, 두 사람 모두 최대한의 이익을 공평하게 나눠 가질 수 있다. 그러나 수탁자가 반드시 돈을 돌려줘야 한다는 강제 조항이 없기 때문에 이기적인 사람은 40달러를 혼자 차지할 것이다. 동시에 투자자가 이런 가능성을 알고 있기 때문에, 남을 쉽게 믿는 사람이 아니라면(혹은 2장에서 설명했듯 옥시토신을 흡입하지 않는다면) 수탁자에게 한 푼도 건네지 않으리라고도 예상할 수 있다. 이러면 시스템은 흐트러진다. 공공재 게임에서처럼 이 게임에서도 처벌이 효과가 있다면 투자자가 수탁자를 처벌할 수 있도록 하는 조치로 투자자는 더 많이 투자하고 수탁자는 더 많이 돌려주게 만들 수 있다. 그런데 바로 여기서 페르와 로켄바흐는 놀라운 결과를 얻는다.

그들은 투자자가 수탁자에게 미리 얼마를 돌려받을 것으로 기대하고 있는지와 함께, 그만큼 주지 않으면 어떤 벌칙이나 벌금이 있는지 미리 이야기할 수 있도록 했다. 이로 인해 이기적인 사람은 투자자의 기대 금액이 벌금보다 적다면 정확히 요구받은 만큼만 돌려주고 그 이상의 요구는 무시할 것이 분명했다. 되돌려달라는 돈이 벌금보다 많으면 벌금을 내는 게 낫기 때문이다. 하지만 결과는 달랐다. 수탁자들은 자신을 위협한 투자자들에게 최소한의 돈을 보내면서 돈에서 큰 몫을 요구했다. 그들은 벌할 권한이 전혀 없던 투자자보다 위협하는 투자자들에게 더 적은 돈을 보냈다. 수탁자들은 '당신에게 벌을 줄 권한은 있지만, 당신이 내게 얼마를 보내든 당신을 처벌하지 않겠다고 미리 약속하겠다'고 구체적으로 말한 투자자들에게 가장 많은 돈을 보냈다. 수탁자들은 투자자로부터 상당히 공평한 대우를 받을 때 가장 많은 돈을 보냈다. 이는 구축 효과를 보여주는 전형적인 결과이다. 투자자가 가혹한 처벌로 위협할 때뿐 아니라 높은 수익을 요구할 때도 반발이 가장 강했다. 적극적으로 탐욕을 보일 때 가장 비협력적인 반응이 나타났다.

처벌이 공공재 게임에서는 효과가 있었지만 신뢰 게임에서는 없었던 이유는 무엇일까? 내 생각에 그 답은 두 게임의 사회적 역학 관계에서 찾을 수 있다. 신뢰 게임에서는 1 대 1의 관계가 형성된다. 처벌 위협이란 **나를** 처벌하겠다는 위협이다. 내가 위협받는 경우, 상대의 행동은 나를 신뢰하지 못한다는 신호로 해석되고, 결국 기분이 나빠진 나는 그들이 바라는 대로 행동하지 않는다. 그러나 이기적이고 파렴치한 사람들이 몇 명 있다는 사실을 모두가 알고 있는 공공재 게임의 벌칙은 나를 겨냥한 것이 아니다. 그것은 집단 내의 못 믿을 인간 때문에 생겼다. 따라서 나는 기분이 나쁘지 않기 때문에 다른 사람들이 바라는 대로 반응한다. 즉 처벌은 집단에 적용될 때, 혹은 집단에 의해 적용되는 기준이나 규범으로서는 효과를 거둘 수 있지만, 개인 간에는 문제가 된다.

그러나 공공재 게임에서도 페르 이후 이루어진 실험들은 처벌이 초래할 수 있는 부정적인 영향에 대해 더 많은 의문을 낳았다. 이들 중 가장 주의를 환기시킨 실험들은 문화와 사회에 따른 차이점을 살핀 연구였다. 베네딕트 헤르만(Benedikt Hermann), 크리스티안 퇴니(Christian Thöni), 지몬 게히터의 연구에 따르면, 공공재 게임에서 오만의 무스카트, 아테네 사람들과 보스턴이나 멜버른 사람들은 처벌에 대해 매우 다른 반응을 보인다. 광범위한 법 기준이 상대적으로 적고 버스비나 세금을 내지 않는 행동 같은 반사회적인 행동을 용서하는 태도가 만연한 사회의 피험자들은 처벌자에게 복수하는 경향을 보였다. 게임에서 배신한 사람들이 완벽히 협력적인 사람들을 벌하기 위해 자신의 수익을 쓰는 비이성적인 행동 또한 보였다. 표면에 나타나지 않는 법 기준이 많은 사회에서는 배신이 드물어서 처벌이 불필요한 경우가 흔했다. 그래서 부당한 처벌은 실제로 정말 드물었다.

물론 현실 세계에는 처벌을 이용하는 사회제도가 많다. 대표적인 예가 법 집행이나 사법제도이다. 그러나 미국의 정책 입안자들이 지금쯤은 인정해야 하는데, 미국은 감금률이 비교 가능한 어떤 국가보다 높지만 온건한 공적 제재 방식을 이용하는 국가들보다 훨씬 더 범죄율이 높다. 따라서 감금은 범죄를 줄이는 효과적인 방법보다 상징적인 복수(혹은 일부의 눈에는 일방적인 인종차별로)처럼 보인다.

이제 어떤 결론을 내릴 수 있는가? 인간은 공감과 결속, 공평함과 규범을 신경 쓸 뿐 아니라 물질적인 이익에도 어느 정도 신경 쓴다. 그러나 사람들의 동기 또한 다양하다. 모든 사람이 똑같이 다른 사람들에 공감할 수 있거나 공동체를 중시하는 것은 아니다. 공평성과 정의에 똑같이 신경 쓰는 것도 아니다. 순응에 대해서도 그렇다. 또한 사람들은 저마다 다를 뿐 아니라 각 개인의 내면도 다양하다. 한 사람이 어떤 상황에서는 대단히 협력적이고 관대하지만 다른 상황에서는 그렇지 않을 수도 있다. 이는 대개 외부 상황과 관계 있다. 과거에는 삶을 사업, 가정, 사회생활 등의 분야로 분리함으로써 서로 충돌할 가능성이 있는 동기들을 처리했다. 독립된 분야에서는 자기 자신과 타인에 대해 다르게 기대할 수 있기 때문이다. 그러나 이 방법은 그리 이상적이지 않다. 점점 복잡해지는 오늘날에서는 이 분야들이 서로 끊임없이 충돌하고 교차한다. 인간을 사회 영역에서 활동하게 만드는 동기가 점점 중요해져서 빠르게 변하는 비즈니스 환경에서도 인간이 혁신을 이루고 성장할 수 있게 해준다. 이제 우리는 직업적 상황이나 개인적, 사회적 상황 등 모든 상황에서 물질적인 동기와 본질적인 동기를 통합시키는 새로운 시스템을 개발해야 한다.

인간의 동기에 대한 새로운 개념과, 사람들의 행동을 뒷받침하는 데 필요한 시스템을 결합하려면 사람들이 자신들을 때로는 같은 방향으로, 때로는 다른 방향으로 끌어당기는 물질적인 이익을 감정적인 욕구나 사회적 상호작용, 도덕적 약속보다 더 좋아한다는 사실을 염두에 두어야 한다. 테레사 수녀 같은 사람은 거의 없다. 그런 사람이 많다면 콜카타에서 그녀가 겪은 고생은 별로 인상적이지 않았을 것이다. 인간 본성에 대한 이 사실을 인정하면, 협력 시스템을 세울 때 다양한 동기 유발 요인에 의지할 수 있는 정도는 약간 제한을 받는다. 사람들에게 성인이 되라고 요구하는 시스템을 세울 수는 없다. 자원봉사에 의존하는 시스템을 세울 때도 봉사자의 희생을 줄이고 보상(물질적인 보상 등)을 늘리는 것이 중요하다. 온라인 협업 시스템의 경우, 동료 생산이 늘어나길 원한다면 각자가 해야 할 일을 모듈식으로 만드는 일이 중요하다. 요컨대 각자가 할 일에 많은 시간이 들지 않도록 일을 작게 만드는 것이 중요하다. 누군가가 5분도 안 되는 시간으로 위키피디아나 옐프

(Yelp) 등 수천 개로 증가하고 있는 온라인 협업 시스템에 기여할 수 있다는 사실은 전 세계 수억 명의 사람들이 조금씩 힘을 보태면 훌륭한 결과물을 생산할 수 있음을 의미한다. 재활용의 경우도 마찬가지다. 이는 협력의 비용을 줄이자는 이야기에 불과하다. 또한 이런 진취적인 사업에 참여하는 사람들에게 적당한 생계 수단을 제공하는 방법을 찾는 일은 그들의 협업을 견고하게 만드는 중요한 일이다. 바로 그 때문에 비영리 부문이 번창하고 있다.

요점은 이러하다. 우리 주위에는, 기본적으로 충족해야 할 물질적인 욕구가 있지만 돈이나 물질적인 보상 자체가 핵심적인 동기 요인이 아닌 사람들이 많다. 이들이 그런 진취적인 사업에 전념할 수 있도록 그들의 작업에 자금을 대주는 방법을 찾음으로써 이들이 연구든 정치 감시 기능이든 공공재를 제공하는 데 중요한 역할을 할 수 있게 해주는 체계를 시장 옆에 나란히 구축하는 일은 대단히 중요하다. 그러나 이 원칙들은 비시장 분야와 비영리 부문에만 국한되지 않는다. 지식과 혁신이 중요해지고 조직의 생존에 지속적인 적응과 개선이 필요하기 때문에 기업에도 혼합된 동기 구조가 활용되는 경우가 점차 늘고 있다. 오늘날 경쟁이 가장 심한 시장에서 활동하는 성공한 기업 중 다수가 순전히 보상과 감시에 근거한 전략에서 벗어나 공동의 목적이나 규범 수행, 개인적인 자율성을 더 많이 표현할 수 있게 해주는 새로운 경영 관리 방식을 개발하고 있다. 따라서 그 기업들은 조직과 조직의 목표에 대한 직원들의 감성적 충성을 강화하고 있다. 그 결과, 사람들의 일터는 달라지고 있다. 물론 한결같지는 않고 불완전하지만, 그럼에도 불구하고 일부 주요 조직에서는 상당히 많은 변화가 이루어지고 있다. 돈과 물질적 보상이 전부가 아니며 실제로 동기부여나 효과적인 행동과 물질적 보상의 관계는 과거 두 세대에 걸쳐 경제 이론이 주장해온 것보다 훨씬 더 모호하고 복잡하다는 사실을 점점 더 깨닫고 있다.

오해의 여지를 없애자면 나는 모두가 머리를 기르고 코뮌과 같은 공동체로 옮겨간다고 주장하는 것이 아니다. 협력 시스템에 물질적인 보상과 이익 분배를 포함하면 안 된다는 이야기가 아니라, 물질적인 이익**만으로** 사람들에게 동기를 부여하려고 해서는 안 된다는 이야기이다. 우리는 협력을 사회적이고 자율적이고 보람 있고, 심지어 재미있게 만들어 사람들의 사회적, 지적 동기를 이용하는 데도 집중해야 한다. 그렇게 하기란 결코 쉽지 않다. 하지만 보상이나 처벌로 돈을 추가할 경우, 사람들의 동기가 가진 모든 견인력이 다른 방향으로 향하여 협력의 길에서 벗어날 수 있다.

9장

협동을 기반으로 성공한 모델들

1982년, 캘리포니아 주 프리몬트(Fremont)에 있던 제너럴모터스 공장이 문을 닫았다. 이 공장은 몇 해 전부터 서서히 쇠퇴하고 있었다. 생산성은 하락세를 보였고, 노사 관계도 긴장된 상태였다. 어떤 날이든 직원 5명 중 1명은 결근할 가능성이 컸다. 품질이 회사 내의 다른 공장들에 훨씬 못 미쳤다는 사실은 결코 놀라운 일이 아니었다. 사실 제너럴모터스 자체도 시장을 주도하는 일본 기업들에 뒤쳐지고 있었다. 제너럴모터스는 공장을 구하기 위해 극단적인 조치를 취했다. 라이벌인 도요타와 함께 누미라는 합작 투자 회사를 시작한 것이다. 계약에 따르면, 제너럴모터스는 공장을 제공하고 제조된 자동차의 절반을 판매하는 대신, 도요타는 1억 달러를 투자하고 (나중에 드러난 대로) 더욱 중요하게는, 공장을 전면적으로 경영하기로 했다.

1984년 12월, 공장은 새로운 경영진의 지휘하에 다시 문을 열었다. 직원들은 대체로 바뀌지 않았다. 조립 라인 노동자들의 99퍼센트와 숙련 노동자의 75퍼센트가 애초의 프리먼트 공장에서 일했던 UAW(미국 자동차 산업을 대표하는 노동조합—옮긴이) 회원들이었다. 그러나 2년 만에 이 공장은 생산성 면에서 다른 모든 제너럴모터스 공장을 크게 앞질렀고, 미국 내 자동차 공장 중에서도 최고의 품질 등급을 기록했다. 비밀리에 이루어진 직원 설문 조사에 따르면, 공장이 다시 문을 연 1985년에 60퍼센트이던 직무 만족도는 1990년대에 90퍼센트 이상으로 상승했다. 그리고 그 결과는 지속되었다. 최근 도요타가 어려움을 겪고 있지만, 누미는 25년이 넘는 내내 생산성과 품질 면에서 미국 최고의 공장 중 하나로 손꼽혀왔다. 2010년 현재, 전기 자동차 개발을 위한 도요타와 테슬라(Tesla)의 새로운 협력 사업이 누미 공장에서 이루어질 예정이다.

누미의 성공은 도요타 밖에서 훨씬 더 큰 영향을 미쳤다. 누미의 성공으로 인해 미국의 조직사회학자들과 경영과학자들은 도요타를 비롯한 주요 일본 자동차 제조업체들의 관행이 너무 일본식이어서 따라 할 수 없는 독특한 일본 문화에서 연유한 것이라는 오래된 가정을 고쳐 생각하게 되었다. 어쨌든 누미의 성공은 미국 노동자들이 미국 노조와의 협상으로 이루어진 변화에 반응한 결과물이었다. 유일하게 미국 것이 아닌 것은 경영진이었다. 이렇게 엄청나고 신속한 전환을 어떻게 설명할 수 있을까? 기본적으로 도요타 생산 방식이 앞의 5개 장에서 검토해온 성공적인 협력 시스템의 요소들을 모두 포함하고 있다는 사실이 답이 될 수 있다. 도요타 생산 방식은 노동자들을 더욱 혁신적이고 생산적으로 만들 뿐 아니라 일과 일터에 더욱 만족하게 만드는 본질적인 동기 유형과 역학 관계를 정확히 이용할 수 있었다.

누미 공장은 경영과학에서 '높은 헌신과 높은 실적'의 기업은 제대로 기능하는 협업 시스템 모델에 적합한 기업임을 증명하는 가장 명백한 현실 세계의 '실험 장치'이다. 최근 불거진 도요타의 안전 및 품질 관리 문제에도 불구하고 누미 사례(그리고 도요타의 장기적인 안전 기록)는 협력 시스템이 범죄를 줄이거나 바닷가재 어부들 간에 평화를 유지하는 일뿐 아니라 기업에서도 성공한다는 명백한 증거이다.

경영 전문가 마이클 비어(Michael Beer)가 아주 상세히 설명했듯이, 사우스웨스트항공사도 또 다른 훌륭한 예이다. 기업 성공 사례로 자주 인용되는 이 항공사는 끊임없는 합병과 도산, 상승하는 연료비, 항공 여행 감소 등으로 항공업계가 몸살을 앓는데도 업계 내 다른 기업들보다 20퍼센트가 낮은 비용으로 해마다 꾸준히 수익을 올리고 있다. 그들은 어떻게 성공하고 있을까? 직원들이 높은 수준의 자율성과 정서적인 참여를 유지하게 해주고, 채용과 보수 체계를 통해 직원들에게 강력한 평등 의식을 심어주며, 이익보다 고객 서비스를 우선시하는 등 공유된 규범에 몰두하게 만들어 성공했다는 대답을 듣는다고 해도 놀라운 일은 아닐 것이다.

우선, 사우스웨스트 항공사는 모든 직책에서 직원을 채용할 때 뛰어난 대인 기술을 최우선으로 삼는다. 그리고 팀워크를 부단히 강조하고 직원들에게 비행기 회항 시기 같은 중대한 결정을 내릴 수 있는 자율성을 부여한다. 또한 지위에 관계없이 모든 직원에게 동등한 책임을 부여하여 조종사, 승무원, 지상 근무원들이 다른 기업에서는 상상조차 할 수 없는 방식으로 동료로서 허물없이 일한다. 공평성에 대한 이런 약속은 직원의 보수 체계까지 확대된다. 또 모든 단계에서 이익 공유 모델을 고수한다. 이 항공사에 대한 연구를 되풀이할수록, 일부 연구 결과는 정말 놀랍다. 이들은 인센티브보다 관계에 집중한다. 이는 지도부에서도 나타난다. 항공사의 유명한 최고 경영자, 허브 켈러허(Herb Kelleher)는 이런 가치들을 말로만 앞세우지 않는다. 직원들이 그와 가진 대담을 살펴보면, 실제로 그들이 공동체 의식을 심어주려는 그의 노력이 진심에서 우러난 행동임을 경험으로 안다는(예를 들면, 회사가 해준 결혼식이나 생일 축하 행사를 통해) 사실을 알 수 있다.

협력을 기반으로 번창하는, '높은 헌신과 높은 실적'의 조직은 다른 산업에서도 예를 찾을 수 있다. 1990년대 후반까지의 휴렛팩커드(Hewlett-Packard), 메리어트 호텔, 코스트코까지 다양하다. 이 모든 조직의 기본 이야기는 똑같다. 각자 자신들만의 도전과 곤란이 있지만, 이들 모두 이 책에서 설명해온 방법들을 결합하여 직원들을 조직에 끌어들이고 조직에 대한 헌신을 확보하는 일을 최우선으로 삼았다. 그 결과는 어땠을까? 그들은 경쟁이 가장 심한 산업에서도 가장 높은 수익을 올리는 가장 혁신적인 기업이 되어 번창했다.

도요타가 바로잡은 것

누미 프리몬트 공장에 대한 제대로 된 연구를 살펴보면, 그런 기업이 어떤 모습인지 간파할 수 있다. 이제 자동차 대량 생산은 오차나 편차의 여지가 많지 않은, 고도로 복잡하고 격식화된 과정이다. 누미 현상을 광범위하게 연구해온 경제학자와 경영 전문가들은 겉으로 보기에 변화의 기회가 적은 산업에서 공장을 완전히 바꾸어놓은 도요타의 여러 관리 방식을 확인해냈다. 가장 영향력이 컸을 최초의 변화는 생산 라인 근로자들에게 매일의 작업을 부여하는 방식에서 있었다. 원래 프리몬트 공장에서는 80명의 산업 기사들이 각 직원들에게 어떻게 작업을 수행해야 하는지, 일례로, 팔의 움직임이나 버튼 누르는 부분까지 엄격하고 상세하게 지시했다. 또 직원들의 시간을 관리하고 생산량과 작업을 모니터했다. 100년 전, 프레더릭 테일러가 '리바이어던'에 영감을 받아 과학적 관리론을 수립할 때 추천했던 방식과 흡사했다. 반면, 누미의 직원들은 4명에서 6명으로 이루어진 협력 팀으로 조직되었고, 각 팀은 리더가 통솔했다.(단결력을 더욱 강화하기 위해 이들은 노조원으로 구성되었다.) 직원들을 지키던 산업 기사들은 없어졌다. 직원들의 동작을 지시하는 일도 없어졌다. 각 팀은 작업 수행 방법을 자유롭게 시험해 볼 수 있었고, 정해진 시간 안에 업무를 완성하는 최고의 방법을 함께 정할 수 있었다.

제너럴모터스가 공장을 맡고 있을 때 각 직원은 고정된 특정 기능을 담당했던 반면, 도요타가 맡은 이후에 팀원들은 업무를 교대하고 생산 과정 전체에 대한 전반적인 지식을 갖추도록 장려되었다. 노동자의 지식 범위와 업무 유연성을 키우기 위해서는 직무 교육에 더 많은 투자가 필요했기 때문에 누미의 직원들은 제너럴모터스 시절보다 시간상으로 5배가 넘는 훈련을 받았다.(일부는 근무 시간에, 일부는 자기 시간을 내서)

또 다른 큰 변화는 새 경영진이 당시에는 전례가 없던 일본의 카이젠(改善), 즉 지속적인 개선 활동을 도입했다는 점이다. 누미에서는 지위가 가장 낮은 조립 라인 노동자도 개선 제안서를 제시하고 조사할 수 있었다. 승인 받은 제안서는 표준 절차로 인정받았다. 몇 년 뒤, 도요타는 회사가 제공하는 점심을 먹는 동안 자발적인 브레인스토밍 회의를 여는 문제 해결 서클(Problem Solving Circles)을 비공식적으로 도입했다.(공짜 음식의 위력을 절대 과소평가하지 마라.) 관리자들은 전체 과정을 진행하기보다 동등한 참가자로서 팀원들과 감독자 모두로부터 의견을 이끌어내는 일을 맡았다. 당시 이런 종류의 자율성과 협력이 자동차 산업에서 상당히 특이한 경우에 해당됐다는 사실은 말할 필요도 없다. 하지만 바로 그 점이 이 시스템을 더욱 효과적으로 만들었다. 도요타는 미국의 자동차업체들은 꿈도 꾸지 못한 방식으로 직원들을 신뢰함으로써 전례 없을 정도의 직원 참여와 신뢰를 구축했다.

두 기업의 사업 방식에서 나타나는 근본적인 차이는 공장 벽 너머 멀리까지 영향을 미쳤다. 제너럴모터스는 직원들을 심하게 통제했을 뿐 아니라 납품업체들까지도 꼭두각시 취급을 하면서 심한 입찰 전쟁에 내몰았다. 최고 임원들 또한, 노동자나 납품업체들과 마찬가지로 막

대한 주식 보상 체계를 통해 주주들의 목적에 구속받아야 하는, 이기적인 대리인으로 취급받았다. 각 단계에서 있었던 가정은 다음과 같다. 생산 라인 노동자든 납품업자든 최고 경영자든 모든 개인은 회사에서 얻어낼 수 있는 것은 모두 얻어내려고 애쓰는 이기적인 사람들이므로 모든 부분들이 올바른 방향으로 계속 움직이게 만들려면 통제(리바이어던)와 물질적인 동기(보이지 않는 손)가 반드시 필요하다. 반면 도요타(그리고 다른 일본 자동차업체들도)의 경우에는 생산 라인 차원에서 취해진 팀워크 방식이 납품업체와의 관계와 임원 연봉에까지 확대되었다. 그들은 납품업체들과 손을 잡고 투자했고 품질 개선을 위해 함께 노력했다. 그리고 어떤 업체로부터 최저가를 얻어낼 수 있는가보다는 누구와 장기적인 관계를 가장 잘 유지해왔는지를 근거로 납품업체를 선택했다.(미국 자동차업체들도 서로를 더욱 신뢰하는 관계를 재현하려고 애썼지만, 결국에는 과거의 방식을 끝내 버리지 못하는 중독자들처럼 행동했다. 그들은 협력적인 관계를 시작했다가 이익이 현실화되기 시작하면 돌연 태도를 바꾸어 납품업체들을 다시 경쟁 입찰에 내몰았다. 단기간의 협력으로 가능했던 혁신의 이익을 모두 빼앗기 위해서였다. 대표적인 납품업자가 주요 모터쇼에서 미국 기업들에게 과감하게 도전장을 내민 적이 있었다. 그는 디트로이트 지역과 경쟁 지역의 미국 공장들에 납품하는 업체들이 대우를 더 잘해준 다른 자동차업체들에 최선을 다한 이유를 생각해보라고 요구했다. 그러자 당시 제너럴모터스의 최고 경영자였던 릭 왜거너[Rick Wagoner]는 이렇게 대꾸했다. "그만 좀 투덜대쇼.")

인간의 동기에 대한 가정은 두 기업이 임원 연봉을 처리하는(미국 임원들의 이익을 다루는) 방식에도 작동했다. 나태한 노동자들은 적절히 감시하지 않으면 게으르고, 탐욕스러운 납품업체들은 공격적인 경쟁 입찰에서만 최고의 가격에 최고의 제품을 제공할 거라고 가정한 제너럴모터스의 사고방식은 임원들의 동기가 주주들의 동기와 일치하는 경우에만 임원들이 일을 제대로 할 것이라고 가정했다. 그러나 혼다나 닛산 같은 일본 업체들과 도요타에서 임원들은 협력적인 노동자나 납품업체들과 마찬가지로 물질적인 보상뿐 아니라 본질적인 보상에 의해서도 동기를 부여받는다고 추정되었다. 따라서 터무니없을 정도로 부풀려진 연봉이 필요하지도 않았고 그것을 정당화할 필요도 없었다.(그리고 실제로 공평성의 역학 관계를 고려한다면, 협력이 주도하는 기업의 임금 격차는 더 낮을 것으로 기대할 수 있다.) 해마다 제너럴모터스 최고 경영자는 조립 라인 노동자보다 200배나 많은 연봉을 받을 수 있었다. 반면 도요타 최고 경영자의 연봉은 제너럴모터스 최고 경영자 연봉의 1/10 정도였다. 예를 들어, 2006년 당시 최고 경영자였던 왜거너의 연봉은 혼다 고위직 임원 21명의 연봉을 합친 것보다 많았고 도요타 최고 경영자 연봉의 15배 정도였다. 그 차이는 물론 실적을 근거로 하지 않았다.

이 모든 것의 최종 결과는 이미 알려져 있다. 최근 흔들리고는 있지만, 도요타는 세계 최대의 자동차 제조업체로 부상한 반면, 제너럴모터스는 미 정부의 구제를 받는 처지가 되었다. 물론 그런 성공에 동반된 성장은 힘든 난관 없이 이루어지지는 않았다. 도요타는 특히 품질 문제로 인해 매우 힘든 2010년을 보냈다. 그러나 그 때문에 다음의 사실들을 부인할 수는 없다. 수십 년 동안 실시된 우수한 관리 시스템에 의해 도요타에서는 더욱 믿을 수 있고 혁신적인 자동차가 생산되었고,

노동자들은 자기 일에 더욱 만족해했고, 공장의 생산성이 높아지는 동시에 (미국의 3대 자동차업체와 그토록 험악한 관계를 가졌던 바로 그) 납품업체들은 동등한 계약을 맺고 공평한 가격을 받고 있다는 사실을 알기 때문에 최고의 작업과 최고 품질의 제품을 제공했다. 따라서 도요타가 잘못된 부분을 알아내는 데 성공해서 회사를 재정비하고 더 높아진 기대를 만족시키리라고 믿을 만한 이유는 타당하다. 혹시 도요타가 그렇게 못하더라도 과거 30년 동안의 도요타만큼 잘 짜인 협력 기업의 엄청난 힘을 증명해줄 기업은 거의 없다.

경영과학 분야에서는 '유인 합치(incentive-compatible, 각 구성원들이 자신의 이익을 위해서라도 최선을 다해 조직의 목표를 달성하도록 노력하게 하는 시스템을 말한다.―옮긴이)'적인 통제된 비즈니스 모델을 추천하는 학자들과, 50년 전에 더글러스 맥그리거(Douglas McGregor)가 '기업의 인간적 측면'이라고 부른 이론을 지지하는 학자들 사이에 오랜 논쟁이 이어져왔다. 후자의 시각을 대표하는 도요타나 사우스웨스트 항공사 같은 기업들이 크게 성공했다는 사실은 어떤 기업이든 엄격한 위계 구조나 최고 경영자의 천문학적인 연봉이 아니라 실적 자체가 본질적으로 보람을 느끼게 만드는 사회적이고 협력적이고 포괄적인 일터를 조성할 때 성공할 수 있다는 사실을 입증하는 가장 명백한 증거이다.

세계가 계속 평평해지고 통신의 경계선 또한 계속 허물어짐에 따라, 이런 협력 전략을 채택하는 기업들이 늘고 있다. 현재의 세계 경제에서는 누가 갑자기 등장해서 지금 당신이 하고 있는 일을 잘할 수 있는 새로운 방법을 제안할지 아무도 모른다. 존 하겔(John Hagel)과 존

실리 브라운(John Seely Brown)이 지적했듯, 빠른 혁신이야말로 **유일하게 지속 가능한 경쟁 우위**이다. 최고가 되기 위한 경쟁에서 위계 체계를 넘어 모든 직원들이 제시하는 의견과 기여를 이용하지 못하는 기업은 뒤처질 뿐이다. 성공한 기업들은 혁신이 모든 곳에서 발생한다는 사실을 알고 있다. 중역 회의실이나 연구 개발 실험실뿐 아니라 공장의 작업 현장부터 영업부의 책상, 공항의 활주로까지 모든 곳에서 혁신이 발생한다. 이 기업들은 구성원들을 생각 없는 로봇처럼 대하는 조직에서는 지속적인 배움과 혁신이 발생할 수 없다는 사실 또한 알고 있다. 그런 배움과 혁신은 모든 직원의 다양한 통찰력과 기술, 재능을 환영하고 이용하는 조직에서만 발생할 수 있다. 직원들의 마음에 동기를 불어넣고 공동의 이해관계와 목적을 가진 공동체로서 그들을 회사 일에 참여시키는 방법을 알아낸 조직만이 성공할 것이다. 그러려면 조직은 인간적이고 가치 지향적이고 공평하고 직원들을 신뢰해야 하며 **또한** 조직 자체가 믿을 수 있는 존재가 되어야 한다.

오픈소스가 성공하는 이유

현대의 기업과 비영리 조직들은 인터넷 덕분에 조직 내의 사람들만이 아니라 조직 밖에 있는 수백만 명의 통찰력과 아이디어, 도움을 이용할 수 있다. 인간 역사상, 가장 규모가 크면서 야심차게 정보와 지식을 통합하는 장으로 부상하고 있는 위키피디아를 예로 들어보자.

위키피디아는 어디에든 나타난다. 작가와 기자들은 위키피디아를 정보원으로 이용한다. 정보가 얼마나 널리 연결되었는지에 따라 검색 결과를 분류하는 구글의 경우, 거의 모든 검색의 최상위 자리에 위키피디아 문서가 자리한다. 논문에서 위키피디아를 인용하면 안 되는 학생들도 새로운 주제를 조사할 때는 출발점으로 위키피디아를 자주 이용한다. 위키피디아는 어떻게 그렇게 세계적인 존재가 될 수 있었을까? 위키피디아를 같은 백과사전인 브리태니커 백과사전과 마이크로소프트의 엔카르타와 비교해보자.

오래전부터 브리태니커의 경쟁 우위는 권위에 있었다. 브리태니커 웹사이트에는 이렇게 나와 있다. "브리태니커 백과사전이 있는 집은 배움이 존중받는 곳이다." 또한 브리태니커는 노벨상과 퓰리처상 수상자들로 이루어진 편집 위원회를 자랑한다. 그들은 각자의 분야에서 최고의 자리에 오른 뛰어난 학자, 작가, 예술가, 공무원, 활동가 들이다. 요컨대 이 백과사전은 엘리트 지식을 대표한다. 이런 주장 덕분에 오랜 세월 동안 브리태니커는 가죽으로 제본한 여러 권의 사전을 수천 달러에 판매할 수 있었다. 꽤 훌륭한 비즈니스 모델이라는 점은 인정할 수밖에 없다.

다음으로 백과사전 시장을 손에 넣기 위해 마이크로소프트가 만든 엔카르타에 들어가 보자. 브리태니커와 마찬가지로 엔카르타 역시, 지식을 만드는 사람과 소비하는 사람을 명확히 분리했다. 또한 브리태니커의 족보만큼 유명하지는 않지만 유급의 전문가들을 채용했다. 마이크로소프트는 이 소프트웨어를 자사의 다른 제품과 묶어 판매했고 시각적으로 매력적이고 찾기 쉽게 만들었다. 마이크로소프트는 사실상 보급형 브리태니커를 만든 셈이었다. 브리태니커의 고급 식기를 월마트 식기로 대체했다고나 할까? 그러나 얼마 지나지 않아 두 회사는 10년 전만 해도 존재하지 않았던 비즈니스 모델과 경쟁하는 처지가 되고 말았다. 너무 믿기 어려워서 이론적으로는 존재할 수 **없는** 모델이었다. 아니 불과 몇 년 전까지만 해도 사람들은 그렇게 생각했다. 브리태니커는 그럭저럭 명맥을 유지하고 있다. 권위 면에서 위키피디아는 브리태니커의 적수가 될 수 없기 때문이다. 그러나 브리태니커는 가격을 대폭 인하해야 했다. 이제 가죽으로 제본된 브리태니커 사전 가격은 149.99달러이고, 연간 온라인 이용료는 69.99달러이다. 엔카르타는 2009년에 사업을 접었다. 엔카르타를 시장에서 몰아낸 세력은 물론 위키피디아였다.

위키피디아는 무료이다. 그것이 특별히 색다르지는 않다. 광고주의 지원을 받아 무료로 제공되는 정보는 많다. 미국에서 라디오와 TV는 항상 그랬고, 요즘에도 인터넷상의 정보는 대부분 공짜이다. 무료라는 사실보다 훨씬 더 중요한 것은 TV나 라디오와 달리 위키피디아는 그 내용에 대해서도 한 푼도 지불하지 않는다는 사실이다. 위키피디아의 내용은 위키피디아 공동체의 동지애를 위해 글을 쓰는 즐거움만 생각할 뿐 보상을 바라지 않는 자원자들에 의해 만들어진다. 한마디로, 그들은 이 책에 나온 그 모든 이유들 때문에 내용을 제공한다. 그들의 집단적인 저술 노력으로 맺어지는 결실은 결과물이 아니라 과정이다. 불완전하지만, 시간이 지남에 따라 점점 나아지는 공동의 작업이다.

2001년 2월에 지미 웨일스(Jimmy Wales)가 자발적인 기고에 전적으로 의존하는 인터넷 플랫폼을 만들자는 무모한 아이디어를 제안했을 때, 그 플랫폼이 언젠가 신성한 브리태니커에 버금가거나 그것을 능가할 거라고 예측한 사람은 비웃음을 샀을 것이다. 비판가들은 위키피디아가 브리태니커를 비롯한 여타의 백과사전만큼 정확하지도 권위 있지도 않다고 주장한다. 아이로니컬하게도 학교에서 학생들(내 학생들도 포함하여)은 자료를 조사할 때 위키피디아를 이용하지 말라는 이야기를 듣는 반면, 종종 학자들은(내 동료들도 포함하여) "학생들에게 기본 개념 이해를 위해 간편한 참고 자료를 알려주고 싶을 때에는 위키피디아를 알려준다. 환상적이니까."라고 말하곤 한다. 논쟁의 양쪽 당사자들은 모두 훌륭한 논거를 제시하지만, 위키피디아에 대한 이런 불신이 근거가 있는지, 아니면 이 새로운 지식의 원천에 대한 불안감 때문에 생겼을 뿐인지 가려내기는 어렵다. 이 논쟁을 해결하는 데 이용할 수 있는 가장 훌륭한 증거는 2005년 《네이처》가 자세히 설명한 실험 결과이다. 《네이처》 직원들은 브리태니커와 위키피디아에 실린 글을 일단의 뛰어난 학자들에게 보내 내용을 평가해달라고 요청했다.(출처를 밝히지 않아서 학자들은 어떤 글이 어느 쪽의 글인지 몰랐다.) 실험 결과에 따르면, 학자들은 양쪽 모두 거의 같은 비율로 잘못된 부분이 있다고 생각했다. 당연히 브리태니커 측은 실험 결과와 방법에 이의를 제기하려 했지만, 별 호응을 얻지 못했다. 사실 우리의 목적에 비춰보면, 위키피디아가 브리태니커만큼 훌륭한지 아닌지는 아무런 관계가 없다. 우리는 전적으로 자발적인 기여와 협력에 기초한 제품이나 플랫폼이 성공할 수 있는지에 더 많은 관심을 갖고 있기 때문이다. 그리고 확실히 이런 것은 성공할 수 있다. 10년 전에 사람들이 생각했던 정도보다도 더 크게 성공할 수 있다.

위키피디아는 인터넷을 통해 사람들의 집단 지식을 이용할 때 성취할 수 있는 놀라운 결과물을 보여주는 가장 확실한 예이다. 그러나 그것은 수천 개의 예 중 하나에 불과하다. 위키피디아 같은 자유 오픈소스 소프트웨어는 누구나 참여할 수 있는 협력의 문화가 어떻게 엄청난 양의 정보를 생산해낼 수 있는지 보여준다. 듣기에는 컴퓨터만 아는 괴짜나 해커들의 영역 같지만 실제로 구글이나 아마존, 페이스북,《월스트리트저널》온라인 판을 들어간 사람은 자유 소프트웨어나 오픈소스 소프트웨어(이 사이트들은 GNU/리눅스 운영 체계나 아파치[Apache] 웹서버, 혹은 둘 다에 의해 운영된다.)를 이용하게 된다. 자유 소프트웨어의 창립자인 리처드 스톨먼(Richard Stallman)이 지적했듯, 자유(free) 소프트웨어의 '프리'는 '공짜 맥주'에서의 '프리'가 아니라 '언론의 자유'에서의 '프리'이다. 즉 누구든 이용할 수 있고 다시 만들 수도 있다. 1980년대에 스톨먼이 소프트웨어가 모든 이에게 공개되는 공동의 자원이라는 생각을 소개했을 때만 해도 그것은 히피들의 유물처럼 느껴졌다. 그렇게 만들려면 사람들은 소프트웨어를 개발한 다음, 원작자에게 지켜야 할 어떠한 의무도 없는 상태에서 누구든 그 소프트웨어를 복사하고 배포하고 심지어 판매할 수 있도록 허가해줄 수 있어야 했다. 허가받은 사람들은 그와 동일한 조건으로 허가하는 한, 소프트웨어를 개선한 뒤 다시 나누어줄 수도 있었다. 이는 호혜를 필요로 하고 지속적인 개선을 격려한다. 내가 나의 기여분을 당신에게 공짜로 줄 테니 당신도 당신 것을 나뿐만 아니라 세상 모든 사람들과 공유해야 한다는 의미이다. 스톨먼은 호혜의 사이클이 중단되지 않는 한, 사람들이 자유 소프트웨어를 판매하는 데 반대하지 않았다.

이후 20년 동안 해커들은(나쁜 사람들인 크래커와 혼동하면 안 된다. 개발자들 사이에서 해커는 소프트웨어를 잘 만드는 훌륭한 사람들을 의미한다.) 모두 이 모델을 통해 수천 개의 프로그램을 만들어냈다. 1991년, 핀란드 대학생 리누스 토발즈(Linus Torvalds)가 이 모델을 이용하여 운영 체계의 커널을 만드는 프로젝트를 시작했다. 그는 이 프로젝트에 리눅스라는 이름을 붙였다. 1995년, 브라이언 벨렌도르프(Brian Behlendorf)는 최종적으로는 아파치 서버라고 불리게 된 대학 웹 서버 소프트웨어에 '패치(patchy)'라 불리는 기부를 모집하기 시작했다. 결국 아파치는 지난 15년 동안 세계에서 가장 일하기 힘든 전자 상거래 사이트 등을 포함하여 대다수 웹 서버의 기본적인 서버 소프트웨어로 자리 잡았다. 분명히 그들에게는 대단한 것을 이뤄낼 가능성이 있었다. 1998년이 되자, 많은 소프트웨어 개발자들이 자유 소프트웨어를 '정상화'하여 주류 소프트웨어로 만드는 데 관심을 가졌다. '오픈소스 소프트웨어'라는 새로운 명칭도 생각해냈다. 1998년 말에 이르자, 리눅스 커널은 아주 인기가 높아져서 당시 운영 체계를 독점하고 있던 마이크로소프트에 도전장을 내밀 수 있는 유일한 운영 체계처럼 보이기 시작했다. 실제로 1998년 할로윈 즈음에 누설된 마이크로소프트의 내부 문건을 보면, 마이크로소프트조차도 리눅스를 다루기 힘든 상대로 생각하고 있었다는 사실을 확인할 수 있다. 마이크로소프트 내부 인사들이 정말로 그렇게 생각했는지, 아니면 반독점 소송 판사들에게 마이크로소프트가 독점이 아니라는 것을 설득하기 위한 책략에 불과했는지는 관계없다. 그보다는 마이크로소프트 대신 리눅스를 선택하도록 기업들을 설득하려는 진지한 움직임이 실제로 진행 중이었다는 사실이 중요하다. 갑자기 오픈소스 소프트웨어는 일시적인 열풍이 아니라 소프트웨어를 개발하는 효과적이고 믿음직한 방법으로 부상했다.

1999년에 이미 과열된 시장에서도 가장 뜨거웠던 주식 공개 상장은 레드햇(Red Hat)의 상장이었다. 당시 이 기업의 비즈니스 모델은 패키지로 된 GNU/리눅스 복사본을 판매하는 것이었다. IBM은 2000년에 접어들면서 자유 소프트웨어에 10억 달러를 투자하고 있다고 발표했다. 2003년에 IBM은 미국에서 가장 많은 특허권을 보유한 기업인데도 다른 모든 특허권 사용료를 합친 것보다 리눅스를 중심으로 한 서비스 판매로 더 많은 돈을 벌고 있었다. 어떻게 이런 일이 가능했을까? 기본 개념은 간단하다. IBM은 기업 내부의 효율성을 개선해야 하는 기업과 접촉한다. 그러기 위해 IBM은 그 기업의 업무를 모니터하고 데이터를 수집하여 처리하며 커뮤니케이션 등을 관리하는 다양한 시스템들을 결합시켜야 할 것이다. 이 과정에는 소프트웨어가 필요하지만, 업체들은 다들 복잡하고 다르기 때문에 (마이크로소프트 제품같이) 널리 적용되도록 만든 제품이 효과적이지 않을 때가 종종 있다. 하지만 만약 규격품으로 바로 살 수 없는 여러 소프트웨어를 짜 맞추어 개별 업체의 요구에 맞는 패키지를 만드는 방법이 있다면 어떨까? 그러려면,

하드웨어를 판매하고 개별 업체의 요구에 맞는 소프트웨어를 만들고 특정 요구를 충족하도록 만들어진 소프트웨어들을 결합시켜야 하는데, 이 모든 서비스는 IBM이 기꺼이 제공하는 서비스였다. 게다가 맞춤 작업을 하는 엔지니어들이 그 소프트웨어를 잘 알고 있어서 고객의 요구에 맞도록 자유롭게 개조할 수 있다면 어떨까?

바로 이 부분에서 GNU/리눅스 운영 체계 같은 자유 소프트웨어가 힘을 발휘한다. IBM 엔지니어들은 소프트웨어를 제대로 아는 수천 명의 오픈소스 개발자들과 협력할 수 있었기 때문에 더 나은 패키지를, 더 짧은 시간 안에 만들어낼 수 있었다. 그리고 자유 소프트웨어의 라이선스 조건이 공개되어 있었기 때문에 엔지니어들은 고객의 요구에 맞게 소프트웨어를 개조할 수 있었다. 또한 고객은 마이크로소프트 오피스 복사본 같은 단일 제품이 아니라 서비스를 구매하고 있었기 때문에 IBM은 단순히 소프트웨어 한 개의 가격만이 아니라 서비스의 가치에 맞게 가격을 정할 수 있었다. 이는 IBM에게는 특별할 것이 없는 업무이다. 실제로 소프트웨어 서비스는 소프트웨어 산업의 연간 총 수입에서 2/3 이상을 차지한다. 바로 구매 가능한 소프트웨어를 판매하거나 다운로드를 통해 벌어들이는 총 수입은 1/3이 채 되지 않는다. 요지는 이렇다. 소프트웨어 업체들은 개발자의 절반 정도가 오픈소스 집단을 이용하여 건전하고 이문이 남는 비즈니스 모델을 구축할 수 있다.

물론 그런 모델을 구축하려면 엄청나게 세심해야 한다. 한 기업이 온당한 몫을 내놓지 않거나 오픈소스 집단의 활력을 존중하지 않고 이용하기만 한다면, 결국엔 그 집단과 멀어지고 시스템은 와해될 것이다. 개발자 집단과 서로 도움을 주고받으며 원만한 관계를 유지하는 일은 자원자 집단의 정보에 의존하는 기업의 생존과 성장에 절대적으로 중요하다. 최초로 오픈소스 비디오 편집 및 호스팅 소프트웨어를 만들어낸 소규모 신생 기업 칼투라(Kaltura, 나중에 유니버설이나 소니 뮤직뿐 아니라 여러 대학의 비디오 콘텐츠를 관리하는 플랫폼이 되었다.)는 집단 발전을 감독하기 위해 최고 재무 책임자나 최고 운영 책임자 급의 임원진을 고용하기까지 했다. 착취하지 않으면서 성실하고 투명하게 협력하는 일은 사소한 일이 아니라 필요한 일이다.

IBM과 레드햇의 성공을 지켜본 많은 기업들은 오픈소스 소프트웨어를 이용하게 되었다. 그리고 2000년대가 지나는 동안 직간접적으로 대가를 받고 일하는 자유 소프트웨어 개발자의 수는 50퍼센트 정도로 상승했다. 나머지 50퍼센트는 여전히 대가를 받지 않았다. 그러나 이 시스템은 계속해서 성공을 거두었다. 무급의 개발자들은 유급의 개발자들에게 원한을 품지도 않았고, 그들 못지않게 열심히 일했다. 그리고 공개된 호혜적인 라이선스 방식뿐 아니라 유급의 기여와 무급의 기여를 결합시키는 방식은 크리에이티브 커먼스 라이선스와 같은 다른 활동의 모델이 되었다. 현재 크리에이티브 커먼스 라이선스는 다른 사람들에게 즐거움과 도움을 주기 위해 기부하는 수백만 건의 온라인 저작물을 포함하고 있다.

사람들이 온라인에서 만들어 공유하는 것을 평가하는 방법은 지난 10년 동안 기업의 가장 큰 과제 중 하나였다. 아주 최근까지도 TV

나 신문 같은 전통적인 매체를 통해 전달되는 정보의 '수용자'들은 수동적이었고, 그 정보의 가치는 얼마나 많은 '수용자'를 광고주에게 전달할 수 있는지에 의해 판단되었다. 인터넷 초기 시절에도 이 모델에 따라 많은 콘텐츠가 평가받았다.(정확하지 않은데도 일부 콘텐츠는 지금도 그러하다.) 그러나 더 이상 수용자들이 수동적이지 않고 콘텐츠 생산자들이 **바로** 그 수용자라면 어떤 일이 일어날까?

제이 로젠(Jay Rosen)이 지적했듯, '예전에 수용자로 알려졌던 사람들'이 실제로는 창조적이고, 본질적으로 자신의 작업과 지식, 통찰력 등을 다른 사람들과 공유하려고 마음먹는다면, 그들에게 그 일을 할 수 있는 플랫폼을 제공해줄 수 있을까? 전문적인 작가나 기자, 사진가 같은 '엘리트' 창작자들에게 이는 삼키기 힘든 알약이었다. 하지만 무급의 '아마추어'들이 만든 콘텐츠가 가치 있다는 사실은 부인할 수 없다. 유튜브의 엄청난 성공이 가장 뚜렷한 예가 될 것이다. 기숙사에서 벌어지는 바보 같은 장난부터 춤추는 판다, 집에서 만든 뮤직 비디오나 2009년 이란 개혁 시위대에서 새어나온 흥미로운 영상에 이르기까지 매일 유튜브에 영상을 올리는 수백만 명의 사람들은 자신의 기여에 대해 한 푼도 받지 않는다. 그 영상들은 사람들의 시선을 끈다. 하지만 사람들은 돈을 벌려고 이런 영상을 만들지는 않는다. 그들은 자신의 생활을 담기 위해, 경험을 공유하기 위해, 때로는 단순히 웃기기 위해 영상을 만든다. 그리고 그 한가운데에 광고주의 관심을 사는 사업을 벌여 이토록 다양한 인간의 영상 표현을 16억 5000달러라고 평가한 구글이라는 회사가 있다. 그 가치는 전문가의 작업이 아니라 예전에는 수용자로 알려졌던 사람들이 서로의 작업에 보이는 관심에 있다는 사실은 점점 분명해지고 있다.

사람들이 인터넷을 각자의 콘텐츠를 생산할 뿐 아니라 보상을 기대하지 않으면서 자신의 노력과 지식, 자원을 공동으로 이용하는 플랫폼으로 이용할 수 있다는 가능성을 일단 열어두면, 그들이 만들어낼 수 있는 것의 범위는 놀라울 정도로 넓어진다. 일례로, 인터넷에는 순전히 재미를 위해 수백, 수천 시간 동안 모의 비행 장치를 이용하는 가상의 비행기를 띄운 뒤, 실제 항공사처럼 노선과 일정을 조정하는 사람들이 수만 명에 이른다.('가상 항공사[virtual airlines]'를 검색해보면 무슨 이야기인지 알 것이다.) 오픈소스 모델이나 동료 생산 모델로서 현재 활동하고 있는 훨씬 더 의미 있는 예는 같은 병마와 싸우고 있는 사람들끼리 어울리게 해주는 페이션트라이크미(PatientLikeMe) 같은 사이트에서 찾을 수 있다. 이런 사이트에서는 부분적으로 감정적인 지지가 이루어진다. 하지만 증상이나 부작용, 새로운 치료법, 획기적인 연구 결과에 대한 정보와 의견을 나누는 일이 대부분이고, 그 결과 환자, 때로는 의사까지도 투병에 도움이 될 수많은 데이터를 얻는다. 현재 영화 제작자인 제시 딜런(Jesse Dylan, 밥 딜런의 아들)이 개발 중인 소셜 네트워킹 플랫폼인 리바(Lybba)는 충분한 사생활과 데이터 보호를 통해 사람들이 실제로 의료 데이터를 공유할 수 있게 할 계획인데, 그렇게 되면 데이터를 수집하여 사람들의 건강을 연구하는 데도 이용할 수 있을 것이다.

미 군부까지도 컴퍼니커맨드(CompanyCommand)와 플랫툰리더

(PlatoonLeader)라 불리는 플랫폼을 통해 오픈소스 행렬에 뛰어들기 시작했다. 이 두 플랫폼은 장교들이 전통적인 위계질서에서 벗어나 경험과 방법, 전술을 공유할 수 있게 해준다. 미 정보계 또한 정보 기관에서 일하는 3만여 명이 이용할 수 있는 인텔리피디아(Intellipedia)라는 내부 플랫폼을 만들었다. 그리고 군부 전체는 네트워크 중심전(network-centric warfare)이라는 전쟁을 실험하는 중인데, 이는 개별 장교들에게 자율권을 부여하고 부대 간의 협력을 격려하는 전쟁 방식으로, 멀리 떨어져 있는 장군의 명령에 맞춰 행진하는 순종적인 병사들의 이미지와는 크게 다르다.

사운드 오브 뮤직

지난 15년 동안 음반업계만큼 '리바이어던'에 대한 '펭귄'의 승리를 완벽하게 증명한 산업은 거의 없었다. 처음에는 CD의 형태로, 나중에는 인터넷의 형태로 디지털 음악이 현실이 되면서 음반업계는 희망과 위협을 모두 보았다. 희망은 한때 법학자 폴 골드스타인(Paul Goldstein)이 '천상의 주크박스(Celestial Jukebox)'라 부른 세상, 즉 어디에 있는 누구나 값을 치르고 모든 음악을 들을 수 있는 세상을 의미했다. 언제든 노래를 듣는 사람은 그에 대한 값을 치러야 하는 세상, 이는 음반업계에 엄청난 수익을 예언하는 미래도였다.

반면 이 새로운 세상이 거대한 표절 기계가 될 수 있다는 것은 위협이었다. 음악을 완벽하게 복사하고 유통시킬 수 있고 어떤 사람도 음악에 돈을 치르지 않는 세상이다. 당연히 음반업계의 로비 단체인 미국레코드협회(Recording Industry of America)는 이 둘 중 어떤 세상에 몸담고 싶은지 정확히 알고 있었다. 미국 음반업계는 1990년대 초부터 음악의 유통과 이용을 통제하고 불법 복사를 방지하기 위해 법률과 기술을 모두 이용하는 전형적인 '리바이어던' 전략을 만들어냈다.

먼저, 그들은 과거에 대규모 상업적인 불법 복제를 처벌했던 것처럼 단순한 파일 공유도 처벌할 수 있도록 더욱 가혹한 저작권 위반 법률 제정을 위해 로비를 벌였고 결국 원하는 것을 얻어내는 데 성공했다. 여기에는 디지털밀레니엄저작권법(Digital Millennium Copyright Act)이라는 새로운 법안이 포함되었는데, 이 법은 암호화되어 저작권으로 보호되는 내용을 복사하는 행위뿐 아니라 암호를 풀 수 있는 기술을 만들거나 배포하는 행위 또한 범죄로 규정했다. 합법적인 복사도 위법이어서 암호 해제 행위를 범죄로 규정하는 법률과 새로운 기술 장벽으로 무장한 음반업계는 음악에 대해 절대적인 통제력을 갖는 위치를 점했다. 아니, 그랬다고 생각했다.

하지만 그 전략은 문화적인 역풍을 만났다. 업계는 음악을 통제하는 방법을 찾았다고 생각했지만, 실제로 그들은 음악에서 모든 가치를 뽑아내는 방법을 찾았을 뿐이었다. 결국 음악 팬들을 무임승차자나 도둑으로 취급하면 천상의 주크박스 시대는 결코 열리지 않는다는 사실이 드러났다. 사람들은 음악을 돈 주고 들으려는 마음이 더 없어졌다.

1999년에 최초로 P2P 파일 공유 네트워크로 출발하여 2000년에 끝나버린 냅스터(Napster)를 생각해보자. 도처의 젊은이들은 공짜로 음악을 업로드하고 공유하고 있었다. 무단 복제는 멋있는 행위가 되었고, 암호화된 소프트웨어를 해킹하는 것은 더욱 멋있는 행동으로 간주되었다. 해커들은 음악인과 팬들을 착취하는 오만한 음반업계에 맞서 싸우는 고상한 전사, 즉 문화 영웅으로 대접받았다. 그렇다면 음반업계는 급증하는 불법 복제에 맞서 무엇을 했을까? 그들은 음악 공유 사이트를 만든 사람들이나 소프트웨어 개발자, 심지어 파일을 공유한 개별 팬들까지 고소하는 등 법률 집행 노력을 배가했다.(12세 소녀까지 법적으로 공격한 유명한 사건도 있었다.)

이후 10년 동안 음악 팬들과 음반업계는 일종의 교착 상태에 빠지고 말았다. 음반업계가 음악 공유 사이트를 하나 폐쇄하는 데 성공할 때마다 즉시 두 개의 사이트가 생겼고, 팬들은 돈을 내지 않고 계속해서 음악을 공유했다.(설문조사에 따르면, 2000년대 내내 파일 공유 활동 수준은 인터넷 사용자의 25~30퍼센트 정도로 어느 정도 안정된 상태에 머물렀다.) 물론 아이튠즈를 비롯한 온라인 음악 가게들이 등장하면서 돈을 내고 온라인에서 음악을 구입하는 사람 수 또한 증가했다. 하지만 증거에 따르면, 이는 파일 공유를 억제하기보다 보완했다. 최근인 2009년까지도 업계 분석가들은 온라인 음악 다운로드의 95퍼센트 정도가 여전히 불법적으로 이루어지고 있다고 주장했다. 요컨대, 아이튠즈가 있든 없든, 업계 수익은 지난 10년 동안 30퍼센트 정도 줄어들었다.

'리바이어던' 전략이 효과 없는 것이 분명했다. 이에 따라 2000년대 말에 몇몇 아티스트들은 기술 장벽을 세우거나 초등학생을 고소하는 방법이 아니라 음악 팬들의 협력 충동을 이용하는 (적어도 '소송'에 비하면) 매우 혁명적인 전략을 실험하기 시작했다. 이 아티스트들은 사람들이 돈을 내고 음악을 듣게 만드는 유일한 방법이 규제와 강제라고 가정하는 대신, 진정한 팬이라면 근본적으로 자신이 즐기는 음악을 만든 아티스트를 지원할 마음이 있을 거라고 가정했다. 가장 유명한 예는 2007년, 영국 록 그룹 라디오헤드가 「인 레인보스(In Rainbows)」 앨범을 온라인에서만 발매하여 사람들이 다운로드 할 때 지불하고 싶은 가격을 스스로 정하도록 한 경우일 것이다. 파일은 암호화되어 있지 않았기 때문에 팬들이 겨우 몇 센트만 내고 앨범을 다운로드 한 다음 그 완벽한 복사본을 1만 번 만들어 퍼뜨리더라도 막을 길은 없었다.

그러나 팬들은 그렇게 하지 않았다. 라디오헤드가 그 실험으로 얼마나 좋은 결과를 얻었는지 수치를 발표하지는 않았지만, 이용 가능한 데이터를 분석한 시장 조사 기업들의 추정에 따르면 음악을 다운로드 한 팬들의 2/3가 5~15달러를 지불했다. 전체 음악 파일의 95퍼센트가 불법으로 다운로드 되고 있고, 합법적으로 구매되더라도 전통적인 비즈니스 모델하에서 아티스트들이 대개 앨범 1장당 66센트에서 최고 1.70달러를 받는다는 점을 고려하면, 확실히 라디오헤드는 원하는 만큼 지불하는 협력적인 모델에서 좋은 결과를 얻은 듯하다. 그리고 나인인치네일스의 트렌트 레즈너(Trent Reznor)가 새로 발표한 「고스트 1-4(Ghost I-IV)」에 대해 일반 버전을 무료로 다운로드 하거나 고품질 버전을 유료로 다운로드 하는 선택권을 팬들에게 부여했을 때도 앨범을 발표한 첫 주에 160만 달러가 넘는 돈을 벌었다고 밝혔다.

이 모델이 이 책에서 이야기해온 다른 협력 시스템과 얼마나 많은 공통점이 있는지에 대해 생각해보면, 팬들의 행동은 더욱 의미를 띠기 시작한다. 먼저, 암호화 요소를 제거하고 전적으로 자율 시행 시스템 위에서 지불 선택권을 부여하는 신뢰라는 요소가 존재한다. 그리고 팬들이 제3자의 사이트가 아니라 아티스트의 웹사이트에서 직접 음악을 다운로드 한다는 점에서 커뮤니케이션이라는 요소도 존재한다. 또한 팬들이 서로 그리고 음악과 교감하고 상호작용하도록 고무한다는 점에서 강한 집단 의식과 호혜 의식도 존재한다.(예를 들어, 레즈너는 팬들이 자신의 음악을 리믹스하거나 뮤직 비디오를 만드는 일도 묵인한다.) 그리고 이 모델에서 이루어지는 거래는 시장 기반이 아니라 협력적인 모습으로 그려진다. 그들의 사이트는 비난하거나 단속하는 일이 없어도 팬들이 음악에 대가를 지불할 것으로 예상한다고 명확히 밝힌다.

하지만 라디오헤드나 나인인치네일스는 슈퍼스타니까 팬들이 **그들의** 음악에 자발적으로 돈을 내려는 것도 당연하다고 생각할 수 있다. 그러나 드러난 바에 따르면, 사람들은 덜 유명한 가수에게도 똑같이 공평하고 협력적으로 행동한다. 원하는 만큼 지불하는 모델에 대한 연구에서 레아 벨스키, 바이런 카, 맥스 버켈해머 등의 동료들과 나는 일부러 대형 스타가 아니라 '신 중간층' 아티스트라 불리는 공연자들을 살펴보았다. 이들은 수백만 달러에 이르는 엄청난 수익을 목표로 하지 않는다. 그보다는 전업 음악가가 될 수 있도록 뒷받침해줄 안정된 팬 기반을 확보하려 한다.

우리는 원하는 만큼 지불하는 이 솔직한 방식을 채택한 아티스트

제인 시베리(Jane Siberry), 조너선 콜튼(Jonathan Coulton)과 온라인 레코드 회사, 매그나튠을 살펴보면서 3~5년치 데이터를 분석했다. 각각의 경우에 팬들은 다양한 고품질 포맷으로 복사할 수 있을 뿐 아니라 크리에이티브 커먼즈 라이선스의 적용을 받는 음악을 다운로드 할 수 있다. 이의 적용을 받는다는 것은 음악을 **합법적으로** 복사하여 퍼뜨릴 수 있다는 의미인데, 이 모델은 대형 음반 회사들이 추구해온 '리바이어던' 전략과는 거리가 멀다.

이 사이트들에서 협력적이라고 표현할 수 있는 것은 거래만이 아니다. 예를 들어, 콜튼은 사이트를 음악을 다운로드 할 수 있을 뿐 아니라 서로 즐길 수 있는 곳으로 만듦으로써 팬들을 사로잡는다. 그는 팬들에게 어디에 모여 있을지 말해달라고 하는 등 팬들과 직접 대화할 수 있는 기회를 만드는 동시에 대화를 주도한다. 그 덕분에 그는 팬들이 원하는 곳에서 공연 스케줄을 잡을 수 있다. 요컨대 그는 공감과 상호 존중, 신뢰의 문화를 만든다.

그리고 그것은 성공을 거둔다. 우리의 연구 결과에 따르면 사이트에서 용인되는 최저 지불액이 5달러인데 무료 복제가 기술적으로 **가능하고 합법적이었는데도** 5년 동안 팬들의 48퍼센트가 앨범당 8달러를 지불했다. 실제로 사용자 중 16퍼센트만이 최저 지불액인 5달러를 선택했고, 17퍼센트는 10달러나 12달러를 선택했다! 콜튼 본인의 수익은 전통적인 모델로는 매년 아이튠즈 트랙을 수십만 개는 판 셈일 정도로 많다.

'리바이어던' 전략을 오래도록 선호해온 거친 음반업계에서도 협력은 승리할 수 있다. 그리고 이 모든 결과는 팬들이 음악에 대가를 지불해주리라고 믿는 음악가들과 실제로 대가를 지불하는 팬들 사이에 형성된 장기적이고 견고한 관계 덕분에 가능하다.

오바마 선거운동의 성공 비결

잠시 비즈니스 분야 밖으로 눈을 돌려보자. 버락 오바마를 대통령에 당선시켜 이미 전설이 된 선거운동에는 대규모 협력이 어떻게 놀라운 결과를 가져오는지 보여주는 극적인 예가 존재한다. 선거운동이 시작될 때만 해도 오바마는 민주당 대선 후보 경선 경쟁자인 힐러리 클린턴(Hillary Clinton)에 크게 뒤져 있었다. 힐러리는 당에서도 기반이 확실했고, 열성적인 기부자들도 확보하고 있었다. 인지도 또한 높았다. 오바마에게 특별한 카리스마와 독특한 정치적 재능이 있는 것은 사실이었지만, 당시 그것이 대선은 말할 것도 없고 민주당에서 대통령 후보로 지명될 정도로 충분하다고 생각한 사람은 아무도 없었다. 많은 책과 기사가 그의 성공의 비밀을 철저히 조사하고 논의하고 다루어왔다. 각각의 이론은 다르지만, 그의 선거운동이 지역 차원과 인터넷에서 (선거 자금 모금은 말할 것도 없고) 대중의 협력을 동원한 독창적인 방식이 없었다면 결과는 달라졌을 거라는 점에는 대부분 동의한다.

풀뿌리 선거운동 구조는 다음과 같이 작동했다. 현장에서 상대적으로 적은 수의 유급 조직책들은 지역의 자원봉사자들을 모집한 뒤,

그들이 지역사회 행사 준비나 지지 가능성이 있는 주민들의 이름을 정리하는 일처럼 특정 업무를 선택할 수 있게 해주었다. 막중한 책임을 지겠다고 열의와 의욕을 보여준 사람들에게는 곧바로 '지역의 팀 리더'가 되도록 권유하고 지역 선거운동 준비를 맡겼다. 그들은 주민들에게 활기를 불어넣을 방법을 창의적으로 생각하라는 것 외에는 아무런 지시나 지침도 받지 않았다.(아칸소 주 리틀록의 유권자들을 흥분시키는 방법은 뉴욕 시의 이스트빌리지에서는 효과적이지 않을 수 있다. 반대의 경우도 마찬가지이다.) 지역 리더들은 다시 다른 자원봉사자들을 모집하여 폰 뱅킹이나 호별 방문 유세 같은 더욱 구체적인 임무를 맡겼다. 그리고 각 봉사자들은 더 많은 봉사자들을 끌어들였다. 결국 300만 명이 넘는 사람들이 자진해서 시간을 내어 일했다. 그들은 기부금 모금을 하러 거리를 돌아다니고 지역 행사를 준비하고 부동층에게 전화를 걸거나 유권자들을 투표소까지 차로 데려다주는 등 각자 일을 도맡아 했다. 진부하게 들릴지 모르지만, 조직책들의 모토였던 '존중하라. 권한을 부여하라. 포함시켜라.'는 공허한 슬로건에만 그치지 않았다. 각 봉사자들의 기여는 아무리 사소할지라도 중요했다.

　자원봉사자들에게 활기를 불어넣은 열의와 헌신, 참여는 기부자들의 관심 또한 끄는 듯했다. 2장에서 보았듯이, 투표는 인간이 이기적이라는 이론에서 보면 곤혹스러운 문제이다. 수백만 명이 사는 국가에서 단 한 표의 영향력은 너무나 미미하기 때문에 투표에 드는 최소한의 비용조차도 그 이익을 능가한다. 선거운동에 소액의 기부금을 내는 경우도 마찬가지다.(거액의 기부금은 이론적으로나 실질적으로 다른 문제이다.)

선거에 가장 적은 액수의 기부금을 내는 데 드는 비용도 그 기부금이 만들어낼 수 있는 어떠한 차이보다 커 보일 수 있다. 그러나 오바마가 받은 기부금들은 절반이 200달러 이하였다. 최종 모금된 5억 달러의 선거 자금에 비하면 새 발의 피도 안 됐다. 이런 소액 기부금들은 민주당의 전통적인 거액 기부자들이 힐러리 클린턴을 지지하고 있던 예비 선거의 초기 단계에 특히 중요한 역할을 했다. 오바마의 개성 그 자체의 힘 때문인지, 아니면 변화에 대한 국민들의 깊은 열망에 호소한 덕분인지, 오바마는 300만 명의 기부자들이 지갑을 열어 자신들이 믿는 대의명분에 기부하게 만들었다.

오바마 진영의 선거운동은 가장 효과적이었지만, 역사적으로 볼 때 인터넷의 힘을 이용하여 사회적, 정치적 행동을 견인한 최초의 정치 운동은 아니었다. 하워드 딘(Howard Dean)의 2004년 선거운동도 유권자들을 조직하는 데 이메일과 온라인 토론장을 이용했다. 그 이전에도 무브온(MoveOn.org)은 이메일만을 이용해 성공적인 정치 동원의 기반을 닦는 데 이미 성공했다. 2006년에 좌파 진영의 정치 블로고스피어(blogosphere, 서로 연결된 모든 블로그들의 집합을 말한다.—옮긴이)는 당의 언론 역할을 할 수 있을 정도로 충분히 성숙해 있었다. 유권자들에게 활기를 불어넣고, 당의 규율을 집행하고, 후보들이 공식 견해를 계속 밝히도록 하고, '상대편 조사'를 하고, 사회운동가들의 의견을 조정하는 등의 역할을 해왔기 때문이다. 인터넷에서 이루어지는 대중 활동이 정치에 실질적이고 심오한 영향을 미치기 시작한 때는 바로 2006년 의회 선거운동 당시였다고도 말할 수 있다. 버락 오바마가 1년 뒤에

(1년이라는 세월이 온라인 세상에서는 하나의 시대처럼 느껴지지만) 본격적으로 선거운동을 시작할 무렵에 소셜 네트워킹은 이미 어디에나 있었기 때문에 한때는 시간과 돈 낭비로 여겨졌던 온라인 전략이 선거운동에서 없어서는 안 되는 것이 될 기세였다. 소셜 네트워킹, 특히 페이스북은 오바마에게 결정적으로 중요한 도구였다. 페이스북의 공동 창업자인 크리스 휴즈(Chris Hughes)는 일찍이 소셜 네트워킹의 선봉장이 되었는데 그의 아이디어로 생긴 마이버락오바마닷컴(MyBarackObama.com)은 페이스북과 마찬가지로 오바마 지지자들이 프로필을 구축하고 서로의 담벼락에 글을 남기고 메시지를 전하고 오프라인 행사를 준비할 수 있게 해준 사회 공동체였다. 그뿐만 아니라 그들은 그런 자리를 통해 목표를 정하고 친구와 가족에게 기부를 요청하고 개인적으로 세운 모금 목표에 얼마나 가까워지고 있는지 보여주는 등, 자신만의 미니 온라인 선거운동을 펼칠 수 있었다.

마이버락오바마닷컴 사이트는 큰 성공을 거두었다. 선거운동이 끝날 무렵, 이 사이트 이용자는 50개 주 전역에서 200만 명을 넘어섰고, 20만 개가 넘는 선거운동용 행사를 게시했다. 이 사이트는 프로필을 공개한 현재의 기부자와 새로운 기부자를 연결하는 방식이나 자신만의 선거운동과 같은 창의적인 방식을 통해 상호작용이 더욱 인간적인 모습을 띔으로써 이용자들이 정말로 더 큰 집단과 연결되어 있다고 느끼게 했다. 이 덕분에 마이버락오바마닷컴은 오바마 선거운동의 성공적인 온라인 기금 모금 작업에서 중심이 되었다.

페이스북이 오바마의 대통령 당선에 도움을 준 과정에 관한 상세한 이야기들은 이제 잘 알려져 있다. 그러나 잘 알려지지 않은 뒷이야기가 있다. 2002년 무렵부터 정치 블로고스페어는 정보와 정치적 해설을 제공해주는 본격적인 창구로 발전해나가기 시작했다. 이 사실 역시 잘 알려져 있다. 그러나 이 블로고스피어가 정치적 입장에 따라 다르게 이용된 과정은 잘 알려져 있지 않다. 최근 연구에서 에런 쇼(Aaron Shaw)와 나는 당시에 최고로 손꼽힌 155개의 정치 블로그를 살펴봄으로써 좌파와 우파의 블로그들이 실제로 그들이 허락하고 권유한 논평이나 논쟁, 논의의 양 측면에서 크게 달랐다는 사실을 알아냈다. 데일리코스(Daily Kos) 같은 좌파 블로그들은 다수의 블로그 작가들이 참여할 수 있게 해주는 기술(스쿠프[Scoop], 드루팔[Drupal], 소프블록스[SoapBlox], 익스프레션엔진[ExpressionEngine]으로 불리는 소프트웨어 시스템)을 이용하고 어떤 사용자든 구속받지 않으면서 무제한으로 의견을 올릴 수 있게 해주는 플러그인을 포함했다. 인스타펀디트(Instapundit) 같은 우파 블로그들은 한 사람에 의해 만들어져서 통제되는 경우가 흔했고, 선별된 주요 작가들을 제외하고는 타인의 기고를 포함시키는 경우가 거의 없었다. 그 결과, 우파의 블로그들은 기존 논의를 자세히 서술하는 대신 독자들의 역할을 수동적으로 유지하는 기반이었던 반면, 좌파의 블로그들은 현실적인 토론과 논의, 협력의 장이 되었다. 이는 사소한 차이가 아니었다. 2006년 중간 선거와 함께 나타난 이 차이는 2008년의 선거 판도를 형성하는 데 실질적인 영향을 미친 것 같다. 2008년 당시 좌파에서 가장 눈에 띄게 활동하고 있던(일일 방문자 수가 주요 언론 매체만큼 많은) 데일리코스(마코스 물리트사스 주니가[Markos

Moulitsas Zúniga]가 설립하고 편집하는)는 주요 당 기관들이 보기엔 그다지 중요하지 않아서 지지하기 어렵다고(당선 확실 지역의 상, 하원 의원들이 압력을 행사해 당선이 불확실한 후보들에게 선거 활동 자금을 보내는 일조차도 어렵다고) 생각한 민주당 후보들의 인지도를 높이고 그들의 선거 자금과 투표 수를 증가시킨 주요 요인으로 작용했다. 이런 결과는 영향력 있는 후원이나 엄청난 재원을 확보하지 못한 오바마 같은 비교적 무명의 후보자들이 경기에 참여할 수 있음을 입증해주었다.

오바마의 선거운동은 근본적으로 서로 관련이 없는 두 공동체, 즉 지역사회에서 직접 활동하는 조직책들과 좌파 블로거들을 굳게 결합하여 사회운동가, 자원봉사자, 기부자로 이루어진 단일한 네트워크를 만들어내는 일을 잘해냈다. 사람들이 기여할 수 있게 동기를 부여해주는 공동체 의식과 인간적 유대감을 형성하는 일은 현장 조직책들에게 상대적으로 쉬웠다. 지역의 자원봉사자들은 서로 직접 만날 기회가 많았다. 그들은 같은 문제에 열의를 갖고 있고 같은 목표를 향해 일하는 같은 지역 출신의 마음 맞는 사람들이라는 사실만으로도 자연스럽게 연대 의식을 느꼈다. 마이버락오바마닷컴이 어떤 자원봉사자에게든 일을 부탁하고 자체 행사를 준비할 수 있도록 자율권을 부여함으로써 미국 전역에 흩어져 있는, 서로 모르는 사람들로 이루어진 거대한 네트워크에서도 이런 연대 의식을 그대로 재현했다는 점은 더욱 인상적이었다. 이 방식은 정치 컨설턴트들이 오래전부터 채택해온 일반적인 모델과 확연히 달랐고, 문자 그대로 수백만 명의 자원봉사자들로 보상받았다.

당시를 되돌아보면, 오바마의 선거운동과 선거운동 전략의 관계는 도요타와 자동차 산업의 관계, 혹은 위키피디아나 자유 소프트웨어와 정보 산업의 관계와 같다. 이는 인간이 이기심에 의해 행동한다는 생각을 버리고 인간의 행동을 유발하는 원인에 대해 더욱 미묘하고 복잡한 견해를 채택할 때 인간이 얼마나 유능해질 수 있는지 보여주는 훌륭한 예이다.

10장

펭귄을 기르는 법

사람들이 너그러운 마음으로 공동의 이익을 위해 이타적으로 힘을 합치는 사회를 건설하려 할 때, 생물학적 본성은 도움이 된다. 인간은 훨씬 복잡한 존재이다. 타고날 때부터 그렇게 만들어졌다. 과거 20년 동안의 진화생물학은 직접 호혜주의부터 간접 호혜주의, 네트워크와 협력, 집단 선택 또는 다층 선택 이론 등 더욱 다듬어진 모델을 개발하여 자연 발생적인 협력을 설명하려 했다. 인간의 뇌는 다른 사람들과 협력할 때 다르게 빛나는 것으로 나타났다. 다수의 사람들이 협력으로 더 행복해진다. 또한 인간은 남을 믿을 수 있고, 실제로 믿으며, 신뢰 받을 수 있게 행동한다. 물론 모두가 그런 것은 아니고, 언제나 그런 것도 아니다. 하지만 회사를 경영하든, 백과사전을 편찬하든, 선거운동을 벌이든, 인간의 협력이라는 복잡하고 중요한 문제를 해결하려고 할 때 오래도록 추정해온 것보다는 훨씬 더 그렇다. 21세기의 첫 10년이 끝나가는 지금, 사람들은 살고 일하고 행동하는 터전이 되는 시스템을 개선하는 데 이 교훈들을 적용할 만반의 태세를 갖추고 있다.

인간은 천사가 아니다. 그렇다고 '보이지 않는 손'이나 '리바이어던'에 전적으로 기초한 모델들이 말하는, 무지몽매하고 이기적인 로봇도 아니다. 인간의 욕구와 목표, 동기는 다양하다. 인간은 어느 정도까지는 물질적인 이익에 관심을 갖는다. 하지만 관심 있는 다른 많은 것들이 사리사욕에 압도되도록 놔둘 정도로 이익에만 몰두하지는 않는다. 사람들의 동기는 다양하다. 특정한 필요나 목표에 남들보다 더 많이 관심 갖는 사람들이 있다. 시간이 지남에 따라 관심사가 바뀌기도 한다. 그리고 모든 사람들은 서로 다른 상황에서, 다른 사물에, 다른 관심을 갖는다. 우리는 남에게, 그리고 그들과의 관계에 관심을 갖는다. 그리고 옳고, 공평하고, 정상적이라고 생각하는 것에 관심을 갖는다. 이것이 바로 천성적으로, 사회적으로, 문화적으로 존재하는 인간의 존재 유형이다. 바로 그 때문에 새로운 법률이든, 비즈니스 모델이든, 인터넷 플랫폼이든, 아니면 자원봉사 활동이든, 성공적인 시스템을 설계하고 싶어 하는 사람들은 실제 인간의 모습인 협력적인 존재 유형과 사회 유형을 알아야 한다. 서로 협력하는 사회나 조직, 기술 시스템을 설립하고자 한다면, 이 모든 동기들과 그 동기들의 복잡한 상호작용을 설명해주는 시스템을 세워야 한다.

협력 시스템의 구성 요소

인간의 동기와 협력을 다룬 많은 학문의 풍부한 연구 결과를 종합하여 이해하려면 특정한 '설계 수단', 즉 협력 시스템에서 일하는 사람들이 집단적인 노력에 참여하도록 동기를 부여하는 데에 유용한 요소들을 구분해낼 필요가 있다. 이 설계 수단들이 상아탑의 언어를 현실의 언어로 옮겨주는 번역기라고 생각해보자. 지금 이 책에서 이 수단들을 열거한다고 해서 그것들이 모든 협력 시스템이나 활동에 똑같이 적합하거나 이용 가능하다는 이야기는 아니다. 그보다는 이 수단들의 상이한 조합들이 도움이 된다. 예를 들어, 재난 구조 기금에 대한 기부를 끌어내려는 캠페인은 텔레마케팅 영업 부서보다 도덕적 헌신과 인간의 순수한 공감 능력에 더 잘 호소할 수 있다. 그러나 텔레마케팅 부서라도 공평한 임금 체계와 직원들의 독립성이 중요함을 아는 부서라면 업무 환경을 엄격하게 감시하거나 순전히 물질적인 인센티브에 입각한 보상 시스템을 실행하는 부서보다는 더 잘해낼 것이다. 이 단서를 염두에 둔다면, 앞으로 소개할 내용은 내가 이 책 전체에서 인용해온 증거들에 입각하여 성공적이고 실질적인 협력 시스템의 구성 요소라고 생각한 수단들이다.

의사소통. 협력 시스템에서 참가자들의 의사소통만큼 중요한 것은 없다. 사람들은 의사소통 할 수 있을 때 더 많이 공감하고 신뢰한다. 또한 더 쉽게 해결책에 도달할 수 있다. 의사소통은 시스템의 성공에 핵심 요소이다.

틀, 적합성, 그리고 진정성. 사람들은 자신이 처한 상황이 어떻게 규정되는가에 따라 다르게 반응한다.(월가/공동체 게임을 생각해보라.) 하지만 동시에 잘못 규정된 상황에 반응할 정도로 어리석지도 않다. 명백히 경쟁적이거나 착취적인 시스템을 협력 시스템으로 규정하려고 애쓴다면, 몇몇 사람들을 잠시 속일 수는 있을 것이다. 하지만 시스템 작동에 필요한 많은 사람들을 계속 속일 수는 없을 것이다. 실제로 그 규정된 틀이 현실에 **들어맞는지**가 중요하다. 어떤 관행이나 시스템을 협력적이라고 혹은 '공동체'라고 규정지을 때 그 규정이 진실하지 않거나 믿을 수 없다면 협력은 지속되지 않을 것이다.

공감 능력과 연대감. 1 대 1로 의사소통하고 사람들이 서로를 알 수 있게(그 차원이 의미 있을수록 더 좋다.) 해주는 것은 협력에 실질적인 영향을 미쳤다. 다른 사람에게 더 많이 공감하고 연대감을 느낄수록 타인의 이익을 고려할 가능성이 커진다. 공감이나 연대감을 느끼면 남들과 협력할 마음이 더 생기듯, 한 집단과 연대감을 느낄 경우, 집단 전체를 위해 자신의 이익을 희생시킬 가능성이 더 커진다. 물론 이는 위험할 수도 있는 복잡한 길이다. '우리 집단'의 연대와 '그들 집단'에 대한 차별 간의 차이가 파멸을 불러올 수 있기 때문이다. 연대감에 관한 한, 사람들은 각기 다른 신호에 반응하고 연대감을 중요시하는 정도에 있어 성별 차이까지 존재할 수 있다는 사실은 주목할 만하다. 요컨대, 사람들을 협력하게 하는 데 팀 정체성이나 공동체 정신의 역할을 무시하거나 부인할 수는 없지만, 그것을 하나의 시스템으로 만들 경우에는 위험한 결과를 경계해야 한다.

공평성, 도덕성, 사회적 규범으로 도덕적 시스템 구축. 비즈니스 모델을 설계하고 있든 웹사이트나 법규를 설계하고 있든, 가치는 나중에 덧붙일 수 없다. 공평성은 효율성이나 혁신, 생산성을 향상시키는 방법을 결정한 뒤에 처리할 수 있는 것이 아니다. 공평성은 인간의 협력에 없어서는 안 된다. 사람들은 시스템이 자신을 공평하게 대한다고 믿을 때, 실질적으로 협력하려는 마음을 갖는다.

이는 법률이나 조직을 설계할 때 가장 중요한 연구 결과일 것이다. 주류 경제학자들은 수십 년 동안 법률을 만들거나 조직 체계를 세울 때 무엇보다 '인센티브를 제대로 줘야' 한다고 입법부와 사법부 인사, 기업 리더, 경영 컨설턴트 들을 설득해왔다. 그러나 협력에 관한 연구에서 반복적으로 밝혀진바, 사람들은 타인과의 상호작용에서 얻어지는 순수한 이익만큼이나 그 상호작용의 공평성에 크게 신경 쓴다. 한마디로 공평한 시스템은 생산적인 시스템이다. 더욱이 '인센티브를 제대로 주는 일', 즉 보상과 실적을 완벽하게 조정하는 일은 보기보다 훨씬 까다롭다. 실적의 모든 면을 완벽하게 감시하여 보상하거나 벌줄 수 있는 시스템을 세우기가 거의 불가능하다는 점을 생각하면, 본질적인 동기에 의존할 필요가 있다. 그리고 본질적인 동기를 부여 받으려면, 사람들은 자신이 속한 시스템이 공평하고, 그 결과가 공평하고, 다른 사람들이 자신을 공평하게 대우할 마음이 있다고 믿어야만 한다. 공평성은 생산적인 협력의 전제 조건이다.

사람들은 도덕성에도 신경 쓴다. 그렇다고 사람들이 다들 내숭이라는 이야기는 아니다. 사람들은 자신이 옳은 일을 하는 사람이라고 생각하는 데 신경 쓴다. 확실하게 정의된 가치 또한 협력에 결정적으로 중요하다. 특정 상황에서 해야 할 올바른 행동이나 도덕적인 행동이 무엇인지 토론하고 설명하고 강화하기만 해도 사람들이 그렇게 행동하는 빈도가 늘 것이다. 이는 위반에 대한 처벌이 정해져 있는 공식적인 윤리 규범과는 다르다. 금전적인 처벌을 가하자 더 많이 규칙을 어겼던 이스라엘 유치원 부모들의 예에서 보듯, 처벌은 종종 애초의 의도와는 정반대 결과를 낳을 수 있다. 또한 도덕성은 공평성과 마찬가지로 완벽하게 집행하기가 불가능하다. 타인을 해치지 말아야 한다는 도덕적 금지 규정이 깊이 뿌리내리지 않았다면 사람들은 결코 평화롭게 공존할 수 없을 것이다. 경찰관이나 교도관을 아무리 많이 두더라도 사람들에게 규칙을 지키게 만들 수는 없다.

그러나 이런 종류의(일례로, 살인에 반대하는) 도덕적 약속은 상대적으로 견고하고 보편적이지만, 다른 종류의 도덕적 약속은 상황이나 전후 사정, 시대, 문화별로 가지각색이다. 바로 그 때문에 협력 시스템은 '규칙'보다는 사회적 규범에 입각하되 시간이 지나면서 변할 수 있는 것이 중요하다. 또한 그 규범들은 투명해야 한다. 시스템에 속하거나 시스템과 상호작용하는 사람들이 다른 사람들의 행동을 볼 수 있게 하면 규범도 강화되고 사람들도 그것을 더 잘 지킬 수 있다. 사람들은 난처한 상황이나 배척이 두려워서가 아니라 '정상적인' 행동을 하고 싶어서 규범을 준수한다. 7장에서 설명한 세금 이야기나, 수천 명의 팬들이 강요받지 않았는데도 정상적이라고 생각한 액수를 지불한 음악 다운로드 사이트를 기억해보라. 사회적 관습은 보상, 처벌, 감시 및 통제

없이도 사람들이 행동을 조정하는 데 큰 도움이 될 수 있다.

보상과 처벌. 사람들은 여전히 자신에 신경 쓴다. 정도는 다르겠지만 사람들은 때때로 물질적인 이익에 신경 쓴다.(어떤 사람들은 항상 신경 쓴다.) 따라서 바람직한 행동은 보상하고 그렇지 않은 행동은 처벌하는 조치가 어떤 경우에는 집단의 목표를 달성하는 데 효과적일 수 있다. 이 책의 요점은 인간이 당근과 채찍 그 이상의 것에 동기부여 된다는 것이지만, 적절히 관리할 경우 보상과 처벌도 효과를 거둔다. 문제는 사회적으로, 본질적으로 행동하는 사람들을 놓치지 않으면서 이기적인 사람들을 자극하여 협력하도록 만드는 방법을 찾는 것이다. 물질적인 욕구를 완전히 무시할 수 있는 사람은 없다. 그러나 우리는 어느 쪽을 어떻게 이용할지 결정해야 한다. 실험을 다룬 문헌과 '구축'에 관한 다수의 사례에서 확실해 보이는 한 가지는 보상이 처벌보다 효과적이라는 점이다. 처벌은 원한이나, 심하면 보복으로 이어져서 장기적인 협력에 해를 끼칠 수 있다. 형사 제도를 보면 처벌은 때로 사람들이 질서를 지키게 만들지만 동시에 의도하던 효과를 내지 못할 수도 있는 매우 미묘한 수단이다. 한편, 보상은 처벌처럼 사이를 소원하게 만들고 분노를 일으키지는 않지만, 보상만 추구하는 이기적인 사람들을 끌어들이고 그렇지 않은 사람들은 내칠 위험이 있다.

기업과 조직들은 조직의 유형 및 구성원들이 사회적, 도덕적 동기에 민감한 정도에 따라 보상과 인센티브 문제에 매우 다르게 접근한다. 보통 사회 지향적인 조직과 비영리 조직은 경제적인 인센티브를 거의 제공하지 못하지만(즉 임금이 낮다.) 그것을 사회적, 도덕적 보상으로 만회한다.(남들에게 좋은 사람으로 인식되고 선행을 했다는 정신적인 만족감으로) 학계는 경제적 보상에서 부족한 부분을 사회적, 지적 보상으로 메운다. 반대로 월가의 기업들은 매우 높은 연봉을 실적과 결부 지음으로써 직원들의 이기심을 이용한다. 인센티브 체계가 효과를 거둘 수는 있지만, 이는 정확하고 수월하게 결과를 측정할 수 있고, 협력했을 때 얻어지는 이익이 적으며 각 개인의 성취와 집단의 성취 사이에 직접적이고 견고한 연관 관계가 있는 경우에만 그렇다. 그러나 그 활동이 위험을 무릅써야 하거나 혁신과 관련되거나 노하우나 직관, 통찰력, 노력과 같이 각자의 기여분을 추적하여 측정하기가 어려운 사람들의 협력을 필요로 하는 경우에는 성공하지 못할 수도 있다. 인센티브를 기초로 한 시스템은 부적합한 사람들을 끌어들이기 때문이다. 따라서 보상 체계를 구상할 때에는 조직이나 사업이 끌어들일 가능성이 높은 부류의 사람들에게 어떤 보상이 가장 중요할지 살펴보는 것이 중요하다.

평판, 투명성, 상호 호혜. 협력은 직간접적인 장기의 호혜성에 전적으로 좌우된다. 앞서 벤 프랭클린의 예에서 보았듯이 호혜성, 특히 간접적인 '베풀기'에 의존하는 시스템들은 매우 소중하지만, 쉽게 부패하거나 '악당의 침입을 받을' 수 있다. 평판은 이에 대항하는 강력한 도구이다. 이베이 같은 온라인 시스템들이 입증해주었듯, 개인의 신원에 대해서 아무것도 드러내지 않는 '닉네임'을 사용하여 본질적으로 익명으로 이루어지는 평판 시스템조차도 사람들이 질서를 지키게 만드는 데 충분할 수 있다.

다양성을 위한 설계. 나의 기본적인 주장은 이러하다. 인간의 동기는 다양하다. 사람들은 동기를 부여하는 각기 다른 상황에 다르게 반응한다. 인간은 경우마다 다른 동기에 의해 행동한다. 즉 각 개인은 모든 상황에서 똑같이 중요하지는 않은 다양한 동기부여 요인에 반응한다. 사람들이 가지각색이기 때문에 사람들을 집단적인 노력에 이용하거나 서로 생각을 조정하여 협력시키려는 시스템들은 융통성이 있어야 한다. 또한 사람들은 협력의 비용에 민감하지만, 그 정도는 달라질 수 있다는 사실도 알아야 한다. 막대한 희생에 의존하는 시스템은 전적으로 불가능하지는 않겠지만, 장기적으로 유지하기가 지극히 어려울 것이다. 20세기 들어 독일, 러시아, 중국의 민족주의자와 공산주의자들이 실시한 대규모 실험은 그에 대해 많은 증거를 준다. 사람들이 집단의 이익을 위해 자신의 이익을 희생하리라고 기대하기엔 한계가 있다.

하지만 사람들이 어느 정도 이기적이라고 인정한다고 해서 반드시 이기적인 자동 기계라는 이야기는 아니다. 인간의 다양한 동기를 이용하는 시스템들은 물질적인 이익에만 유독 신경 쓰고 나머지는 저절로 해결된다고 생각하는 사람들만을 위한 시스템보다 더욱 생산적일 뿐 아니라 인간의 경험과도 더욱 조화를 이룬다. 이 일을 해내는 최고의 방법 중의 하나는 **불균형적인 기여**를 허용하는 것이다. 다시 말하면, 어떤 사람들은 많이 기여하게 하고 어떤 사람들은 적게 기여하게 놔두는 것이다. 이 방법이 성공하려면, 불균형적인 기여가 무임승차라는 사고방식을 극복해야 한다. 확실히 몇몇 사람들만 일을 많이 하는데도 나머지 사람들이 똑같은 이익을 나눠 갖는 것처럼 보이는 경우도 있다. 그러나 겉보기와는 다른 경우도 흔히 있다. 위키피디아나 자유 소프트웨어 개발 프로젝트에서 크게 애를 쓴 사람이 많은 돈이나 큰 지분 대신 리더나 전문가라는 인식을 얻는 경우처럼 더욱 사회적인 다른 방식으로 보상받기도 한다. 노력이나 생산물의 80퍼센트는 20퍼센트의 사람들에게서 나온다는 80 대 20 법칙의 경우에도 그 나머지 80퍼센트에게서 20퍼센트를 얻어내는 최고의 방법은 그들이 시간이든 노력이든 통찰력이든 돈이든 조금이라도 자신의 것을 기여할 수 있게 해주는 동시에, 기여도가 높은 20퍼센트는 자신의 기여에 대해 존중 받는다고(그리고 '무임승차를 하는 사람들'에게 이용당하지 않는다고) 느낄 수 있게 만드는 것이다. 대도시 길모퉁이를 지나가는 사람들에게 1원이라도 기부하라고 권하는 자선 모금 운동처럼 80퍼센트의 사람들에게 아무리 적더라도 자신의 몫을 기여하도록 만드는 것이 전체적으로 기여와 협력을 극대화하는 최고의 방법이다. 많든 적든 사람들이 원하는 만큼 기여하도록 만드는 이 모델은 온라인에서 성공한 협력적인 플랫폼의 특징이기도 했다.

협력은 어떻게 이기심을 이기는가

우리는 수백 년 동안 실제 인간의 유형에 맞는 시스템을 세우는 방법을 알아내기 위해 노력해왔다. 토머스 홉스의 『리바이어던』처럼 인간이 모두 이기적이라고 가정하는 철학적 접근 방식과, 인간이 기본적으로 자비롭다고 가정하는, 루소에 기반을 둔 시스템을 계속 오가고 있다. 그 과정에서 데이비드 흄(David Hume)이나 애덤 스미스 같은 계몽주의 학자들처럼 인간의 본성과 행동에 대한 두 가지 시각을 모두 고수하려고 애쓰는 관찰자까지 등장했다. 그들은 인간이 도덕적인 존재라고 생각하면서도 인간의 경제와 정부 체계가 인간이 보편적으로 이기적이라는 가정에 기초를 두어야 한다고 믿었다. 그리고 수세기에 걸쳐 많은 사람들이 이 논쟁에 과학을 연결해왔다. 허버트 스펜서는 자유방임을 지지하기 위해 다윈을 채택했고, 표트르 크로포트킨은 진화를 들어 협력을 지지했다. 생물학부터 인간 행동 연구에 이르는 현대 과학이 이 전통을 이어오고 있는 가운데, 오늘날 협력에 관한 학문은 상승 추세를 맞고 있다. 그리고 지난 20년 동안 이 학문을 실천에 옮기는 데 전념한 연구 결과는 점차 증가해왔다. 사회학, 심리학에서 경영학, 컴퓨터과학에 이르는 학문의 대표자들은 공동의 이익을 위해 인간의 다양한 동기를 가장 잘 이용할 수 있는 시스템을 구축하는 방법을 탐구하고 있다.

인간의 동기가 근본적으로 정말 다양하기 때문에 우리는 수백 년 동안 시스템을 설립하는 방법을 놓고 다투어왔다. 우리는 스스로 이기적이라는 사실과 함께 너그럽고 공평하고 품위 있다는 사실 또한 알고 있다. 불완전하지만, 우리는 이기적인 동시에 너그럽다. 우리는 사람들이 훌륭하게 행동하는 모습을 봐 왔고, 이기적으로 행동하는 모습도 봐왔다.

이 다양성의 배경 속에서도 특히 강력하게 작동하는 가정은 자기 자신을 뺀 나쁜 사람들을 겨냥한 시스템을 세우고 그 나머지 사람들은 정상으로 되돌아가도록 놔두는 것이다. 데이비드 흄은 이렇게 지적했다. "정부 체제를 고안하는 데 있어서…… 모든 사람은 악당이라서 모든 행동에는 사적인 이익을 취하는 것 외에 다른 목적이 없다고 간주해야 한다." 그리고 250년이 흐른 뒤, 올리버 웬델 홈스 주니어 판사도 이렇게 말했다. "법을 알고 싶다면, 합법적이든 불법적이든 행동의 근거를 양심의 애매모호한 찬성에서 찾는 선인이 아니라 법 지식 덕분에 예측할 수 있는 물질적인 결과만을 살피는 악인이라고 법을 생각해야 한다." 홈스의 '악인'을 겨냥하여 법률과 정부 체계, 비즈니스 프로세스와 기술 시스템을 세우는 것은 언제나 덜 위험해 보였다. 적어도 최악의 사태는 발생하지 않으리라고 생각했다.

나쁜 사람을 구속하는 것을 목표로 하면 안전한 선택이 될 수 있다. 어쩌면 완벽하게 합리적일 수도 있다. 그러나 정말로 남을 믿을 때 일어날 수 있는 결과를 놓칠 수도 있다. 사람들은 살면서 서로에 대해 모험을 한다. 남을 믿고 신뢰할 수 있는 방식으로 행동해보는 것이다. 물론 모든 이에게, 항상 그렇게 하는 것은 아니다. 그러나 인간의 본성과 상호작용을 냉소적으로, 부정적으로 보는 시각에 따른 예측보다는 훨씬 더 자주 그렇게 행동한다. 그리고 그렇게 할 때, 인간이 번창한다. 적어도 아무도 믿지 못할 때보다는 더 풍요롭게 산다.

나는 이 책에서 이 중대한 사실을 알리려고 했다. 나는 광범위한 관찰을 통해 이용 가능한 과학적 증거를 파헤쳐가며 남을 믿고 신뢰를 주고받는 사람이 잘 속는 사람이나 순진한 이상주의자가 아님을 증명하고자 했다. 그리고 그 과정에서 협력이 이기심을 어떻게 이기는지도 증명하고자 했다. 모든 사람에게 증명하지는 못했겠지만, 우리가 오래전부터 생각했던 것보다는 훨씬 더 조리 있게 증명했다고 생각한다.

우리는 지난 50년의 세월을 인간 본성에 관한 이 편협하고 심술궂은 시각에 입각하여 시스템을 구상하는 데 바쳤다. 이제 앞으로의 50년은 인간의 실제 모습인 다양하고 복잡하지만 전체적으로 공평하고 도덕적이고 원만한 모습에 맞게 시스템을 구상하는 작업에 바쳐보자. 그 작업은 대단히 복잡하지만 끝없이 보람찬 작업이 될 것이다.

감사의 글

이 책은 나의 전작이 출간될 무렵인 5년 전쯤 두 사람과 나눈 대화에서 시작되었다. 전작에서 나는 네트워크 정보 환경의 출현을 주제로 한 10년간의 연구를 요약했다. 전작을 시작으로 지금까지 내가 내세운 주요 주장은 자유 오픈소스 소프트웨어나 위키피디아 같은 대규모 협력이 인터넷의 별난 이야기가 아니라 네트워크 사회와 경제로 옮겨가는 과정에서 거쳐야 하는 핵심 경로라는 점이었다.

이 책의 출발점이 된 두 번의 대화가 있다. 첫 번째 대화는 열린사회연구소(Open Society Institute)의 프로그램 관리자인 베라 프란츠(Vera Franz)와 나눈 대화였다. 그녀는 열린사회연구소가 중유럽과 동유럽에서 오픈액세스 과학 출판 시스템을 수립하는 방법을 알아내는 데 도움을 달라고 요청했다. 사실 그 문제는 내가 온라인에서 연구하고 있던 문제인 온라인 협력 시스템 수립 과정과 정확히 일치했다. 적어도 당시에 그들이 직면한 문제는 과학자들로 하여금 오픈액세스 출판 시스템에 연구 내용을 기부하도록 만드는 확실한 방법을 찾는 것이었다. 그 문제에 대해 이야기하다가 온라인 협력에 관해 연구하는 나 자신이나 다른 학자들이 협력 과정에서 불신을 극복하는 문제에만 집중하고 있었다는 사실을 깨달았다. 학계와 정책 시스템에 속한 사람들이 이기적인 합리성에 인간의 행동이 지배된다는 생각에 몰두한 채로 활동해왔기 때문에 나의 연구는 온라인 협력이 일어나는 이유와 그것이 이 새로운 환경의 확실한 특징인 이유, 그리고 네트워크 사회의 미래에서 중심인 이유에만 지나치게 초점을 맞추고 있었다. 나는 베라의 질문, 즉 **이 특정한** 협력 사업을 진행하기 위해 그들이 해야 할 일을 알아내는 데 전혀 시간을 들이지 않았던 것이다. 바로 그때가 광범위한 사회현상으로서 온라인 협력이 발생하고 있는 이유를 거시적으로 설명하는 작업에서, 협력 시스템을 구상하는 방법에 관한 문제로 시선을 돌리게 된 전환점이 되었다.

두 번째는 실리콘밸리의 창업가, 타라 렘미(Tara Lemmey)와 나눈 대화였다. 우리는 2월에 헬싱키에서 만났는데, 타라는 내게 왜 더 폭넓은 독자층을 상대로 책을 쓸 생각을 하지 않는지 물어왔다. 내 책은 이해하기 어렵고 내 논문은 더욱 어렵다는 지적이었다. 나는 그런 스타일이 좋다고 말했다. 그런 글이 내게 어울릴 뿐 아니라 어떻게 써야 하는지도 알고 있다고 말했다. 대중이 접근하기 쉬운 책을 쓸 수 있는 사람은 수두룩하다. 나는 누구나 자신이 무엇을 잘하는지 알아야 한다고 생각했다. 타라는 나를 쳐다보며 이렇게 말했다. "그건 그냥 평범한 기술이에요. 새로운 기술도 익히면 쓸 수 있어요. 이 기술도 그냥 배우면 돼요." 그녀는 아주 강력하게 주장했다. 당시 나는 책을 살 돈이 없어서 내 책을 못 보는 일이 없도록 비영리 목적으로 제한하는 크리에이티브 커먼즈 라이선스하에 『네트워크의 부』를 막 발표한 터였다. 타라는 "접근을 막는 장애물은 또 있습니다."라고 지적했다. 이해하기 어려운 학문적인 저술은 저작권만큼 넘기 힘든 장벽이고, 그런 글은 다른 방식으로 사람들을 배제할 뿐이라는 설명이었다.

이 책은 그렇게 그 두 사람과의 대화에 영향을 받아 탄생했다. 책을 열심히 읽으려는 독자를 겨냥한 형식이지만, 학문적인 정확함을 놓치지 않고자 했다. 읽기 쉬운 글을 방해하는 형식을 완전히 무시하지는 않으면서 인간의 협력 시스템 구조를 철저히 알아내고자 했다. 이 책이 나의 전작보다 읽기 쉽다면, 랜덤하우스/크라운의 탈리아 크론(Talia Krohn)과 로저 숄(Roger Scholl)에게 감사해야 한다. 그렇지 않다면, 그것은 전적으로 나의 고집 탓이다.

많은 학생과 연구원들이 이 책의 기초가 되는 조사 작업을 함께 해줬다는 점에서 나는 정말 운이 좋았다. 먼저 소개할 학생들은 내가 예일대 법대 교수로 있을 때 함께한 조사 그룹이다. 예일대 시절 나와 가장 오래 일한 학생이자, 협력 연구에 가장 체계적이고 큰 도움을 준 학생은 데이비드 타넨바움(David Tannenbaum)으로, 실험경제학과 이론경제학 분야를 맡아 조사를 해주었다. 샴 발가네시(Shyam Balganesh), 세라 폴크너(Sarah Faulkner), 앤 황(Anne Huang), 조시 롤닉(Josh

Rolnick), 패트릭 토미(Patrick Tommey)의 훌륭한 연구도 큰 도움이 되었다. 예일대에서 내 제자였던 레아 벨스키, 바이런 카와 USC 지구과학 박사인 맥스 버켈해머, 시티오브프로그레스 밴드 멤버인 바이런과 팀을 이뤄 추진한 장기 프로젝트는 정말 흥미로웠는데, 이들은 7장에서 중요한 역할을 한 음악 산업 연구에 그 결과물을 기꺼이 주었다.

2007년 말에 하버드로 옮겨간 나는 데이브 랜드와 애나 드레버 알멘버그가 내 방을 직접 찾아오는 행운을 얻었다. 두 사람과 온라인 협력에 대해 많은 이야기를 나누었다. 데이브는 마틴 노왁의 하버드대학 진화론적 역학 프로그램의 박사 과정 학생이었고, 애나는 이 프로그램의 객원 연구원으로 미국에 체류 중인 스톡홀름경제대학교의 경제학 박사였다. 그 만남은 여러 차례의 협력 연구로 이어진 것은 물론, 하버드의 인터넷과 사회를 위한 버크만 센터(Harvard's Berkman Center for Internet and Society)에서 협력을 주제로 3년 동안 가진 세미나로도 발전했다. 하버드와, 보스턴의 여러 대학의 뛰어난 학생과 연구원들로 구성된 이 세미나에는 진화생물학, 컴퓨터과학, 심리학, 사회학, 법학, 경영학, 교육학, 인류학 연구자 들이 포함되었는데, 모두들 세미나에 어김없이 나타나 "사람들이 '협력'이나 '이타주의'를 말할 때, 실제로 **무엇에 관해** 말하는 것인가?"와 같은 문제들을 토론하는 데 많은 시간을 바쳤다. 유쾌한 경험이었다. 이 그룹에는 활력 넘치는 데이브와 애나 외에도 나에게 많은 것을 가르쳐준 많은 사람들이 있었다. 코비 갤(Kobi Gal), 마코 힐(Mako Hill), 안드레스 몬로이에르난데스(Andres Monroy-Hernandez), 토머스 파이퍼(Thomas Pfeiffer), 파이어리 커쉬맨

(Fiery Cushman) 등이 바로 그들이다.

지난 몇 년 동안 온라인의 실험적인 플랫폼 구축과 실험에 대한 내 연구의 주된 부분은 카우프만 재단이 버크만 센터 법률 연구소에 제공하는 연구 장학금 지원 덕에 가능했다. 그리고 포드 재단의 지원은 온라인과 업계의 협력에 관한 나의 관찰 연구에 중심이 되었다. 포드 재단의 경우 밥 리탄(Bob Litan)의 도움이 컸고, 카우프만 장학금의 경우 공동 연구자인 존 클리핑거(John Clippinger)와 올리버 구디너프(Oliver Goodenough)의 도움이 컸다. 협력 프로젝트를 지원해준 포드 재단의 리어나도 벌라마키(Leonardo Burlamaqui)에게도 큰 신세를 졌다. 버크만 센터 연구원인 버클리대 사회학 박사 에런 쇼는 협력에 관한 조사 그룹의 중심 기둥이 되어주었다. 몇 년 전부터 나의 공동 연구자 역할을 충실히 해주고 있는 그는 온라인 협력의 형식과 모델을 살펴보는 조사 그룹을 이끌어주었다. 야엘 그라노트(Yael Granot), 애나 킴(Anna Kim), 팀 황(Tim Hwang), 록산나 마이럼(Roxanna Myhrum), 아옐렛 오즈(Ayelet Oz), 다르미시타 루드(Dharmishta Rood)가 이 그룹에 참여하여 각자의 몫을 훌륭하게 해주었다. 산업계의 협력에 관해서는 대표적으로 캐롤라이나 로시니(Carolina Rossini)가 연구원들로 이루어진 네트워크를 조직하고, 연구 내용을 바탕으로 중요한 보고서를 작성해주었다. 이 연구 결과들과 함께, 이번에 이 책에 소개하지 못한 다수의 진행 중인 연구 협력에서는 라우라 미야카와(Laura Miyakawa)에게 큰 빚을 졌다. 이 최고의 프로젝트 매니저 덕분에 나는 내 관리 능력을 넘어설 정도로 많은 프로젝트에서 작업하면서도 효율적으로 일할 수 있었다.

지난 몇 년 동안 다양한 내용과 분야를 정리하고 종합하는 작업을 하면서 이 책의 요지를 여러 곳에 제시하여 동료들의 좋은 의견을 얻을 수 있었다는 점에서 나는 운이 좋았다. 이 책 전체에 영감을 불어넣어 준 사람은 샘 볼스였다. 그는 2004년에 산타페 연구소가 개최한 행동과 제도의 공진화에 관한 학제간 워크숍에 처음 나를 초대해주었고 이 책에 소개한 다양한 학문 분야를 살펴보도록 격려해주었다. 내가 인간의 협력 시스템 설계에 대한 전체적인 토대를 처음 공개적으로 소개한 것은 2008년 1월에 열린 시스템과학에 관한 하와이 국제 컨퍼런스에서였다. 존 실리 브라운은 그 컨퍼런스에 나를 초대해주었을 뿐 아니라 여러 해 동안 지혜와 통찰력으로 나를 이끌어주었다. 그는 체제 전복적인 눈빛을 지닌 현인 같은 사람이다. 한편, 나는 운 좋게도 던컨 와츠(Duncan Watts)와 마이클 키언스(Michael Kearns)가 조직한 동료 생산과 시스템 설계를 연구하는 그룹에도 참여할 수 있었다. 그들과의 연구는 이 책의 내용에 많은 통찰력을 제공해주었다. 또한 나는 2008년 토빈 프로젝트에서의 프레젠테이션을 계기로 법률 제도 설계에 협력을 적용하는 문제를 생각해볼 수 있었는데, 이 자리를 빌어 그 프로젝트에 나를 넣어준 데이비드 모스(David Moss)에게 감사의 말을 전한다. 2009년, 나는 운 좋게도 데이비드 파크스(David Parkes)와 함께 협력과 인간 시스템 설계에 관한 래드클리프 연구소 세미나를 준비할 수 있었다. 그 세미나에서 그의 분야인 컴퓨터 구조 설계나 비컴퓨터 시스템을 연구하는 사람들과 협력에 관한 새로운 연구 내용을 통합하려 했다. 매저린 바나지, 아이리스 보넷, 에이미 브룩먼(Amy Bruckman), 일링 첸(Yiling Chen), 조 콘스탄(Joe Konstan), 피트 리처슨, 찰스 세이벨(Charles Sabel), 루이스 폰 안(Luis von Ahn)과 앞서 언급한 학생과 연구원까지 포함된 그 그룹은 환상적인 학제간 결과물을 생산해냈다. 더욱 최근에는 취리히에서 브루노 프레이와 스테판 베흐톨드(Stephan Bechtold)에게 소중한 의견을 들을 수 있었다. 이 글을 완성하기 전에 마지막으로 한 강연 역시, 산타페 연구소에서의 공개 강의였다는 점에서 힘든 일을 마무리 짓는 기쁨 같은 것이 느껴졌다. 그 강연에서 나는 자연과학과 행동과학이 저지른 너무 많은 실수들을 일일이 소개하지 않으려고 애쓰면서 적극적이고 사려 깊은 일반 청중에게 이해하기 쉬운 내용이 섞인 이 책을 소개했다. 청중들은 끝까지 자리를 지켰고 졸지도 않았다. 그것은 좋은 신호였다. 과학자들 또한 불평할 거리를 많이 찾은 것 같지 않았는데, 이 역시 좋은 신호일 수 있다. 강연 뒤에 데이비드 크라카우어, 머레이 겔만(Murray Gell-Mann)을 만난 것도 행운이었다. 데이비드는 내가 진화생물학에 관한 몇 가지 문제를 충분히 생각하고 정리할 수 있도록 도와주었고, 머레이는 무엇보다도 내가 헛소리를 하고 있다고 생각하지 않는 듯했다. 진짜 그런지는 두고 볼 일이다.

요차이 벤클러

찾아보기

공공재 게임 92, 153, 154, 183, 185~187

공유지의 비극 144

구조 설계론 102

그래노베터, 마크(Mark Granovetter) 77

그린스펀, 앨런(Alan Greenspan) 11

기여의 모듈화 166

나인인치네일스 142, 215, 216

노왁, 마틴(Martin Nowak) 41, 42, 50, 241

도킨스, 리처드(Richard Dawkins) 38, 39, 41, 42, 45, 49, 53, 59

라디오헤드 34, 142, 215, 216

라이프 오브 브라이언 93

레드햇 19, 207, 209

르윈틴, 리처드(Richard Lewontin) 39

릴링, 제임스(James Rilling) 76, 86

무브온 220

밋업닷컴 107

보넷, 아이리스(Iris Bohnet) 87, 89, 92, 244

보아스, 프란츠(Franz Boas) 37, 39

사우스웨스트항공사 9, 194, 200

사회다윈주의 36, 37, 39

센, 아마르티아(Amartya Sen) 27, 159

슈바르츠, 샬롬(Shalom Schwartz) 68

신뢰 게임 60, 185, 187

싱어, 타니아(Tania Singer) 85, 129, 130

애로, 케네스(Kenneth Arrow) 168

오스트롬, 엘리너(Elinor Ostrom) 103, 122, 145, 153

웨일스, 지미(Jimmy Wales) 154, 204

유인 합치 200

집카 113~116, 170

창조 네트워크 109

창형흡충 51~53

천상의 주크박스 212

최후 통첩 게임 119~121, 123~125, 128

카, 닉(Nick Carr) 163, 183

카우치서퍼 113~116

콜버그, 로렌스(Lawrence Kohlberg) 66

키바 67, 89, 90, 114

턱스 11, 13

테일러, 프레더릭(Frederick Taylor) 16, 196

토발즈, 리누스(Linus Torvalds) 206

틀 효과 70, 71

페르, 에른스트(Ernst Fehr) 119, 123, 129, 183~187

프랭클린, 벤(Ben Franklin) 47~49, 232

프레이, 브루노(Bruno Frey) 87, 89, 92, 244

피아제, 장(Jean Piaget) 66

하딘, 가렛(Garrett Hardin) 144, 145

허셸 118

헤이그, 데이비드(David Haig) 50

흄, 데이비드(David Hume) 12, 235, 236

옮긴이 이현주

서울대학교 서양사학과를 졸업하고 매일경제신문사 편집국 편집부에서 근무했다. 현재 인트랜스 번역원 소속 전문 번역가로 활동하고 있다. 옮긴 책으로는 『X 이벤트』, 『대중의 직관』, 『증오의 세기』, 『넥스트 컨버전스』, 『위대한 연설 100』, 『유혹과 조종의 기술』, 『뉴미디어의 제왕들』, 『위닝 포인트』 등이 있다.

펭귄과 리바이어던
협력은 어떻게 이기심을 이기는가

1판 1쇄 펴냄 2013년 10월 7일
1판 7쇄 펴냄 2024년 6월 10일

지은이　요차이 벤클러
옮긴이　이현주
펴낸이　박상준
펴낸곳　반비

출판등록 1997. 3. 24.(제16-1444호)
(우)06027 서울시 강남구 도산대로1길 62
대표전화 515-2000, 팩시밀리 515-2007
편집부 517-4263, 팩시밀리 514-2329

한국어 판 ⓒ (주)사이언스북스, 2013. Printed in Seoul, Korea.

ISBN 978-89-8371-623-1 03330

반비는 민음사출판그룹의 인문·교양 브랜드입니다.
블로그 http://blog.naver.com/banbibooks
인스타그램 http://www.instagram.com/banbibooks
트위터 http://twitter.com/banbibooks